普通高等教育经济管理类系列教材

 管理统计学

第2版

雷怀英　主　编

机械工业出版社

本书按照基本原理、简单例题的手工计算、大型管理案例的分析及软件应用的思路和顺序，从简单到复杂，由理论到应用，介绍了管理统计学的基础知识、基本理论和基本方法，以及管理统计方法在实际管理决策中的应用。针对统计学教材普遍缺乏管理学案例的现状，本书在关键的、应用性较强的章节的后面增加了管理应用案例。本书淡化相关公式的推导，在案例中引入统计软件工具，力求帮助学生在理解并掌握相关统计方法的同时深刻理解各种方法的基本思想和应用，锻炼其借助统计方法解决问题和分析问题的能力。

　　本书主要以经济类、管理类等专业本科生、研究生为读者对象，也可作为企业管理人员和统计工作者自学的参考书。

　　教师可登录机械工业出版社教育服务网（www.cmpedu.com）下载教学资源。

图书在版编目（CIP）数据

管理统计学/雷怀英主编. —2 版. —北京：机械工业出版社，2022.1（2025.1 重印）

ISBN 978-7-111-70134-7

Ⅰ.①管… Ⅱ.①雷… Ⅲ.①经济统计学 Ⅳ.①F222

中国版本图书馆 CIP 数据核字（2022）第 017793 号

机械工业出版社（北京市百万庄大街 22 号　邮政编码 100037）

策划编辑：裴　泱　　　　　　责任编辑：裴　泱

责任校对：史静怡　王明欣　　封面设计：张　静

责任印制：张　博

北京建宏印刷有限公司印刷

2025 年 1 月第 2 版第 5 次印刷

169mm×239mm · 14.75 印张 · 284 千字

标准书号：ISBN 978-7-111-70134-7

定价：43.00 元

电话服务　　　　　　　　　　网络服务

客服电话：010-88361066　机 工 官 网：www.cmpbook.com

　　　　　　010-88379833　机 工 官 博：weibo.com/cmp1952

　　　　　　010-68326294　金 书 网：www.golden-book.com

封底无防伪标均为盗版　机工教育服务网：www.cmpedu.com

前　言

在高度信息化的社会，无论是政府的宏观管理、企业的经营决策还是科学研究，都越来越依赖于统计学的理论和方法。然而在实际应用过程中，由于统计方法理论以概率论与数理统计为基础，统计理论自身的复杂性，以及统计应用者所需要的对数据的敏感性及统计思想的悟性，导致当一大堆包含着万物奥妙的数据凌乱地呈现在人们面前时，大多数人都感到无从入手。如何使学生在学习基本的统计理论与方法的基础上，逐渐培养对数据的敏感性，从而灵活地应用统计方法解决实际问题，是统计教学工作者努力的目标和方向。编者在多年的统计教学工作和统计实践应用中，深刻体会到尽力简化理论、传授统计思想、培养应用统计软件解决实际问题的重要性。本书是在参阅大量国内外优秀教材的基础上，结合编者长期的、丰富的教学经验编写的，力求体现以下特点：

（1）在编写方法上，力求简单明了。以贯彻各种统计方法的思想为目标，尽量不对统计方法背后的数学理论进行推导与证明。

（2）强调应用性。为了提高读者的应用能力，本书将统计案例和统计软件结合，除附录介绍用 SPSS 统计软件进行常用统计分析的程序和步骤外，在关键的应用性较强的章节增加了实际应用案例，这些案例为读者在数据的录入、统计方法的选择、Excel 或 SPSS 软件的操作及软件输出结果的分析等方面提供了全方位的参考依据。

本书在广泛吸取广大使用者意见的基础上，对第 1 版内容进行了修订，进一步完善了相关内容，增加了每一章的思考和练习题，以更好地覆盖章节内容，对部分章节的内容做了调整，增加了案例和软件操作实例，以进一步提升本书的实用性。天津商业大学宝德学院的王振馨、尹影老师参与了第 2 版的修订工作。

在本书的编写过程中，编者参阅了大量国内外相关文献，在此对相关文献的作者表示感谢！由于时间仓促，本书不足之处在所难免，恳请广大读者提出宝贵意见。

编　者

教 学 建 议

课程简介

管理统计学是经济与管理类专业的一门基础课程，主要讲授统计数据的收集整理与显示、数据特征的描述与分析、参数估计、假设检验、方差分析、相关与回归分析、时间数列分析与统计指数等内容。

教学目的

管理统计学是经济与管理类专业的核心课程，所讲述的数据分析方法是管理和研究人员必备的工具之一。本书以提高学生应用统计方法分析和解决实际问题的能力为目标，在介绍基本理论和方法的基础上，通过案例分析和软件应用强调其应用性，使学生逐步了解和掌握统计分析方法在管理实践中的应用。

通过该课程的教学，我们希望学生在了解并掌握各种统计方法的理论依据的基础上，能够借助计算机熟练地应用统计软件来分析并解决实际问题，写出简洁的统计分析报告；经济与管理类专业的学生可淡化对方法的理论部分的学习，重点掌握其应用，即在了解方法的基础上，重点提高学生应用统计方法解决实际问题的能力。总的来说，学习了该课程的学生应具备以下能力：① 熟悉各种统计方法的基本原理和应用条件；② 能够熟练掌握统计软件在管理决策中的应用；③ 能够写出简洁的统计分析报告。

前期课程

高等数学、概率论和数理统计。

教学内容、学习要点和课时安排

教 学 内 容	学 习 要 点	课 时 安 排
第1章　绪论	了解统计学的基本性质和相关概念	2
第2章　统计数据的收集整理与显示	（1）掌握统计资料的各种收集方法 （2）掌握统计分组的原则和技巧 （3）掌握次数分布的编制原理 （4）掌握应用统计软件绘制统计图和表的方法	3

（续）

教 学 内 容	学 习 要 点	课 时 安 排
第3章　数据特征的描述与分析	（1）掌握各种平均指标的计算方法、应用场合和相互之间的关系 （2）掌握离散指标的计算方法、应用条件 （3）掌握应用 Excel 计算分布特征指标的方法，并进行报告分析	6
第4章　参数估计	（1）了解点估计的优良性标准 （2）掌握区间估计的原理和应用 （3）掌握样本容量的确定方法	6
第5章　假设检验	（1）了解假设检验的基本思想 （2）掌握各种条件下检验统计量的构建 （3）掌握列联表分析的原理和应用 （4）掌握应用 SPSS 软件进行 t 检验的程序、步骤和报告分析	6
第6章　方差分析	（1）了解方差分析的基本思想和原理 （2）掌握方差分析检验统计量的构建方法 （3）掌握利用 SPSS 软件进行方差分析的程序、步骤和结果报告分析	4
第7章　相关与回归分析	（1）了解相关与回归的基本概念及其应用领域 （2）掌握一元、多元回归模型的构建、检验 （3）掌握利用 SPSS 软件进行回归分析的程序、步骤和结果报告分析	6
第8章　时间数列分析	（1）掌握时间数列各种分析指标的计算方法和应用 （2）了解时间数列的构成和分解 （3）掌握长期趋势、季节变动的测定方法	6
第9章　统计指数	（1）掌握各种统计指数的计算方法 （2）掌握利用统计指数体系进行因素分析的原理和应用 （3）了解我国常用的统计指数的编制方法	6
总课时		45

目 录

第1章

绪　论

 导入案例

当今研究生的首选：统计学
——2009 年 8 月 5 日《纽约时报》

　　美国《纽约时报》于 2009 年 8 月 5 日曾经刊登一篇文章《当今研究生的首选：统计学》（*For Today's Graduate*，*Just One Word：Statistic*），该文介绍了 IBM 等大公司争相聘请统计学家的情况，同时还报道了经济学家 Hal Varian 的观点："在下一个 10 年，统计学将是最有吸引力的工作，刚毕业的统计学博士，其年薪可达 12.5 万美元"。该文还指出："数据就是新知识的素材（data is merely the raw material of knowledge）"，并且引用了美国麻省理工学院数据产业中心（Center for Digital Business）主任 Erik Brynjolfsson 的观点："我们正在快速进入任何事情都可以用数字来度量和操控的时代，这是对人类的巨大挑战，尤其是以数据分析为己任的统计学家，当然这也是他们难得的机遇"。因此，《纽约时报》的这篇文章充分说明，美国媒体十分看重统计学对未来科学技术发展所起的重要作用。

 学习目标

- 了解统计学的含义
- 掌握统计学的相关概念
- 了解统计数据的种类

1.1　统计与统计学

1.1.1　统计学的含义

　　统计作为一种社会实践活动已有悠久的历史，可以说，自从有了国家就有了统计实践活动。下面两个故事说明了统计在二战期间起了十分重要的作用。第一个故事发生在英国,二战前期德国势头很猛,英国从敦刻尔克撤回到本岛,德国每天不定期地对英国狂轰滥炸,后来英国空军发展起来,双方空战不断。为了能够提高飞机的防护能力,英国的飞机设计师们决定给飞机增加护甲,但是设计师们并不清楚应该在什么地方增加护甲,于是求助于统计学家。统计学家将每架中弹之后仍然安全返航的飞机的中弹部位描绘在一张图上,然后将所有中弹飞机的图都叠放在一起,这样就形成了浓密不同的弹孔分布。工作完成了,统计学家很肯定地说没有弹孔的地方就是应该增加护甲的地方,因为这些部位中弹的飞机都没能幸免于难。第二个故事与德国坦克有关。我们知道德国的坦克战在二战前期占了很多便宜,直到后来,苏联的坦克才能和德国坦克一拼高下,坦克数量作为德军的主要作战力量的数据是盟军非常希望获得的情报,有很多盟军特工的任务就是窃取德军坦克总量情报。然而根据战后所获得的数据,真正可靠的情报不是来源于盟军特工,而是统计学家。统计学家做了什么事情呢?这和德军制造坦克的惯例有关,德军坦克在出厂之后按生产的先后顺序编号 1,2,……,N,这是一个十分古板的传统,正是因为这个传统,德军送给了盟军统计学家需要的数据。盟军在战争中缴获了德军的一些坦克并且获取了这些坦克的编号,现在统计学家需要在这些编号的基础上估计 N,也就是德军的坦克总量,而这通过一定的统计工具就可以实现。

政治算术数学派的创始人威廉·配第和约翰·格朗特,首先在其著作中使用统计数字和图表等方法来分析研究社会、经济和人口现象,这不仅为人们进一步认识社会提供了一种新的方法和途径,也为统计学的发展奠定了基础。今天,"统计"一词已被人们赋予多种含义,因此很难给出一个简单的定义。在不同场合,"统计"一词可以有不同的含义。它可以指统计数据的搜集活动,即统计工作;也可以指统计活动的结果,即统计数据;还可以指分析统计数据的方法和技术,即统计学。

统计学是一门收集、整理和分析统计数据的方法科学,其目的是探索数据的内在数量规律性,以达到对客观事物的科学认识。

统计数据的收集是取得统计数据的过程,是进行统计分析的基础。如何取得准确、可靠的统计数据是统计学研究的内容之一。

统计数据的整理是对统计数据的加工处理过程,目的是使统计数据系统化、条理化,符合统计分析的需求。数据整理是介于数据收集与数据分析之间的一个必要环节。

统计数据的分析是统计学的核心内容,它是通过统计描述和统计推断的方法探索数据内在规律的过程。

可见，统计学是一门有关事物数量和数量关系的科学，与统计数据、统计工作有着密不可分的关系。英文"statistic"一词有两个含义：当它以单数名词出现时，表示作为一门科学的"统计学"；当它以复数名词出现时，表示"统计数据"或"统计资料"。从中可以看出统计学与统计数据之间有着密不可分的关系。统计学为分析统计数据、完成统计工作提供了理论依据和方法，统计数据如果不用统计学所提供的统计方法加以分析也仅仅是一堆数据而已，得不出任何有意义的结论。而统计数据是统计活动的基础，离开了统计数据，统计方法也就失去了用武之地，统计学也就失去了它存在的意义。

值得注意的是，在实际应用中统计数据不是指单个的数字，而是由多个数据构成的数据集。单个数据只是一个数字而已，并不代表什么，也不可能得出数据的规律性信息，只有收集到有关研究对象的大量数据，才能利用统计方法分析得出反映事物发展特性的内在规律性。

1.1.2 统计学的内容

一项完整的统计活动过程可分为数据资料的收集整理和数据资料的分析推断两大阶段，如图1-1所示。数据资料的收集整理是统计活动的基础阶段。数据资料的分析推断是统计活动的应用阶段。通过对这两方面问题的研究，统计学学科不断发展壮大，研究内容和方法不断丰富。

对于数据资料的收集整理这方面的研究形成了统计学中的两个重要分支，即抽样调查理论和试验设计理论。抽样调查理论研究如何科学有效地收集数据资料，主要用于社会科学领域各种数据资料的收集。试验设计理论主要研究如何科

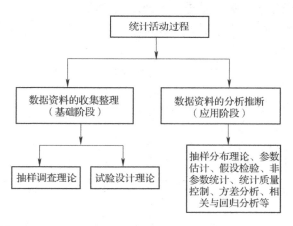

图1-1 统计学的内容

学地安排试验以及通过试验以获得的相关的数据资料，主要用于自然科学研究和生产工艺过程各种数据的收集。

对于数据资料分析推断方面的研究形成了现代统计研究的重要分支和核心内容，其中主要有抽样分布理论、参数估计、假设检验、非参数统计、统计质量控制、方差分析、相关与回归分析等。

1.2 统计学的分科

目前，统计方法已经被应用到自然科学和社会科学的众多领域，统计学也已经发展成为由若干分支学科组成的学科体系。根据统计方法的构成，可将统计学分为描述统计学和推断统计学；根据统计方法的研究和应用，可将统计学分为理论统计学和应用统计学。

1.2.1 描述统计学和推断统计学

描述统计学研究如何取得反映客观现象的数据，并通过图表的形式对所收集的数据进行加工处理和显示，进而通过综合、概括与分析得出反映客观现象的规律性数量特征。其内容包括统计数据的收集方法、数据的加工处理方法、数据的显示方法、数据的分布特征与分析方法等。

图 1-2 是对我国民用汽车拥有量的描述统计分析图，根据图形可以判断，随着居民收入的逐年增加和居民消费观念的转变，1995 年我国民用汽车拥有量开始缓慢增加，2005 年以后民用汽车拥有量快速增长，特别是 2008 年以后，我国民用汽车拥有量进入快速发展阶段。

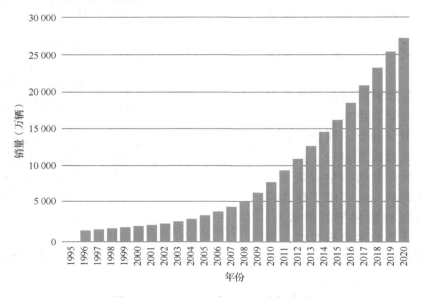

图 1-2 1995—2020 年民用汽车拥有量

推断统计学则是研究如何根据样本数据去推断总体数量特征的方法，它是在对样本数据进行描述的基础上，对统计总体的未知数量特征做出以概率形式表述的推断。

例如，一家保险公司收集到由 36 个投保人组成的随机样本，得到每个投保人的年龄（单位：周岁），数据见表 1-1。

表 1-1 36 个投保人年龄的数据

23	35	39	27	36	44
36	42	46	43	31	33
42	53	45	54	47	24
34	28	39	36	44	40
39	49	38	34	48	50
34	39	45	48	45	32

利用推断统计学的知识，可以算出在 95% 的置信程度下，投保人平均年龄的置信区间为 37.37 周岁 ~41.63 周岁。

描述统计学和推断统计学的划分，一方面反映了统计方法发展的前后两个阶段，同时也反映了应用统计方法探索客观事物数量规律性的不同过程。从图 1-3 我们可以看出描述统计学和推断统计学在统计方法探索客观现象数量规律性中的地位。

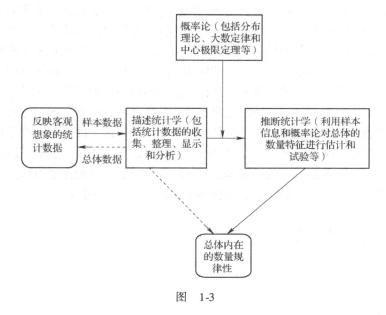

图 1-3

由图 1-3 可以看到，统计数据是统计活动的起点，如果搜集到的是总体数据（如普查数据），经过描述统计之后就可以达到认识总体数量规律性的目的；如果所获得的只是研究总体的一部分（样本数据），要找到总体的数量规律性，则必须应用概率论的理论并根据样本信息对总体进行科学的推断。

统计分析既可以用描述统计学的方法，也可用推断统计学的方法，二者还可以同时使用，描述统计学是整个统计学的基础，推断统计学则是描述统计学的进一步深入。由于现实条件的约束，我们所获得的数据大部分是样本数据，因此推断统计在现代统计学中的地位和作用越来越重要，已经成为统计学的核心内容。当然，这并不等于说描述统计不重要，如果没有描述统计搜集可靠的统计数据并提供有效的样本信息，即使再科学的统计方法也难以得出准确的结论。从描述统计学发展到推断统计学，既反映了统计学发展的巨大成就，也是统计学发展成熟的重要标志。

1.2.2 理论统计学和应用统计学

理论统计学是指统计学的数学原理，它主要研究统计学的一般理论和统计方法的数学理论。现代统计学用到了几乎所有方面的数学功底，从事统计理论和方法研究的人员需要有坚实的数学基础。此外，由于概率论是统计推断的数学和理论基础，因而广义的统计学应该也包括概率论在内。理论统计学是统计方法的理论基础，没有理论统计学的发展，统计学也不可能发展成为今天这样一个完善的科学知识体系。

在统计研究领域，从事理论统计学研究的人只是很少一部分，而大部分则是从事应用统计学的研究。应用统计学是研究如何应用统计方法去解决实际问题。统计学是一门收集和分析数据的科学，由于在自然科学及社会科学研究领域中，都需要通过数据分析来解决实际问题，因而，统计方法的应用几乎扩展到了所有的科学研究领域。例如，统计方法在生物学中的应用形成了生物统计学；在医学中的应用形成了医疗卫生统计学；在农业试验、育种等方面的应用形成了农业统计学。统计方法在经济和社会科学领域的应用也形成了若干分支学科。例如，统计方法在经济管理中应用形成了经济管理统计学；在社会研究和社会管理中的应用形成了社会统计学；在人口学中的应用形成了人口统计学等。以上这些应用统计学的不同分支所应用的基本统计方法都是一样的，即都是描述统计和推断统计的主要方法。但由于各应用领域都有其特殊性，统计方法在应用中又形成了一些不同的特点。

1.3 统计学中的基本概念

1.3.1 总体和样本

1. 总体

总体是同类事物的集合。例如，人口普查中的全国人口就是一个统计总体。总体中的个别事物为个体或称为总体单位。例如，人口总体中的每一个人就是一个个体。总体是根据研究目的确定的研究对象。例如，要研究某市工业企业职工的生活状况，该市所有工业企业职工即构成总体；而如果要研究该市工业企业生产效率情况，该市所有工业企业就构成研究的总体。可见总体随着研究目的的不同而变化。

当总体中包含不同的类别时，我们往往需要对总体中的某一类别进行研究，这时可将总体划分为不同的子总体，子总体是指总体中的某一类事物。例如，全国人口总体，如果按性别分成两组，则男性人口和女性人口均可看做一个子总体。

总体按其所包含的单位数目的多少分为有限总体和无限总体。有限总体是指总体中的个体数目是有限的，如前面提到的全国人口总体为有限总体。无限总体是指总体中的个体数目是无限的、不可数的。例如，宇宙中的星球数目、海洋中的微生物等均为无限总体。无限总体无法进行全面调查，只能进行抽样调查，而且对于无限总体的每次抽样可以看作是独立的，有限总体可以进行全面调查，但若进行抽样调查，每次抽样的结果不独立。

2. 样本

样本是从总体中抽取的部分单位的集合，样本中的个体数目称为样本容量。样本的功能和作用在于推断总体指标，例如，从一批产品中抽取 50 个产品进行调查，这 50 个产品就构成样本，样本容量为 50，根据这 50 个产品的质量特性即可对整批产品的质量特性做出推断。

1.3.2 标志和变量

1. 标志

标志是说明个体某种特征的概念。某个个体在某特征上的具体表现称为标志表现。例如，对于人口总体，性别、年龄、职业、文化程度等都是标志。而某个人是男性、30 岁、从事统计工作、大学毕业则分别是上述标志的一个标志表现。

标志可分为品质标志和数量标志。说明个体某种属性特征的概念为品质标志，品质标志的标志表现只能用文字来说明。说明个体某种数量特征的概念为数量标志，数量标志的标志表现可用数字表示。例如，性别、职业等是一个品质标志，而年龄、产值等为数量标志。品质标志在统计研究过程中往往需要人为的数量化，如用 0 代表女性，1 代表男性。

2. 变量

变量可以看作是取不同数值的量。例如，年龄、性别、产值等都可看作是变量。

变量有连续型变量和离散型变量之分。只能取有限个值的变量为离散型变量，一般计数的变量均为离散型变量，如企业数、产品数等。可以取数轴上任何一点的值的变量为连续型变量，计量的变量一般为连续型变量。

1.4 统计数据的类型

统计数据是对客观现象进行计量的结果，因此，在收集数据之前我们总是要先对现象进行计量和测度，明确我们所需要的数据类型。

（1）根据计量方法的不同，可将数据分为分类型数据、顺序型数据和数值型数据三种。

分类型数据（Categorical data）是指只能归于某一类别的非数字型数据。既没有数量大小也没有先后顺序，只能说明所属类别。例如，人口按性别分为男、女两类。

顺序型数据（Rank data）只能归于某一有序类别的非数字型数据。数据表现为类别，用文字来表述，没有数量大小，但有先后顺序，例如：产品分为一等品、二等品、三等品、次品等；住房满意度分为非常满意、满意、一般、不满意和非常不满意五种类型。

数值型数据（Metric data）是按数字尺度测量的观测值。例如，年龄为 15 岁、18 岁、23 岁。

（2）根据数据收集方法的不同将数据分为观测数据和试验数据两种。

观测数据（Observational data）是通过调查或观测而收集到的数据，是在没有对事物人为控制的条件下而得到的数据，社会经济现象的统计数据几乎都是观测数据。

试验数据（Experimental data）是在试验中控制试验对象而收集到的数据。例如，对一种新药疗效的试验，对一种新的农作物品种的试验等。自然科学领域的数据大多数都为试验数据。

（3）根据时间状况的不同可将数据分为截面数据、时间序列数据和面板数据。

截面数据（Cross-sectional data）是在相同或近似相同的时间点上收集到的不同单位、不同地区或不同个体的数据。它往往用来描述某一时刻不同单位、不同地区等的差异情况。例如，2020 年我国各地区的人均 GDP 数据，对该数据进行比较和分析可以反映我国不同地区经济发展的差异程度。

时间序列数据（Time series data）是在不同时间上收集到某一指标的数据。时间序列数据往往用来描述现象随时间变化的趋势和规律特点。例如，2000—2020 年我国人均 GDP 数值，对该数据的研究可以反映我国经济发展随时间变化的规律和特点。

面板数据（Panel Data）也叫作"合成数据""平行数据"，是指在时间序列上取多个截面，在这些截面上同时选取样本观测值所构成的样本数据。例如，2000—2020 年我国 34 个省级行政区的人均 GDP 数值就为面板数据。

本章小结

1. 统计学是一门收集、整理和分析统计数据的方法科学，其目的是探索数据的内在数量规律性，以达到对客观事物的科学认识。

2. 统计数据的收集是取得统计数据的过程，是进行统计分析的基础。如何取得准确、可靠的统计数据是统计学研究的内容之一。

3. 统计数据的整理是对统计数据的加工处理过程，目的是使统计数据系统化、条理化，符合统计分析的需求。数据整理是介于数据收集与数据分析之间的一个必要环节。

4. 描述统计学研究如何取得反映客观现象的数据，并通过图表的形式对所收集的数据进行加工处理和显示，进而通过综合、概括与分析得出反映客观现象的规律性数量特征。其内容包括统计数据的收集方法、数据的加工处理方法、数据的显示方法、数据的分布特征与分析方法等。

5. 推断统计学则是研究如何根据样本数据去推断总体数量特征的方法，它是在对样本数据进行描述的基础上，对统计总体的未知数量特征做出以概率形式表述的推断。

6. 总体是同类事物的集合。样本是从总体中抽取的部分单位的集合。说明个体某种特征的概念为标志，可以取不同数值的量为变量。

7. 根据计量方法的不同，可将数据分为分类型数据、顺序型数据和数值型数据三种。根据数据收集方法的不同可将数据分为观测数据和试验数据两种。根据时间状况的不同可将数据分为截面数据、时间序列数据和面板数据。

思考与练习

1. 什么是统计学？

2. 描述统计和推断统计的区别和联系。

3. 举例说明总体和个体、标志和变量的概念。

4. 统计数据分为哪几种类型？各自的用途是什么？

5. 某研究部门准备在某市 300 万个家庭中抽取 1 000 个家庭，推断该城市所有的职工家庭的人均居住面积，这项研究的总体是（　　），样本是（　　）。

A. 1 000 个家庭　　　　　　　B. 300 万个家庭

C. 1 000 个家庭的人均居住面积

D. 300 万个家庭的人均居住面积

6. 指出下面的变量哪一个属于分类变量（　　　）。

A. 年龄　　　　　　　　　　B. 工资　　　　　　　　　C. 汽车产量

D. 购买商品时的支付方式（现金、信用卡、支付宝）

7. 某公司从某大学抽取 200 个大学生推断该校大学生的月平均消费水平。

回答以下问题：

（1）指出并描述总体和样本。

（2）这里的月平均消费水平是什么变量？

8. 某研究机构从某单位随机抽取了 50 名员工作为样本进行调查，其中 60% 的员工对自己的办公环境表示满意，70% 的员工回答他们的月收入在 5000 元左右，生活压力大。回答以下问题：

（1）这一研究的总体是什么？

（2）月收入是分类变量、顺序变量还是数值型变量？

（3）对办公环境的满意程度是什么变量？

第2章

统计数据的收集整理与显示

导入案例

数据从何而来非常重要

数字不会说谎,但说谎的人会想出办法。——格罗夫纳

你可能读了几个月的报纸、看了几个月的电视新闻,都没有遇到任何统计公式,难怪你会觉得统计好像和实际生活无关。不过没有任何一天,你会完全没有接触到数据和统计研究。你听说上个月的失业率是 4.5%。报纸上说,年龄介于 18～29 岁之间的人,只有 21% 声称他们经常投票,而 65 岁以上的人则有 59% 这样说。还有一篇更长一些的报道中说低收入户儿童若有良好的日间照顾,则和其他同样背景的人比较起来,数年之后的考试成绩会更好,读大学的概率比较高,也有较好的工作。这些数据打哪儿来的?为什么我们应该相信?或者也许并不应该相信,也许就像约吉·贝拉曾说过的:"你只要肯看,就可以观察到许多事。"但是你怎么看也看不出,年轻人的投票率只有 21%。好数据是人们智慧和努力的产物。坏数据的来源,则是懒惰、不了解甚至存心误导。每当有人丢个数字给你,你第一个该问的是"这数据从何而来?"

学习目标

- 了解统计数据的收集方法
- 学会统计分组
- 理解为什么一幅图抵得上千言万语
- 学会使用 Excel 和 SPSS 制作频数分布表和图形

2.1 统计数据的收集

统计数据是统计分析和统计研究的基础,统计数据的收集是统计活动的开始。用于经济管理领域的数据的来源有两种:一种是间接来源,即研究者直接从公开出版物或通过网络渠道获取所需数据,如《中国统计年鉴》《中国统计摘要》《中国社会统计年鉴》《中国工业经济统计年鉴》《中国农村统计年鉴》《中国人口统计年鉴》《中国市场统计年鉴》《世界经济年鉴》《国外经济统计资料》《世界发展报告》等;另一种是直接来源,即研究者直接通过调查取得研究所需的数据资料。

常用的统计调查方式有普查、统计报表、抽样调查、重点调查、典型调查等。

2.1.1 普查

普查是为了某种特定的目的而专门组织的一次性的全面调查。它是了解国情国力的重要方式。其具有能收集到运用其他调查方法所不能收集到的更为详细的数据资料的优点,但缺点是普查工作量大、费用高,不适合经常进行。

普查的组织形式有两种:① 建立专门的普查机构,抽调配备大量的普查人员,对调查单位直接进行登记,如人口普查等;② 利用调查单位的原始记录和核算资料,发放调查表,由调查单位填报,如物资库存普查等。

由于普查通常是对重要的国情国力的调查,因此,对调查时间和调查方法上有严格的要求。首先需要规定统一标准时间。所谓标准时间,即规定某年某月某日某一时刻作为登记普查对象数据资料的统一时间,以避免重复或遗漏现象,如第七次全国人口普查规定的标准时间为 2020 年 11 月 1 日零时为标准时间。其次需要规定调查期限,以保证调查资料的准确性,如一般人口普查规定的调查期限为 10 天。最后需要规定统一的调查项目,以便于进一步对调查结果的处理和分析,同时需要满足在不同时间进行的同一项目的普查,其调查项目也要尽可能一致,以便于前后期数据的比较分析。

2.1.2 统计报表

统计报表是按照国家有关的规定,自上而下统一布置,自下而上逐级提供统计资料的调查组织方式。

统计报表是我国特有的一种统计调查方式,是建立在各基层单位原始记录的基础上的一种统计调查方式,由于统计报表是逐级上报和汇总的,有利于各级部门了解本地区、本部门或本行业的社会和经济发展现状。

统计报表按时间长短可以分为日报、旬报、月报、季报、半年报和年报等。统计报表按填报单位的不同分为基层报表和综合报表，综合报表是主管部门根据基层报表逐级汇总填报的报表。

2.1.3　抽样调查

抽样调查是取得数据资料的最主要的一种方式，它是按照随机原则从总体中抽取部分单位组成样本，对样本指标进行测定，根据样本指标推断总体指标的一种非全面调查。

抽样调查的应用范围主要有：① 不可能进行全面调查又要了解其全面情况的现象，例如，无限总体的调查、产品使用寿命的调查、破坏性试验等只能采用抽样调查；② 可以进行全面调查但不必要时。有些总体虽然可以进行全面调查但花费的人力、物力、财力都较大，进行抽样调查可节省费用。

抽样调查相较于重点调查、典型调查有如下三个特点：① 从总体中随机抽取样本。这提高了样本的代表性；② 利用样本指标可推断总体指标的数值；③ 抽样误差可以准确计算并事先加以控制。

抽样调查的具体组织形式有四种。① 简单随机抽样。不对总体做任何的分类和排队，直接按照随机原则从总体中抽取样本的调查方式。它是最基本的组织形式。平常所用的抽签法、摸球法、随机数字表法都为简单随机抽样。② 分层抽样（也叫作类型抽样）。先将总体按某一标志分成若干个类型，然后分别从每一类型中抽取部分单位组成样本进行调查。该方式要求在分组时尽可能选择分组以后组内差异较小的分组方式。③ 等距抽样（又叫作系统抽样或机械抽样）。按照某一标志将总体各单位排队，然后按照固定的顺序和间隔抽取若干个样本单位构成总样本。④ 整群抽样。将总体分成若干个群，每群中包含一定的总体单位，然后再随机抽取一些群体组成样本进行全面调查，而其余未被抽中的群不作任何调查。

抽样调查有着时效性强、准确性高、应用范围广、经济性好等明显的优越性。

（1）时效性强。抽样调查可以在较短的时间内取得调查所需的数据资料，适合时间性要求较强的调查项目。

（2）准确性高。与普查相比较，抽样调查的调查范围大大缩小，在计算机录入等过程中可大大地减少了登记性误差，另一方面由于按照随机原则抽取样本，抽样调查的误差可以计算，并事先加以控制。

（3）应用范围广。抽样调查既可用于专题研究的调查，也可用于一般性的经常性调查，尤其是对于某些破坏性试验或无限总体来说，抽样调查尤为适用。

（4）经济性好。抽样调查由于是抽取部分单位进行的调查，因而花费的人力、物力和财力均大大减少，特别是对于总体范围很大，单位较多的复杂总体时，抽样调查是较为经济合理的调查方式。

2.1.4 重点调查

重点调查是为了了解总体的基本情况，在总体中选择个别重点单位进行调查。重点单位是指那些在总体中的单位数目较少，但其标志总量却占全部单位标志总量的绝大比例的单位。

重点调查有其自身的优势，即用很少的时间和精力就可得到对全局有举足轻重影响的那些重点单位的数据，从而了解总体的基本情况。但由于重点调查没有遵循随机原则，因而不能对总体指标做出推断。

2.1.5 典型调查

典型调查是在对总体单位有了初步了解的基础上，有意识地选择部分有代表性的典型单位进行调查。代表性单位是指那些最充分、最集中地体现总体某些共性的单位。

典型调查有两种形式。① 解剖麻雀式的典型调查。选择一个或几个典型单位，深入细致地了解情况，总结经验教训，研究新生事物，它侧重于对总体的定性认识。② 划类选典式的典型调查。先对总体进行分组，然后在各组中有意识地选择一定数量的典型单位进行调查，并可粗略地估计总体指标。

2.2 统计整理

统计调查收集到的原始资料是分散的、零碎的，只能说明个体的特征和属性，而不能说明总体的数量特征和分布状况，因此为了从总体上认识和分析各种社会经济现象，为统计决策提供依据，通过各种渠道收集到数据资料后，应对其进行加工整理，使数据资料所提供的信息能够系统化、条理化，由个体过渡到总体，以符合分析的需要。

统计资料的整理是指将统计调查所得到的原始资料进行科学的分组和汇总，并用一定的方式将其显示出来，为统计分析推断提供系统化、条理化的说明，是一个说明总体数量特征的工作阶段。可见统计整理既是统计调查的深入，又是统计分析的前提。

统计整理是为统计分析推断服务的，因此，应根据统计分析推断的目的和要求来选择统计整理的内容和方法。同时，在整理过程中应尽可能多地提取数据资料所包含的信息。

2.2.1　统计分组的概念和作用

　　数据经过预处理后，可进一步作分组整理。统计分组是根据统计分析的目的和要求，按一定的标志将总体划分为若干个不同的组成部分。统计分组具有两方面的含义：对总体而言是分，即将总体区分为若干个性质不同的部分；对个体而言是合，即将具有某些共性的个体合为一组。通过统计分组可揭示事物的内在规律，其作用体现在三个方面。① 区分社会经济现象的类型。一个总体往往包含很多个体，通过统计分组可将性质相同的个体归为一类，从而把不同的社会经济现象区分开来。② 反映和研究总体的内部构成。通过统计分组后，计算各组成部分的总量占总体总量的比例，从而反映总体的内部构成状况，揭示事物的性质特征，同时可通过内部构成的变化来反映总体的发展变化规律。③ 分析研究现象之间的依存关系。社会经济现象之间是相互联系、相互制约的，在统计分组的基础上，计算有关指标，通过指标之间的关系来揭示现象之间的相互联系。例如，将同类型的工业企业按规模大小分组，计算各组的单位成本和产量，从这两个指标便可看出随着规模的扩大，单位成本下降。

2.2.2　统计分组的原则与类型

1. 统计分组的原则

　　统计分组是数据资料整理的核心内容，而统计整理是为统计分析推断作准备的，因此，统计分组首先应根据统计分析推断的目的来进行。统计分析推断的目的和要求不同，统计分组的方法和形式就不同。在具体进行统计分组时，必须遵循下面两个原则：① 完备性。即所分的组能够涵盖总体，从而使总体中的任何一个个体都有组可归；② 互斥性。即各组之间的界限必须明确，从而使总体中的每个个体只能划归其中的一个组中。概括地讲，进行统计分组时，要使总体中的每个个体都有组可归，而且只能归入其中一个组。即采取"不重不漏"的原则。

2. 分组标志的选择与分组形式

　　分组标志是对总体进行分组的标准和依据。分组标志应根据研究目的和事物本身的特征进行选择，它有品质标志和数量标志两种。品质标志是说明事物的性质或属性特征的，它不能用数值来表现；数量标志是说明事物数量特征的，它可以具体表现为数值。例如，人口按性别分组，性别就是分组标志；又如，职工按工资分组，工资就是分组标志。前者属于品质标志分组，后者是数量标志分组。

　　根据分组标志性质的不同，统计分组可分为品质标志分组与数量标志分组两种形式。

（1）按品质标志分组时，组数和组限一般由品质标志的标志表现来决定，有多少个标志表现就可划分为多少个组。例如，人口按性别分组只能分为男性和女性两组，按民族可划分为汉族和少数民族两组。但也有些品质标志分组的组数和各组界限较难划分清楚。例如，对某些产品按其经济用途分，究竟属于生产资料还是属于生活资料，就很难划分，其他如部门分类、职业分类等都有这种情况，因此，在实际工作中，为了分组的科学统一，国家统计局会同有关部门制定了统一的分类目录，如《国民经济行业分类目录》《工业部门分类目录》《职业分类目录》《产品分类目录》等。

（2）按数量标志分组时，组数和各组界限都较复杂，需要人为地确定。数量标志的形式有以下两种。

1）单项式分组。单项式分组是指每个组的组别或者组的名称只用一个变量值表示的分组方式，即每遇到一个不同的变量值要单独列一组，有多少个不同的变量值就有多少个组。例如，把大学二年级某班 40 个学生按年龄分组，可分为 18 岁、19 岁、20 岁、21 岁、22 岁、23 岁等组，单项式分组一般适用于离散型变量，且变量的取值个数不多的情况。

2）组距式分组。组距式分组是指每个组用表示一定变动范围的两个变量值表示，即将数量标志的取值范围划分成若干个区间，在同一区间内取值的个体为一组，划分了多少个区间就分成了多少组。例如，将某班学生成绩分为 60 分以下，60～70 分，70～80 分，80～90 分，90～100 分五个组。

组距式分组有等距分组与异距分组两种情况，当各组的组距（区间变动范围）相等时，叫作等距分组；当各组的组距（区间变动范围）不完全相等时，叫作异距分组或不等距分组。组距式分组主要适宜用连续型变量，或取值个数较多的离散型变量。

（3）按分组标志个数的不同，统计分组可分为简单分组、复合分组两种形式。

1）简单分组，也叫作单一分组，是指只按一个标志进行分组的形式，它反映总体某一方面的特征和结构。例如，人口按性别分组，见表 2-1。

表 2-1　简单分组示意表

按 性 别 分	人数（人）	频率（%）
男性	23	57.5
女性	17	42.5
合计	40	100

2）复合分组是指按两个或两个以上的标志进行重叠分组的形式，在分组时应先按主要的标志进行第一次分组，在第一次分组的基础上再按次要的标志进行

分组，见表 2-2。复合分组的标志不能太多，一般为 2 ~ 3 个。

表 2-2 复合分组示意表

按职称分	按性别分		
	男 性	女 性	合 计
教授			
副教授			
讲师			
助教			
合计			

2.3 次数分布

2.3.1 次数分布的概念和类型

按某种标志对数据进行分组后，计算出所有类别或数据在各组中出现的次数或频数，就形成了一张次数分布表。把总体中的各个组与其对应的个体数目一一对应排列，形成反映全部数据按其分组标志在各组内的分布状况的数列称为频数分布或次数分布数列，简称分布数列。分布在各组内的数据个数称为频数或次数，各组次数之和称为总次数，各组次数与总次数的比值称为频率。

次数分布数列有两个构成要素：① 组别，即各组的名称；② 各组的次数或频率。

按选择的分组标志的不同，分布数列可分为属性分布数列和变量分布数列两种。

属性分布数列是按品质标志分组形成的数列，简称品质数列，见表 2-3。

表 2-3 2020 年我国人口按城乡分组表

按城乡分	人数（万人）	频率（%）
城镇	90 220	63.89
乡村	50 992	36.11
合计	141 212	100

注：资料来源于《中国统计年鉴 2021》。

变量分布数列是按数量标志分组形成的数列，简称变量数列。由于按数量标志分组有单项式分组与组距式分组之分，变量数列也有单项式变量数列与组距式变量数列两种。单项式分组形成的数列叫作单项式变量数列（见表 2-4）；组距式分组形成的数列叫作组距式变量数列，组距式变量数列根据组距的不同又可分为等距数列（见表2-5）和异距数列（见表2-6）。

表2-4　某居民楼按家庭人口数分组表

家庭人口数（人）	户数（户）	频率（%）
1	2	5.0
2	10	25.0
3	25	62.5
4	3	7.5
合计	40	100.0

表2-5　50名学生按考试成绩分组表

考试成绩（分）	人数（人）	频率（%）
60 以下	5	10.0
60 ~ 70	10	20.0
70 ~ 80	18	36.0
80 ~ 90	12	24.0
90 ~ 100	5	10.0
合计	50	100.0

表2-6　某省各城市按人口数分组表

人口数（万人）	城市数（个）	频率（%）	次数密度
10 以下	5	6.25	0.25
10 ~ 30	15	18.75	0.75
30 ~ 80	30	37.50	0.60
80 ~ 100	22	27.5	1.10
100 ~ 200	5	6.25	0.05
200 ~ 400	2	2.50	0.01
400 以上	1	1.25	0.005
合计	80	100.00	—

在组距式变量数列中，每一组的较小值为下限，较大值为上限。一组的变动范围称为组距，组距的计算公式如下：

$$组距 = 上限 - 下限$$

对于单项式变量数列和等距数列可以通过比较各组次数或频率的大小，来判断次数分布的疏与密的程度，次数或频率大的组，分布就密集；次数或频率小的组，分布相对稀疏。例如，表 2-4 所表示的数列家庭人口数为 3 人的组最密集，表 2-5 所表示的数列 70 ~ 80 分这一组最密集。对于异距数列，由于各组的组距不完全相等，各组次数或频率的大小会受组距的影响，因此不能根据各组次数或频率的大小来判断分布的疏与密，为消除各组组距的影响，在分析异距数列时，需计算次数密度或频率密度，次数密度或频率密度大的组，分布就密集。次数密度和频率密度的计算公式如下：

$$次数密度 = \frac{次数}{组距}, \quad 频率密度 = \frac{频率}{组距}$$

从表 2-6 可看出人口数为 80 万 ~ 100 万人的组次数密度最大，所以次数分布最密集。

2.3.2　分布数列的编制

不同的数列编制方法不同，难易程度也不同，品质数列的编制较简单，只需将品质标志的标志表现罗列出来，计算出各标志相对应的个体单位数，将二者用一定的顺序排列，即形成品质分布数列。单项式变量数列的编制也较简单，有多少个不同的变量值就可划分为多少组。对异距数列分组，组数和组距的大小一般根据变量值变动的不同特点和阶段来确定。等距数列的编制有如下几个步骤：

第一步，确定组数。组数的多少，一般与数据本身的特点及数据的多少有关。组数的确定应以能够显示数据的分布特征和规律为目的，由于分组的目的之一是为了观察数据分布的特征，如组数太少，数据的分布就会过于集中；组数太多，数据的分布就会过于分散，这都不便于观察数据分布的特征和规律，因此，组数的多少应适中。对于等距式分组，在实际应用时，一般按斯特格斯（H. A. Sturges）提出的经验公式确定组数 K，即

$$K = 1 + \frac{\lg N}{\lg 2} \approx 1 + 3.322 \lg N$$

其中，K 为组数，K 可用四舍五入的办法取整数；N 为总体单位数。

第二步，确定各组的组距。组距是一个组的上限与下限的差，组距的大小可根据全部数据的最大值和最小值及所分的组数来确定，变量的最大值与最小值之差为全距，用 R 来表示，若组距用 d 来表示，则其计算公式为

$$d = \frac{R}{K}$$

在组数 K 确定的情况下，实际分组的组距应取比该公式计算出的组距大的整数，以保证 $dK \geqslant R$，从而保证遵循统计分组的完备性原则。一般情况下 d 取 5 或 10 的倍数。

第三步，组限的确定和组中值的计算。组限是指每组两端表示各组界限的变

量值，各组的最小值为下限，最大值为上限。

在分组时，为遵循统计分组的完备性原则，应注意以下几点：

① 第一组的下限应不高于最小的变量值，最后一组的上限应不低于最大的变量值。

② 若分组变量为连续型变量，相邻两个组的组限应采用重叠的变量值，同时为遵循互斥性原则，在按组归类整理时，遵循"上限不在内原则"。如某班学生按成绩分组：60 分以下，60 ~ 70 分，70 ~ 80 分，80 ~ 90 分，90 ~ 100 分。该分组中，第一组的上限与第二组的下限重合，第二组的上限与第三组的下限重合……在汇总各组的个体数目时，60 分汇总在第二组，70 分汇总在第三组……即恰好等于某一组上限的变量值不算在本组内，而计算在下一组内。

③ 若分组变量为离散型变量，相邻两组的组限可以重合也可以不重合，若重合仍然采用"上限不在内"的原则进行归类整理。

在组距式分组中，如果全部数据中的最大值和最小值与其他数据相差悬殊，即有极端数值存在时，为避免出现空白组（即没有变量值的组）或个别极端值被漏掉，第一组和最后一组可以采取"××以下"及"××以上"这样的开口组。例如，在按学习成绩对学生人数进行分组时，由于不及格的人数较少，且比较分散，对 60 分以下的学生人数仍采用组距为 10 的分组就会出现"空白组"，因此，一般情况下第一组采用开口组，即 60 分以下的分组方法。

此外，组距式分组掩盖了各组内的数据分布状况，为反映各组数据的一般水平，通常用组中值作为该组数据的一个代表值，每组上限与下限的中点数值称为该组的组中值，即

$$\text{组中值} = \frac{\text{上限} + \text{下限}}{2}$$

用组中值作为一组变量值一般水平的代表值，有一个必要的假定条件，即各组数据在本组内呈均匀分布或对称分布。如实际数据的分布不符合这一假定，用组中值作为一组数据的代表值会有一定的误差。

通常假定开口组的组距与邻组组距相等，因此，计算开口组组中值时，可先计算开口组的组限：

$$\text{开口组的上限} = \text{下限} + \text{邻组组距}$$

$$\text{开口组的下限} = \text{上限} - \text{邻组组距}$$

也可根据下面的公式直接计算开口组的组中值：

$$\text{开口组组中值} = \text{开口组的下限} + \frac{\text{邻组组距}}{2}$$

$$\text{开口组组中值} = \text{开口组的上限} - \frac{\text{邻组组距}}{2}$$

在计算开口组的组中值时应注意：若开口组的另一个组限超出了分组变量的可能取值范围，则开口组的组中值按该变量的最小或最大可能值来计算。

第四步，各组次数或频率的计算。组距组数确定后，汇总各组次数与频率，将各组组别与各组次数一一对应排列，就得到所需的分布数列。

为了统计分析的需要，有时需要观察某一数值以下或某一数值以上的频数之和，即需要在分组的基础上计算出累计频数。累计频数有向上累计频数和向下累计频数两种。从变量值小的一方向变量值大的一方累加频数，称为向上累计频数；从变量值大的一方向变量值小的一方累加频数，称为向下累计频数，见表2-7。

表 2-7　50 名学生按考试成绩分组表

考试成绩（分）	人数（人）	频率（%）	累 计 频 数		累 计 频 率（%）	
			向　　上	向　　下	向　　上	向　　下
60 以下	5	10.0	5	50	10.0	100.0
60 ~ 70	10	20.0	15	45	30.0	90.0
70 ~ 80	18	36.0	33	35	66.0	70.0
80 ~ 90	12	24.0	45	17	90.0	34.0
90 ~ 100	5	10.0	50	5	100.0	10.0
合计	50	100.0	—	—	—	—

不同的累计频数反映的内容不同，各组的向上累计频数或频率表示小于该组上限的变量值的总频数或总频率；各组的向下累计频数或频率表示大于等于该组下限的变量值的总频数或总频率。例如，表2-7 中 70 ~ 80 分这一组的向上累计频数 33 表示成绩小于 80 分的人数有 33 人；向下累计频数 35 表示成绩大于等于 70 分的人数有 35 人。

例 2-1　某地区所属的 40 个企业的年销售收入数据（单位：万元）如下：

152	124	129	116	100	103	92	95	127	104
105	119	114	115	87	103	118	142	135	125
117	108	105	110	106	135	120	136	117	108
97	88	123	115	119	138	112	146	113	126

试根据上述数据编制组距式分布数列。

解：（1）根据斯特格斯（H. A. Sturges）提出的经验公式确定组数 K：

$$K = 1 + \frac{\lg 40}{\lg 2} = 6.32 \approx 7$$

（2）确定组距：

$$R = X_{\max} - X_{\min} = 152 - 87 = 65$$

$$d = \frac{R}{K} = \frac{65}{7} = 9.28 \approx 10$$

（3）确定组限。在组数为 7、组距为 10 的情况下，$dK - R = 5$，可将最小组的下限从变量的最小值 87 向下延伸 2 个单位，即最小组的下限确定为 85；最大组的上限从变量的最大值 152 向上延伸 3 个单位，即最大组的上限确定为 155。从而将全部数据分成 85 万 ~ 95 万元，95 万 ~ 105 万元，105 万 ~ 115 万元，115 万 ~ 125 万元，125 万 ~ 135 万元，135 万 ~ 145 万元，145 万 ~ 155 万元七组。

（4）计算汇总各组的企业数，并将其与各组组别一一对应排列，形成分布数列，见表 2-8。

表 2-8 40 个企业年销售收入分布表

按年销售收入分组（万元）	企业数（个）	频率（%）
85 ~ 95	3	7.5
95 ~ 105	6	15.0
105 ~ 115	9	22.5
115 ~ 125	11	27.5
125 ~ 135	4	10.0
135 ~ 145	5	12.5
145 ~ 155	2	5.0
合计	40	100.0

2.4 数据显示

统计表和统计图是显示统计数据的两种方式。在日常生活中，阅读报纸杂志，或者在看电视、浏览互联网网页时，都能看到大量的统计表格和统计图形。

2.4.1 统计表

统计表是用于显示统计数据的表格。在数据的收集、整理、描述和分析过程中，都要使用统计表。把杂乱的数据有条理地组织在一张简明的表格内，使数据变得一目了然，清晰易懂，可见统计表是显示数据资料最基本、最常用的组织形式。

1. 统计表的构成

统计表通常由以下几部分构成：

（1）表头，也叫作总标题。放在统计表的上方，简明扼要地说明统计表的内容。

（2）行标题和列标题，在统计表的第一列和第一行，所表示的是所研究问题的类别名称和指标名称。如果是时间序列数据，行标题和列标题也可以是时间。通常情况下，行标题和列标题所反映的内容可以互换。

（3）数据资料，在行标题和列标题的交叉位置。

（4）表末附注，在统计表的下方，包括资料来源、指标的解释说明等。

统计表的一般格式见表 2-9。

表 2-9　2015 年、2020 年农村居民家庭人均生活消费支出　　（单位：元）

项　　目		2015 年	2020 年	←列标题
行标题	食品	3 048	4 479.4	⎱ 数据资料
	衣着	550	712.8	
	家庭设备用品及服务	545.6	767.5	
	医疗保健	846	1 417.5	
	交通通信	1 163.1	1 840.6	
	娱乐教育文化	969.3	1 308.7	
	居住	1 926.2	2 962.4	
	杂项商品及服务	174	224.4	
合计		9 222.2	13 713.3	

注：资料来源于《中国统计年鉴 2016》和《中国统计年鉴 2021》。

2. 统计表的设计

统计表的设计应符合科学、实用、简练、美观的要求。具体来说应注意以下几点：

（1）合理安排统计表的结构，避免过宽或过长的表格形式。哪些项目名称放在行标题的位置，哪些项目名称放在列标题的位置，应以表格的美观合理为出发点。

（2）统计表的各种标题要力求简单明了。表头一般应包括表号、表的内容和表中数据资料的单位等。表的内容应简明扼要，一般需要表明数据资料的时间、地点及何种数据。

（3）统计表的左右两端不封口，这是统计表与其他表格的一个明显区别。另外，表中没有数据时，一般用"—"表示，统计表中不出现空白单元格。

（4）统计表的栏数较多时，需要编号以表明栏与栏之间的关系。对文字栏通常用甲、乙等来编号；对于数字栏通常用（1）、（2）等来编号。

2.4.2　统计图

用统计图可以来显示分布数列，会更形象、直观地表示出数量变化的特征和规律。表示频数分布的图形有直方图、折线图、曲线图、茎叶图、箱线图、圆形图、环形图、雷达图、气泡图等。

1. 直方图和折线图

直方图是用矩形的宽度和高度来表示频数分布的图形。图2-1所示是根据例2-1编制的直方图。在直方图中，横轴表示数据分组，纵轴表示频数或频率，或者表示次数密度或频率密度。对于等距数列，纵轴既可以使用频数或频率，也可以使用次数密度或频率密度，二者的效果相同。对于异距数列，由于组距对次数和频率的大小有影响，纵轴只能使用次数密度或频率密度。

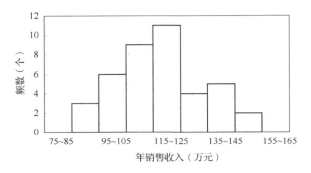

图2-1 40个企业年销售收入的直方图

折线图是在直方图的基础上，把直方图顶部的中点（即组中值）用直线连接起来，同时将第一个矩形的顶部中点通过竖边中点（即该组频数一半的位置）连接到横轴，最后一个矩形顶部中点与其竖边中点连接到横轴，这样折线图下所围面积与直方图的面积相等，如图2-2所示。

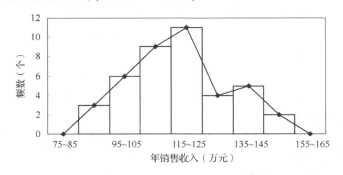

图2-2 40个企业年销售收入的折线图

折线图也可以用于表示累计频数分布，称为累计频数分布折线图。它是根据累计频数绘制而成的，有向上累计和向下累计两种图形，向上累计频数分布折线图是从变量的最小值开始，连接各组上限和该组累计频数构成的坐标点而成，如

图2-3 所示；向下累计频数分布折线图是从变量的最大值开始，连接各组下限与该组累计频数构成的坐标点而成，如图2-4 所示。

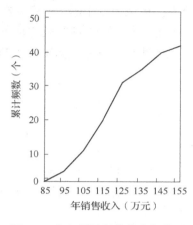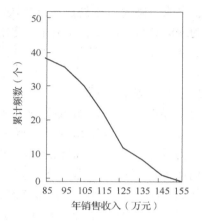

图2-3　向上累计频数分布折线图　　　图2-4　向下累计频数分布折线图

2. 曲线图

当对数据所分的组数由少到多时，组距会越来越小，这时所绘制的折线图就会越来越光滑，逐渐形成一条平滑的曲线，这就是频数分布曲线。曲线图在统计学中有着十分广泛的应用，是描述各种统计量和分布规律的最基本的手段。曲线图的种类很多，常见的有钟形分布（包括正态分布、偏态分布）、J 形分布、U形分布等。如图2-5 所示。

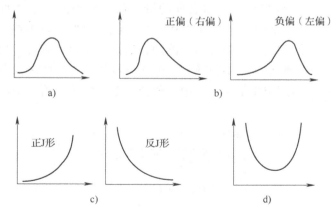

图2-5　几种常见的分布曲线
a）正态分布　b）偏态分布　c）J 形分布　d）U 形分布

正态分布是一种对称的钟形分布，大部分社会经济现象都服从这种分布，如农作物的单位面积产量、零件的公差、纤维强度等通常情况下都服从正态分布。

J形分布有正J形和反J形两种，如经济学中供给曲线和需求曲线，由于供给量随着价格的提高以更快的速度增加，故供给曲线呈现为正J形；而需求曲线，则相反，需求量随着价格的提高以较快的速度减少，呈现为反J形。U形分布的特征是两端的频数分布多，中间的频数分布少，例如，人口随年龄的死亡率分布就近似服从U形分布，因为人口中婴幼儿和老年人的死亡率较高，而中青年的死亡率则较低。

3. 茎叶图和箱线图

（1）茎叶图　将分组数据分为茎和叶两部分，高位数字作为茎，低位数字作为叶，然后按茎和叶的大小顺序排列而成的图形称为茎叶图。茎叶图的优点是既能给出数据的分布状况，又能给出每一个原始数值。即通过茎叶图，既可以看出数据是否对称等分布状况，又可以看出数据是否集中，是否有极端值等离散状况，图2-6是根据例2-1编制的茎叶图。

茎	叶
8	7　8
9	2　5　7
10	0　3　3　4　5　5　7　8
11	0　2　3　4　5　5　6　7　7　8　9　9
12	0　3　4　5　6　7　9
13	5　6　7　8
14	2　6
15	2

图2-6　某地区40个企业年销售收入的茎叶图

从图2-6可以看出，茎叶图将40个企业共分为8组，第一组表示有数据87，88两个数，以此类推。可见茎叶图与传统的统计图形不同，是由数字组成的，图形直观且保留了原始信息，这是直方图所不具备的。

（2）箱线图　箱线图是由一组数据的最大值、最小值、中位数和两个四分位数这五个特征值绘制而成的，它主要用于反应原始数据分布的特征，还可以进行多组数据分布特征的比较。箱线图的绘制方法是：先找出符合一组数据的五个特征值，即最大值、最小值、中位数和两个四分位数；连接两个四分位数画出箱子；将最大值和最小值与箱子相连，中位数位于箱子之间。箱线图的一般形式如图2-7所示。

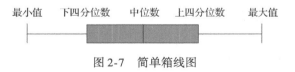

图2-7　简单箱线图

如果数据为对称分布，中位数位于盒子的中间，且盒子两端的线长一样（图2-7），若数据为右偏分布，中位数到上四分位数的距离大于中位数到下四分位数的距离（图2-8），若数据为左偏分布，中位数到上四分位数的距离小于中位数到下四分位数的距离（图2-9）。

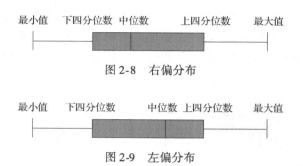

图 2-8 右偏分布

图 2-9 左偏分布

27

图 2-10 是利用软件绘制的例 2-1 的 40 个企业年销售收入的箱线图，图形显示年销售收入基本呈现正态分布。

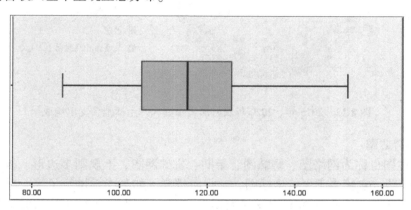

图 2-10 40 个企业年销售收入的箱线图

4. 圆形图、环形图

饼图也叫圆形图，是用圆内扇形面积来表示数值大小的图形。主要用于研究分析结构性问题，即总体中各部分所占比例的百分比用圆内的各个扇形面积来表示。如我国土地利用类型构成图，如图 2-11 所示。其中耕地占 12.68%，林地占 31.86%，内陆水域面积占 5.26%，可利用草地占 34.48%，其他占 15.72%。根据该资料绘制饼图。

环形图是饼图的一种变体，是

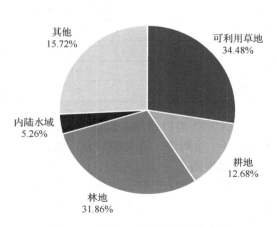

图 2-11 我国土地利用类型构成图

指将两个及以上大小不一的饼图叠在一起，挖去中间部分所构成的图形。环形图可以同时绘制多个数据系列，每一个数据系列表示一个环，因此可借助于环形图来对不同总体的同一组成部分进行比较分析。例如，图2-12是根据表2-9绘制的环形图。

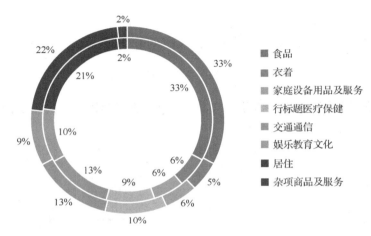

图 2-12　2015 年、2020 年农村居民家庭人均生活消费支出构成

5. 雷达图

雷达图也称为网络图、蜘蛛图、星图、蜘蛛网图、不规则多边形、极坐标图或 Kiviat 图。它相当于平行坐标图，轴径向排列。如某中学进行了第一次模拟考试，三年级中三个班级的平均成绩数据见表2-10，根据表2-10绘制的雷达图如图2-13所示。

表 2-10　某中学第一次模拟考试成绩　　　　　（单位：分）

班级	语文	数学	英语	物理	化学
1 班	95	96	85	63	91
2 班	75	93	66	85	88
3 班	86	76	96	93	67

从图2-13可以看出1班的物理较差，其他四门均不错；2班的数学、化学、物理较好，而英语、语文相对差一些；3班的化学和数学成绩较差。

6. 气泡图

气泡图是可用于展示三个变量之间关系的图形，气泡图与散点图相似，绘制图形时，一个变量用横轴表示，另一个变量用纵轴表示，气泡大小表示第三个变量。

例 2-2　表 2-11 是某农场 2021 年施肥量、相对湿度以及作物产量的情况，为了解它们之间的联系，根据表 2-11 绘制的气泡图，如图 2-14 所示。

从图 2-14 可以看出，施肥量越多，湿度越大，作物产量越大。

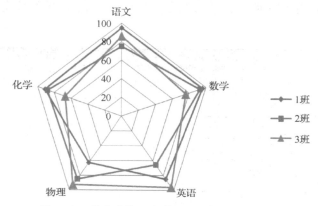

图 2-13　某中学第一次模拟考试成绩的雷达图

表 2-11　某农场 2021 年施肥量、相对湿度以及作物产量的情况

编号	施肥量/kg	相对湿度（％）	作物产量（kg/hm²）
01	30	7	2 300
02	45	9	3 460
03	58	11	4 800
04	70	15	5 850
05	100	16	6 300
06	110	18	7 500
07	120	21	8 260

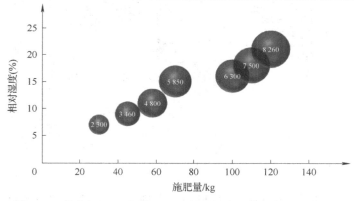

图 2-14　某农场 2021 年施肥量、相对湿度、作物产量的气泡图

7. Excel 绘制统计图

以直方图为例说明利用 Excel 绘制统计图的基本步骤。

第一步，如图 2-15 所示，录入数据，选定 A1：B8 区域的数据，单击工具栏中的【图表向导】按钮。

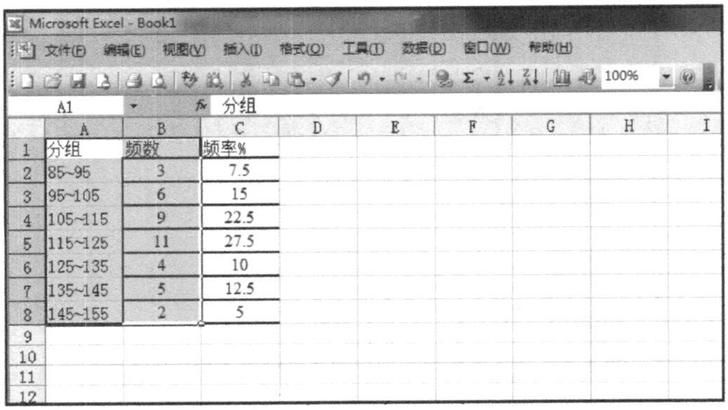

图　2-15

第二步，在对话框（图 2-16）的图表类型中选择【柱形图】，然后单击【下一步】。在图 2-17 所示的对话框中输入图表标题等内容，单击【完成】即可生成图 2-18。

图　2-16

第三步，双击图 2-18 中任一柱形条，出现图 2-19 所示的对话框，将分类间距设为 0，单击【确定】按钮，即可得到直方图。

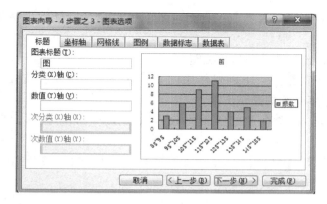

图 2-17

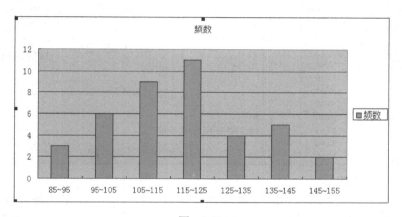

图 2-18

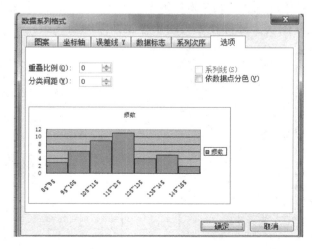

图 2-19

其他图形的做法基本类似，只需在图 2-16 所示的对话框中选择不同的图表类型即可。

8. 用 SPSS 绘制茎叶图和箱线图

（1）茎叶图的绘制　下面仍然用例 2-1 40 个企业的年销售收入为例，说明使用 SPSS 绘制茎叶图的操作步骤。

第一步：将 40 个企业的年销售收入数据录入 SPSS 数据窗口，如图 2-20 所示。

第二步：选择【分析】→【描述统计】→【探索】，展开如图 2-21 所示的对话框。

图　2-20　　　　　　　　　　　　　　图　2-21

第三步：在主对话框中将变量选入【因变量列表】（本例为年销售收入）；点击【绘制】，展开如图 2-22 所示的对话框，在对话框中选择【茎叶图】（根据需要可选【直方图】）；点击【继续】回到主对话框。点击【确定】，即可得如图 2-23所示的茎叶图（上述操作也可给出单批数据的箱线图）。

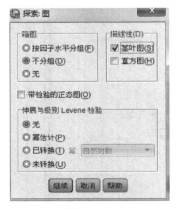

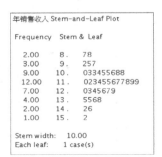

图　2-22　　　　　　图 2-23　40 个企业年销售收入茎叶图

第四步：分析茎叶图，茎叶图可以直观地描述数据的频数分布，每一行的茎和每个叶组成的数字相加再乘以茎宽，即观测值 =（茎值 + 叶值 ×0.1）×茎宽。

如图 2-23 所示，可以自左向右分为三大部分：频数、茎、叶。茎表示数值的整数部分，叶表示数值的小数部分。茎宽为 10，每个叶为 1。以第一行为例，茎为 8，频数为 2，叶为 7、8。第一个观测量的值为（8 + 7 ×0.1）×10 = 87，第二个观测量的值为（8 + 8 ×0.1）×10 = 88。

（2）箱线图的绘制　以例 2-3 说明使用 SPSS 绘制箱线图的操作步骤。

例 2-3　某大型跨国公司计划统计公司三个岗位员工的薪资水平，于是公司在三个岗位中各抽取了 15 名员工进行调查，所得结果见表 2-12，试绘制公司各岗位员工薪资水平的比较箱线图。

表 2-12　15 名员工的工资数据 （单位：元）

序号	办事员	保管员	经理
1	40 200	30 750	68 750
2	21 450	30 750	59 375
3	21 900	30 750	41 550
4	45 000	30 000	65 000
5	32 100	30 750	42 300
6	36 000	30 750	66 000
7	21 900	24 300	45 625
8	27 900	30 750	46 875
9	24 000	30 750	69 250
10	30 300	31 950	58 750
11	28 350	30 750	54 900
12	27 750	33 750	70 875
13	35 100	30 750	51 250
14	27 300	30 600	67 500
15	40 800	30 000	66 750

第一步：录入数据，如图 2-24 所示。

第二步：选择【分析】菜单，并且选择其子选项【描述统计】，然后选择【探索】。打开如图 2-25 所示的对话框，将工资选择为因变量，即在【因变量列表】中将工资数据选入，并将工作种类放入【因子列表】。

	🎯 工作种类	📏 工资
1	办事员	$40,200.00
2	办事员	$21,450.00
3	办事员	$21,900.00
4	办事员	$45,000.00
5	办事员	$32,100.00
6	办事员	$36,000.00
7	办事员	$21,900.00
8	办事员	$27,900.00
9	办事员	$24,000.00
10	办事员	$30,300.00
11	办事员	$28,350.00
12	办事员	$27,750.00
13	办事员	$35,100.00
14	办事员	$27,300.00
15	办事员	$40,800.00
16	保管员	$30,750.00
17	保管员	$30,750.00
18	保管员	$30,750.00
19	保管员	$30,000.00
20	保管员	$30,750.00
21	保管员	$30,750.00

图　2-24

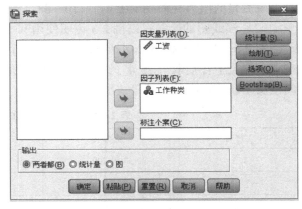

图　2-25

第三步：点击【绘图】，展开如图 2-26 所示的对话框，在箱图选择项中选择【按因子水平分组】，点击【继续】，回到主对话框，点击确定。即可得如图 2-27 所示的箱线图。

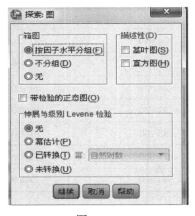

图　2-26

从图 2-27 中可以看出经理层级的员工工资最高，其离散程度也最大；保管员层级的员工工资较低，差异也较小；办事员的平均工资较低，但离散程度较大。

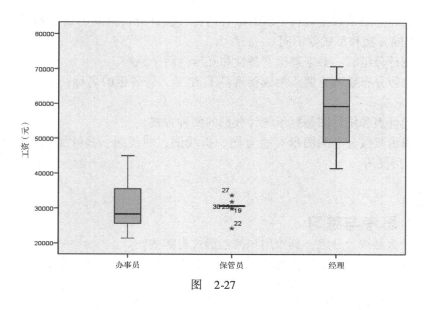

图　2-27

 本章小结

1. 统计调查的方式主要包括普查、统计报表、抽样调查、重点调查和典型调查。

（1）普查是为了某种特定的目的专门组织的一次性全面调查。它是了解国情国力的一种调查方式。

（2）统计报表是按照国家有关的规定，自上而下统一布置，自下而上逐级提供统计资料的调查组织方式。

（3）抽样调查是取得数据资料的最主要的一种方式，它是按照随机原则从总体中抽取部分单位组成样本，对样本指标进行测定，根据样本指标推断总体指标的一种非全面调查。抽样调查有三个特点：① 从总体中随机抽取样本。这提高了样本的代表性。② 利用样本指标可推断总体指标的数值。③ 抽样误差可以准确计算并事先加以控制。抽样调查有简单随机抽样、分层抽样、等距抽样和整群抽样四种组织形式。

（4）重点调查是为了了解总体的基本情况，在总体中选择个别重点单位进行调查。重点单位是指其标志总量占全部单位标志总量的绝大比重的那些单位。

（5）典型调查是在对总体单位有初步了解的基础上，有意识地选择部分有代表性的单位进行调查。代表性单位是指那些最充分、最集中地体现总体某些共性的单位。

2. 统计分组是数据资料整理的核心内容。统计分析推断的目的和要求不同，统计分组的方法和形式就不同。

3. 统计分组时，必须遵循完备性和互斥性两个原则。

4. 次数分布数列有两个构成要素：① 组别，即各组的名称；② 各组的次数或频率。

5. 统计表和统计图是显示统计数据的两种方式。

6. 表示频数分布的图形有直方图、折线图、曲线图、茎叶图、箱线图、圆形图、环形图等。

 思考与练习

1. 什么是统计分组，其作用如何？形式有哪些？

2. 统计分组过程中应注意哪些问题？离散型变量与连续型变量的分组有无区别？

3. 统计调查有哪些方式？其特点和适用范围如何？

4. 什么是分布数列？如何编制分布数列？

5. 在某份问卷中，设置了如下问题：

请问您的年龄是：

（1）18 岁以下　　（2）18~25 岁　　（3）26~35 岁　　（4）35 岁以上

现获得了 100 名被调查者的回答数据。在以下统计图、统计表中，最不适宜描述这组数据的是（　　）。

A. 频数分布表　　　B. 柱形图　　　　C. 饼图　　　D. 箱线图

6. 在抽样之前先将总体的元素划分为若干类，然后从各个类中随机地抽取一定量的元素组成一个样本，这样的抽样方式称为（　　）。

A. 简单随机抽样　　B. 分层抽样　　　C. 系统抽样　　D. 整群抽样

7. 某公司 48 名工人某年月平均生活费支出（单位：元）如下：

352　312　336　257　408　321　234　268　204　358　270　466
328　347　369　349　397　386　318　382　430　300　484　289
523　476　315　377　294　458　326　365　492　209　446　446
302　277　548　334　400　424　282　308　371　363　337　302

试根据此资料编制组距式分布数列，并绘制直方图。

8. 试根据如下资料绘制茎叶图：

72　75　60　52　65　90　95　85　76　86
92　63　75　53　87　77　69　85　86　64
63　66　71　78　84　98　79　62　57　76

9. 某生产车间 50 名工人加工零件个数如下：

117	122	124	129	139	107	117	130	122	125
108	131	125	117	122	133	126	122	118	108
110	118	123	126	133	134	127	123	118	112
112	134	127	123	119	113	120	123	127	135
137	114	120	128	124	115	139	128	124	121

（1）对数据进行排序。

（2）计算全距。

（3）确定组数。

（4）确定各组组距。

（5）根据分组整理成频数表。

10. 公司内 A、B 两部门各有 40 名员工，年终考核的等级分布见表 2-13。

表　2-13

考核等级	人数（个）	
	A 部门	B 部门
优	3	6
良	6	15
中	18	9
及格	9	8
不及格	4	2

（1）根据表 2-13 的数据，画出两个部门考核结果的直方图和环形图。

（2）比较两个部门考核结果分布的特点。

（3）画出雷达图，比较两个部门考核结果的分布是否相似。

11. 某行业所属 40 个企业的年销售收入数据见表 2-14。

表　2-14　　　　　　　　　　（单位：万元）

97	85	121	115	119	138	112	150	113	126
106	119	114	113	88	103	118	142	135	123
156	124	129	116	102	100	92	95	124	104
119	108	105	110	107	137	117	136	117	108

（1）根据表 2-14 的数据进行适当的分组，编制频数分布表，并计算出累积频数和累积频率。

（2）按规定，销售收入在 125 万元以上为优秀企业，115 万~125 万元为良好企业，105 万~115 万元为普通企业，105 万元以下为落后企业，按优秀企业、良好企业、普通企业、落后企业进行分组。

第3章
数据特征的描述与分析

 导入案例

骗人的"平均数"

　　吉莫斯先生有一个小工厂，生产超级小玩意儿。管理人员由吉莫斯先生、他的弟弟、六个亲戚组成。工作人员由 5 个领工和 10 个工人组成。工厂经营的很顺利，现在需要一个新工人。吉莫斯先生正在接见萨姆，谈工作问题。吉莫斯："我们这里报酬不错，平均薪金是每周 300 元，你在学徒期间每周得 75 元，不过很快就可以加工资"。萨姆工作了几天之后，要求见厂长。萨姆："你欺骗了我！我已经找其他工人核对过了，没有一个人的工资超过每周 100 元。平均工资怎么可能一周 300 元呢？"吉莫斯："啊，萨姆，不要激动。平均工资是 300 元。我要向你证明这一点。这是我每周付出的酬金。我得 2 400 元，我弟弟得 1 000 元，我的六个亲戚每人得 250 元，5 个领工每人得 200 元，10 个工人每人得 100 元，总共是每周 6 900 元，付给 23 个人，对吧？"萨姆："对，对，对！你是对的，平均工资是每周 300 元。可你还是蒙骗了我。"吉莫斯："我不同意！你实在是不明白。我已经把工资列了个表，并告诉了你，工资的中位数是 200 元，可这不是平均工资，而是中等工资。"萨姆："每周 100 元又是怎么回事呢？"吉莫斯："那称为众数，是大多数人挣的工资。"

　　吉莫斯没有撒谎，萨姆的问题在于不懂平均数、中位数和众数之间的区别。

　　统计学的解说可能是极富逆论性的，常常会被完全误解。关于吉莫斯工厂的故事揭示出，误解产生的一个共同根源是不了解平均数、中位数和众数之间的差别。算术平均值是很有用的统计学度量指标。然而，如果有少数几个很大的数，如吉莫斯工厂中少数高薪者，平均工资就会给人错误的印象。

 学习目标

- 了解并计算度量平均水平的统计量

- 了解并计算度量差异程度的统计量
- 了解各统计量的特点及应用场合
- 学会使用 Excel 和 SPSS 计算描述统计量

数据资料经过统计整理以后,在对数据分布的类型和特点有一个大致了解的基础上,还需要进一步了解总体的基本状况和各个变量的取值分布特征,从而进行深入的分析和研究,发现总体的发展规律。特征指标是反映变量取值分布特征的指标,由反映变量取值分布集中趋势的平均指标和反映变量分布离散程度的变异指标构成。本章分别就平均指标和变异指标进行逐一介绍。

3.1　集中趋势的测度与应用

平均指标是反映变量分布特征的一个重要指标。它是一定时间、地点、条件下随机变量所有取值的一般水平的代表值。一个随机变量往往有很多不同的取值,无论这些取值差异多大,其一般水平总是客观存在的,根据这些取值计算出的一般水平的代表值即为平均指标。由于随机变量的所有取值都集中在平均数的两侧,因此平均指标也可以看作是反映随机变量分布密度曲线的中心位置即对称中心或尖峰位置的指标,也即反映随机变量所有取值的集中趋势的指标。

常用的平均指标有算术平均数、调和平均数、几何平均数、中位数和众数五种。其中算术平均数、调和平均数和几何平均数是根据变量数列中各个变量的具体取值计算得到的,因而也叫作数值平均数;而中位数和众数是根据变量数列中各个变量值所处的位置来确定的,称为位置平均数。本章将对五种平均指标的计算、特点及其应用场合进行逐一介绍。

3.1.1　算术平均数

算术平均数（Arithmetic Mean）是描述集中趋势最常用的指标。其基本计算公式是

$$算术平均数 = \frac{总体总量}{总体单位数}$$

根据掌握的资料的不同,算术平均数有简单算术平均数和加权算术平均数两种。

1. 简单算术平均数

根据未分组资料计算算术平均数,需要用简单算术平均法。即将各个标志值相加后,除以总体单位数即可。设总体中有 N 个个体,各个个体的标志值为 X_1, X_2, X_3, $\cdots$, X_n, 若用 $\overline{X}$ 代表算术平均数,则其计算公式为

$$\overline{X} = \frac{\sum\limits_{i=1}^{N} X_i}{N} \tag{3-1}$$

例 3-1 某商店上半年各月的销售额（单位：万元）分别为

$$327 \quad 368 \quad 428 \quad 402 \quad 398 \quad 423$$

则该商店的月平均销售额为

$$\overline{X} = \frac{\sum X}{N} = \frac{327 + 368 + 428 + 402 + 398 + 423}{6} = 391(万元)$$

2. 加权算术平均数

如果是利用分组数据计算算术平均数，则需要用加权算术平均法。假设将所考察的随机变量分成 K 组，用 X_1，X_2，X_3，$\cdots$，X_K 代表各组的变量值；用 F_1，F_2，F_3，$\cdots$，F_K 代表各组的次数，则算术平均数的计算公式可写为

$$\overline{X} = \frac{X_1 F_1 + X_2 F_2 + \cdots + X_K F_K}{F_1 + F_2 + \cdots + F_K} = \frac{\sum\limits_{i=1}^{K} X_i F_i}{\sum\limits_{i=1}^{K} F_i} \tag{3-2}$$

式中，次数 F_i 称为变量值 X_i 的权数，该公式即为加权算术平均数的计算公式。在应用此公式时，若分布数列为单项式数列，则 X_i 代表的是各组的变量值；若分布数列为组距式数列，则 X_i 代表的是各组的组中值。

从加权算术平均数的计算公式可看出，加权算术平均数的大小受两个因素的影响：① 受各组变量值 X_i 大小的影响；② 受各组权数 F_i 大小的影响。在一个变量数列中，哪个组的权数较大，则该组的变量值在平均数中所起的作用就较大，计算出的平均数就比较靠近该组的变量值；反之，哪个组的权数较小，则该组的变量值在平均数中所起的作用就较小，计算出的平均数就比较远离该组的变量值。若将加权算术平均数的公式稍加变换，直接用频率作权数计算加权算术平均数，即

$$\overline{X} = \frac{\sum\limits_{i=1}^{K} X_i F_i}{\sum\limits_{i=1}^{K} F_i} = \sum\limits_{i=1}^{K} X_i \frac{F_i}{\sum\limits_{i=1}^{K} F_i} \tag{3-3}$$

从上面的公式可以更清楚地看出 F_i 大的组，对算术平均数的影响大。

例 3-2 2020 年按经济类型分组的平均工资的分布情况见表 3-1，试计算职工平均工资。

表 3-1 2020 年不同经济类型单位职工工资

按经济类型分	平均工资 X_i（元）	职工人数 F_i（万人）	$X_i F_i$
股份合作单位	83 655	69	5 772 195

（续）

按经济类型分	平均工资 X_i（元）	职工人数 F_i（万人）	$X_i F_i$
联营单位	88 584	25	2 214 600
有限责任公司	84 439	6 542	552 399 938
股份有限公司	108 583	1 837	199 466 971
港澳台商投资单位	100 155	1 159	116 079 645
外商投资单位	112 089	1216	136 300 224
合计	577 505	10 848	1 012 233 573

注：资料来源于《中国统计年鉴2021》。

解： 根据表 3-1 可计算职工的平均工资为

$$\overline{X} = \frac{\sum_{i=1}^{K} X_i F_i}{\sum_{i=1}^{K} F_i} = \left(\frac{1\ 012\ 233\ 573}{10\ 848} \right) 元 = 93\ 310.6\ 元$$

例 3-3 已知某地区农民家庭按年人均收入分组的资料见表 3-2，试计算该地区农民家庭年人均收入的算术平均数。

解： 对于组距式数列应先计算各组的组中值，根据频率的加权算术平均数的计算公式得农民家庭年人均收入的算术平均数为

$$\overline{X} = \sum_{i=1}^{K} X_i \frac{F_i}{\sum^{K} F_i} = 593.10\ 元$$

表 3-2 某地区农民家庭年人均收入分组表

按年人均收入分组（元）	家庭户数占总户数的比例 $F_i / \sum F_i$（%）	组中值 X_i	$X_i \dfrac{F_i}{\sum F_i}$
300 以下	2.3	250	5.75
300～400	13.7	350	47.95
400～500	19.7	450	88.65
500～600	15.2	550	83.60
600～700	15.1	650	98.15
700～800	20.0	750	150.00
800 以上	14.0	850	119.00
合计	100	—	593.10

3. 算术平均数的性质

算术平均数的一些重要的性质在实际中有着广泛的应用，下面介绍其中的

两个。

（1）各变量值与其均值的离差之和等于零，即

未分组资料：
$$\sum_{i=1}^{N} (X_i - \overline{X}) = 0 \tag{3-4}$$

分组资料：
$$\sum_{i=1}^{N} (X_i - \overline{X}) F_i = 0 \tag{3-5}$$

（2）各变量值与其均值的离差平方和最小，即

未分组资料：
$$\sum_{i=1}^{N} (X_i - \overline{X})^2 = \min \tag{3-6}$$

分组资料：
$$\sum_{i=1}^{N} (X_i - \overline{X})^2 F_i = \min \tag{3-7}$$

3.1.2 几何平均数

几何平均数（Geometric mean）是一个特殊的平均数，它是 n 个变量连乘积的 n 次方根。几何平均数的应用范围较窄，只有当变量值的连乘积等于总比率、总速度时，才用几何平均数，即几何平均数运用于计算平均速度和某些平均比率。另外，当变量值有一个为 0 时，也不能使用几何平均数。

由于计算时掌握的资料不同，几何平均数有简单几何平均数和加权几何平均数两种。

1. 简单几何平均数

简单几何平均数适用于未分组资料计算平均速度和某些平均比率。设总体中有 N 个个体，各个个体的标志值为 X_1，X_2，X_3，$\cdots$，X_N，若用 $\overline{X}_G$ 代表几何平均数，则其计算公式为

$$\overline{X}_G = \sqrt[N]{X_1 \times X_2 \times \cdots \times X_N} \tag{3-8}$$

例3-4 某企业生产某种产品需要经过三个连续作业车间才能完成。若某月第一车间粗加工产品的合格率为97%，第二车间精加工产品的合格率为91%，第三车间最后装配的合格率为89%，试计算三个车间的平均合格率。

解：由于该产品全厂的合格率为各车间合格率的连乘积，故应采用几何平均法计算。即

$$\overline{X}_G = \sqrt[N]{X_1 \times X_2 \times \cdots \times X_N}$$
$$= \sqrt[3]{97\% \times 91\% \times 89\%}$$
$$= 92.27\%$$

2. 加权几何平均数

加权几何平均数适用于分组资料计算平均速度和某些平均比率。设 X_1，X_2，X_3，$\cdots$，X_N 代表各组的变量值，F_1，F_2，F_3，$\cdots$，F_N 代表相应的权数，则其加

权几何平均数的计算公式为

$$\overline{X}_G = \sqrt[\Sigma F]{X_1^{F_1} \times X_2^{F_2} \times \cdots \times X_N^{F_N}} \tag{3-9}$$

例3-5 一位投资者持有某种股票，1993—1996 年间的平均收益率为 5.3%，1996—1998 年间的平均收益率为 4.5%，1998—2002 年间的平均收益率为 2.1%，试计算 1993—2002 年间该投资者的平均股票收益率。

解：根据加权几何平均法有

$$\begin{aligned}
\overline{X}_G &= \sqrt[\Sigma F]{X_1^{F_1} \times X_2^{F_2} \times \cdots \times X_N^{F_N}} \\
&= \sqrt[9]{(105.3\%)^3 \times (104.5\%)^2 \times (102.1\%)^4} \\
&= 103.90\%
\end{aligned}$$

该投资者 1993—2002 年的平均股票收益率为

$$103.90\% - 100\% = 3.90\%$$

3.1.3 中位数

中位数是位置平均数，若将变量值按大小顺序排列，处于中间位置的变量值即为中位数。中位数把全部的变量值分成两部分：一半的变量值比它大，一半的变量值比它小。

中位数是位置平均数，因此不受极端数值的影响，在有个别极端数值存在的数列中，中位数的代表性比算术平均数的代表性强。

中位数的计算一般分两步：首先确定中点位次，然后找出中点位次对应的变量值。

1. 根据未分组资料计算中位数

首先确定中位数的位次：

$$中位数的位次 = \frac{N+1}{2} \tag{3-10}$$

式中，N 为变量值的项数。

若 N 为奇数，则对应于中位数位次的那个变量值即为中位数。若 N 为偶数，则对应于中位数位次左、右相邻两个变量值的算术平均数即为中位数。设一组数据 X_1，X_2，X_3，$\cdots$，X_N，按从大到小的排序为 $X_{(1)}$，$X_{(2)}$，$X_{(3)}$，$\cdots$，$X_{(N)}$，若用 M_e 表示中位数，则有

$$M_e = \begin{cases} X_{\left(\frac{N+1}{2}\right)} & 当 N 为奇数时 \\ \dfrac{X_{\frac{N}{2}} + X_{\left(\frac{N}{2}+1\right)}}{2} & 当 N 为偶数时 \end{cases}$$

例3-6 某单位 11 个工人日加工零件数（单位：个）按大小顺序排列为 11，

15，18，20，25，27，32，35，38，41，46，试确定中位数。

解：
$$中位数的位次 = \frac{N+1}{2} = 6$$

因为 N 为奇数，则中位数为
$$M_e = X_{\left(\frac{N+1}{2}\right)} = X_{(6)} = 27$$

例 3-7 若 12 位工人的日加工零件数（单位：个）按大小顺序排列为 13，16，18，24，25，29，31，35，39，40，43，45，试确定中位数。

解：
$$中位数的位次 = \frac{N+1}{2} = 6.5$$

因为 N 为偶数，则中位数为
$$M_e = \frac{X_{\left(\frac{N}{2}\right)} + X_{\left(\frac{N}{2}+1\right)}}{2} = \frac{X_{(6)} + X_{(7)}}{2} = \frac{29+31}{2} = 30$$

2. 根据分组资料计算中位数

（1）单项式数列计算中位数。首先找出中位数所在组，即用 $N/2$ 确定中位数位次，并计算向上累计次数或向下累计次数，累计次数达到 $N/2$ 的组即为中位数所在组，中位数所在组对应的变量值即为中位数。

例 3-8 某居民楼 40 户家庭按家庭人口数进行分组的资料见表 3-3，试计算该居民楼家庭人口数的中位数。

表 3-3 某居民楼按家庭人口分组表

家庭人口数（人）	户数（户）	向上累计次数	向下累计次数
1	2	2	40
2	10	12	38
3	25	37	28
4	3	40	3
总计	40	—	—

解：
$$中位数的位次 = \frac{N}{2} = 20$$

累计次数达到 20 的组是第三组，故该居民楼家庭人口数的中位数为 3 人。

（2）组距式数列计算中位数。首先找出中位数所在组，即用 $N/2$ 确定中位数位次，并计算向上累计次数或向下累计次数，然后用下面的公式近似计算中位数的值：

下限公式：
$$M_e \approx L + \frac{\frac{N}{2} - S_{m-1}}{f_m} \times d \tag{3-11}$$

上限公式: $$M_e \approx U - \frac{\frac{N}{2} - S_{m+1}}{f_m} \times d \qquad (3-12)$$

式中,L 为中位数所在组的下限;U 为中位数所在组的上限;S_{m-1} 为中位数所在组以下各组的累计次数;S_{m+1} 为中位数所在组以上各组的累计次数;f_m 为中位数所在组的次数;d 为组距。

若已知的是频率,则有

下限公式: $$M_e \approx L + \frac{0.5 - S_{m-1}}{f_m} \times d \qquad (3-13)$$

上限公式: $$M_e \approx U - \frac{0.5 - S_{m+1}}{f_m} \times d \qquad (3-14)$$

此时,S_{m-1} 为中位数所在组以下各组的累计频率,S_{m+1} 为中位数所在组以上各组的累计频率,f_m 为中位数所在组的频率。

例 3-9 已知某地区农民家庭按年均收入分组的资料见表 3-4,试计算该地区农民家庭年人均收入的中位数。

表 3-4 某地区农民家庭年人均收入分组表

按年人均收入分组（元）	家庭户数占总户数的比例（%）	向上累计频率（%）	向下累计频率（%）
300 以下	2.3	2.3	100.0
300~400	13.7	16.0	97.7
400~500	19.7	35.7	84.0
500~600	15.2	50.9	64.3
600~700	15.1	66.0	49.1
700~800	20.0	86.0	34.0
800 以上	14.0	100.0	14.0
合计	100	—	—

从表 3-4 可知,累计频率达到一半的组是 500~600 元这一组,该组即为中位数所在组。因此有 $L = 500$ 元,$U = 600$ 元,$S_{m-1} = 35.7\%$,$S_{m+1} = 49.1\%$,$f_m = 15.2\%$,$d = 100$ 元,根据资料可计算得中位数为

$$M_e \approx L + \frac{0.5 - S_{m-1}}{f_m} \times d = 500 \text{ 元} + \frac{0.5 - 35.7\%}{15.2\%} \times 100 \text{ 元} = 594.08 \text{ 元}$$

$$\text{或 } M_e \approx U - \frac{0.5 - S_{m+1}}{f_m} \times d = 600 \text{ 元} - \frac{0.5 - 49.1\%}{15.2\%} \times 100 \text{ 元} = 594.08 \text{ 元}$$

3.1.4 众数

众数（Mode）是变量数列中出现次数最多或密度最大的变量值,从分布的

角度看，它能够鲜明地反映随机变量分布的集中趋势，因此，众数也是分布密度曲线的高峰位置对应的变量值，是反映分布中心的指标。根据数据分布特点的不同，众数可以不存在，也可以有多个。如图 3-1 所示。

众数通常按分组资料计算。根据所掌握的资料不同，计算方法也不同。根据未分组资料计算众数，只需找出出现次数最多的变量值。根据单项

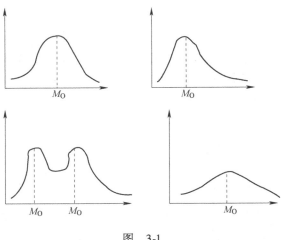

图　3-1

式数列计算众数，把次数最大（或频率最大）的组定为众数组，该组的变量值即为众数。根据组距式数列计算众数，方法如下。

1. 根据组距式数列的直方图确定众数

在直方图中，最高的直方条即为众数组，从众数组直方图的两个顶角向相邻两组直方图的两个顶角引直线，再由交叉点向横轴引垂线，与横轴相交的点即为众数，如图 3-2 所示。设众数组的频数为 f，众数前一组的频数为 f_{-1}，众数后一组的频数为 f_{+1}，由图 3-2 可以看出，当 $f_{-1} = f_{+1}$ 时，即众数相邻两组的频数相等时，众数组的组中值即为众数；当 $f_{-1} > f_{+1}$ 时，即众数前一组的频数大于众数后一组的频数，众数靠近下限；当 $f_{-1} < f_{+1}$ 时，即众数后一组的频数大于众数前一组的频数，众数靠近上限。

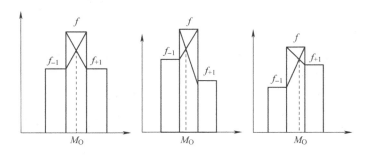

图 3-2　根据直方图确定众数

2. 根据组距式数列的数据资料近似计算众数

由于组距式数列中各个体的具体数值不能确定，所以只能近似地推算众数。

推算过程如下：① 确定众数所在组。由众数的定义可知，众数也就是随机变量分布密度曲线的最高峰所对应的变量值，所以在组距式数列中次数密度或频率密度最大的组为众数所在组。即组距式数列中哪一组的次数密度或频率密度最大，众数就必然位于哪一组之中。② 推算众数的近似值。组距式数列的众数可根据众数组及其相邻的上下两组的次数密度或频率密度近似计算。计算公式为

下限公式：
$$M_0 \approx L + \frac{f - f_{-1}}{(f - f_{-1}) + (f - f_{+1})} \times i \qquad (3\text{-}15)$$

上限公式：
$$M_0 \approx U - \frac{f - f_{+1}}{(f - f_{-1}) + (f - f_{+1})} \times i \qquad (3\text{-}16)$$

式中，M_0 为众数；L 为众数组的下限；U 为众数组的上限；i 为众数组的组距；f 为众数组的次数密度或频率密度；f_{+1} 为众数组后一组的次数密度或频率密度；f_{-1} 为众数组前一组的次数密度或频率密度。

同样由众数的公式可看出，众数要受众数组邻组的次数分布的影响，众数组上下相邻两组中哪一组的次数密度或频率密度大，随机变量分布密度曲线的最高峰就会偏向哪一组。

例 3-10　根据表 3-4 的资料，计算该地区农民家庭年人均收入的众数。

由表 3-4 可看出，频率密度最大的组为 700～800 元这一组，这说明该地区农民家庭年人均收入的众数在 700 元到 800 元之间。由表中资料可计算得众数为

$$M_0 \approx L + \frac{f - f_{-1}}{(f - f_{-1}) + (f - f_{+1})} \times i$$

$$= \left[700 + \frac{20.0 - 15.1}{(20.0 - 15.1) + (20.0 - 14.0)} \times 100 \right] \text{元} = 744.95 \text{ 元}$$

或

$$M_0 \approx U - \frac{f - f_{+1}}{(f - f_{-1}) + (f - f_{+1})} \times i$$

$$= \left[800 - \frac{20.0 - 14.0}{(20.0 - 15.1) + (20.0 - 14.0)} \times 100 \right] \text{元}$$

$$= 744.95 \text{ 元}$$

3.1.5　众数、中位数和均值的比较

众数、中位数和均值是集中趋势的三个主要测度值，它们具有不同的特点和应用场合。

从分布的角度看，众数始终是一组数据分布的最高峰值，中位数是处于一组数据中间位置上的值，而均值则是全部数据的算术平均。因此，在单峰分布条件下，对同一组数据计算众数、中位数和均值，三者之间具有以下关系：

（1）如果数据的分布是对称的，如图 3-3a 所示，则众数、中位数和均值完全相等，即有

$$\overline{X} = M_e = M_O$$

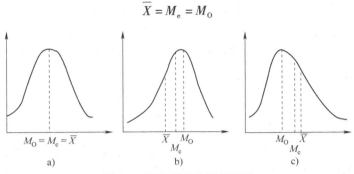

图 3-3　平均指标之间的关系

a）$M_O = M_e = \overline{X}$　b）$\overline{X} < M_e < M_O$　c）$M_O < M_e < \overline{X}$

（2）如果数据是左偏分布（分布密度曲线的尖峰位于变量较大值的一边），如图 3-3b 所示，说明数据存在极小值，必然拉动均值向极小值一方靠近，而众数和中位数由于是位置代表值，不受极值的影响，因此三者之间的关系表现为

$$\overline{X} < M_e < M_O$$

（3）如果数据是右偏分布（分布密度曲线的尖峰位于变量较小值的一边），如图 3-3c 所示，说明数据存在极大值，必然拉动均值向极大值一方靠近，则有

$$\overline{X} > M_e > M_O$$

（4）当数据分布的偏斜程度不是很大时，算术平均数到众数的距离是算术平均数到中位数距离的 3 倍。即

$$\overline{X} - M_O = 3(\overline{X} - M_e)$$

利用此经验公式，可根据两个已知的指标值近似地推算另外一个指标值。

众数可作为定类数据、数值型数据的集中趋势的测度值，其特点是不受数据极端值的影响；中位数是一组数据中间位置上的代表值，主要适合于作为定序数据、数值型数据的集中趋势测度值，不受数据极端值的影响，对数据中的误差不敏感，当调查数据中存在个别极端数值时，用中位数代表其一般水平比算术平均数好。均值是根据定距和定比数据计算的，而且利用了全部数据信息，它具有优良的数学性质，是实际中应用最广泛的集中趋势测度值。当数据呈对称分布或接近对称分布时，三个代表值相等或接近相等，这时应选择均值作为集中趋势的代表值。但均值的主要缺点是易受数据极端值的影响，对于偏态分布的数据，均值的代表性较差，因此当数据为偏态分布，特别是当偏斜的程度较大时，应选择众数或中位数等位置代表值。此外，均值只适用于作为定距或定比数据集中趋势的测度值，对定类数据和定序数据则无法计算均值，只能用众数和中位数。

3.2　离散程度的测度与应用

　　平均指标把总体各变量之间的差异抽象化，反映总体的一般水平和分布的集中趋势。而各变量值之间的差异总是客观存在的，这就需要考察数据的分散程度。数据的分散程度是数据分布的另一个重要特征，它所反映的是各变量值远离其中心值的程度，因此也称为离中趋势。测定数据离散程度的指标叫做变异指标。变异指标在统计分析中具有重要的作用：首先它可以表明平均指标的代表性。集中趋势的各测度值是对数据一般水平的一个概括性度量，它对一组数据的代表程度取决于该组数据的离散水平。数据的离散程度越大，平均指标对该组数据的代表性就越差，离散程度越小，其代表性就越好。其次，变异指标可以表明现象的均衡性。例如，计算某企业计划期内各月产量之间的变异指标，可以反映企业生产是否出现前松后紧的现象。

　　常用的反映离散程度的变异指标主要有极差、异众比率、四分位差、平均差、方差和标准差以及测度相对离散程度的离散系数等。

3.2.1　极差

　　极差（Range）也叫作全距，是一组数据的最大值与最小值之差。即

$$R = \max X_i - \min X_i \tag{3-17}$$

　　极差是描述数据离散程度的最简单测度值，本质上是随机变量整个取值范围的长度，它刻画了变量的变动范围，因此，极差越大，表明变量的变动范围越大，即离散程度越大；反之，极差越小，变量的离散程度越小。

　　极差的计算只涉及变量的两个极端数值，与中间的其他数值无关，所以极差只能粗略地反映变量的离散程度，且不稳定易受极端数值的影响。

3.2.2　异众比率

　　异众比率（Variation Ratio）又称离异比率或变差比，是指非众数组的频数占总频数的比率，其计算公式为

$$V_r = \frac{\sum F_i - F_m}{\sum F_i} = 1 - \frac{F_m}{\sum F_i} \tag{3-18}$$

式中，V_r 为异众比率；$\sum F_i$ 为变量值的总频数；F_m 为众数组的频数。

　　异众比率的作用是衡量众数对一组数据的代表程度。异众比率越大，说明非众数组的频数占总频数的比例越大，众数的代表性就越差；异众比率越小，说明非众数组的频数占总频数的比例越小，众数的代表性越好。对于定类数据只能用

异众比率来衡量其均值的代表性。

3.2.3 四分位差

四分位差（Quartile Deviation）也称为内距（Inter – Quartile Range），是上四分位数与下四分位数数值之差。将变量值按大小顺序排列，然后分为四等份，得到三个四分点，四分点对应的变量值为四分位数，靠近变量值大的一端的四分位数叫作上四分位数，用 Q_U 表示；靠近变量值小的一端的四分位数叫作下四分位数，用 Q_L 表示，若用 H 表示四分位差，则计算公式为

$$H = Q_U - Q_L \tag{3-19}$$

四分位差反映了中间 50% 的数据的离散程度，其数值越小，中间数据越集中。它不受极端数值的影响，在一定程度上说明了中位数的代表程度。

3.2.4 平均差

平均差（Mean deviation）是随机变量各个取值与其算术平均数的离差的绝对值的算术平均数。由于随机变量各个取值与其算术平均数的离差之和为零，因此，计算平均差应采用离差的绝对值，从而避免正负离差抵消为零，然后再将离差的绝对值进行算术平均，这样就得到了平均差。从本质上来讲，平均差反映了随机变量的各个取值到其算术平均数的平均距离。

由于计算时掌握的资料不同，平均差有简单平均差和加权平均差两种。根据未分组资料计算平均差，应该采用简单平均的方法，其计算公式为

$$M_d = \frac{\sum\limits_{i=1}^{N} |X_i - \overline{X}|}{N} \tag{3-20}$$

根据分组资料计算平均差，应该采用加权平均的方法，其计算公式为

$$M_d = \frac{\sum\limits_{i=1}^{K} |X_i - \overline{X}| F_i}{\sum\limits_{i=1}^{K} F_i} \tag{3-21}$$

例 3-11 根据表 3-4 的资料数据计算该地区农民家庭年人均收入的平均差。
解：计算过程见表 3-5。

表 3-5　某地区农民家庭年人均收入的平均差计算表

按人均收入分组（元）	组中值 X_i	家庭户数占总户数的比例 $F_i / \sum F_i$（%）	$\|X_i - \overline{X}\|$	$\|X_i - \overline{X}\| \dfrac{F_i}{\sum F_i}$
300 以下	250	2.3	343.1	7.89
300 ~ 400	350	13.7	243.1	33.30

（续）

按人均收入分组（元）	组中值 X_i	家庭户数占总户数的比例 $F_i / \sum F_i$（%）	$\|X_i - \overline{X}\|$	$\|X_i - \overline{X}\| \dfrac{F_i}{\sum F_i}$
400～500	450	19.7	143.1	28.19
500～600	550	15.2	43.1	6.55
600～700	650	15.1	56.9	8.59
700～800	750	20.0	156.9	31.38
800 以上	850	14.0	256.9	35.97
合计	—	100	—	151.87

$$M_{d} = \frac{\sum\limits_{i=1}^{K} |X_i - \overline{X}| F_i}{\sum\limits_{i-1}^{K} F_i} = \sum_{i=1}^{K} |X_i - \overline{X}| \frac{F_i}{\sum\limits_{i=1}^{K} F_i} = 151.87 \, (\text{元})$$

平均差以均值为中心，反映了所有变量与均值的平均离差程度，平均差越大，说明变量的离散程度越大；反之，变量的离散程度越小。平均差虽然较极差、四分位差精确，但在数学性质上并不是最优的，常用的理论分布的参数中也没有平均差，因而在实际中应用较少。

3.2.5 方差和标准差

方差（Variance）是各变量值与其平均数离差的平方和的平均数，是测度离散程度最主要的指标。根据未分组资料计算方差的公式为

$$\sigma^2 = \frac{\sum\limits_{i=1}^{N}(X_i - \overline{X})^2}{N} \quad \text{或} \quad \sigma^2 = \frac{\sum\limits_{i=1}^{N} X_i^{\,2}}{N} - \overline{X}^2 \tag{3-22}$$

根据分组资料计算方差的公式为

$$\sigma^2 = \frac{\sum\limits_{i=1}^{K}(X_i - \overline{X})^2 F_i}{\sum\limits_{i=1}^{K} F_i} \quad \text{或} \quad \sigma^2 = \frac{\sum\limits_{i=1}^{K} X_i^{\,2} F_i}{\sum\limits_{i=1}^{K} F_i} - \overline{X}^2 \tag{3-23}$$

方差的平方根即为标准差（Standard deviation）。

例3-12 根据表3-4的资料数据计算该地区农民家庭年人均收入的标准差。

解：计算过程见表3-6。

表3-6　某地区农民家庭年人均收入标准差的计算表

按人均收入分组（元）	组中值 X_i	家庭户数占总户数的比例 $F_i / \sum F_i$（%）	X_i^2	$X_i^2 \dfrac{F_i}{\sum F_i}$
300 以下	250	2.3	62 500	1 437.5
300～400	350	13.7	122 500	16 782.5
400～500	450	19.7	202 500	39 892.5
500～600	550	15.2	302 500	45 980.0
600～700	650	15.1	422 500	63 797.5
700～800	750	20.0	562 500	112 500.0
800 以上	850	14.0	722 500	101 150.0
合计	—	100	—	381 540

$$\sigma = \sqrt{\frac{\sum\limits_{i=1}^{K} X_i^{\,2} F_i}{\sum\limits_{i=1}^{K} F_i} - \overline{X}^2} = \sqrt{381\,540 - 593.1^2} = 172.55（元）$$

3.2.6　相对变异指标：离散系数

极差、平均差、方差和标准差等都是反映数据分散程度的绝对值，都具有一定的量纲，其数值的大小除了与变量的离散程度有关外，还受两个方面的影响：① 与原变量值本身水平高低有关，也就是说各变异指标与变量的均值大小有关，变量值绝对水平高的，离散程度的测度值自然也就大；绝对水平低的，离散程度的测度值自然也就小；② 它们与原变量值的计量单位有关，采用不同计量单位计量的变量值，其离散程度的测度值也就不同。因此，对于平均水平不同或计量单位不同的变量数列，是不能用上述测定离散程度的指标直接比较其离散程度的。为消除变量值水平高低和计量单位不同对离散绝对指标的影响，需要计算具有可比性相对变异指标。

离散系数（Coefficient of Variation）是反映随机变量离散程度的绝对变异指标与其算术平均数的比率，是测度数据离散程度的相对指标，其计算公式为

极差系数：
$$V_R = \frac{R}{\overline{X}} \times 100\% \tag{3-24}$$

四分位差系数：
$$V_H = \frac{H}{\overline{X}} \times 100\% \tag{3-25}$$

平均差系数：
$$V_M = \frac{M_d}{\overline{X}} \times 100\% \tag{3-26}$$

标准差系数：
$$V_\sigma = \frac{\sigma}{\overline{X}} \times 100\%$$
(3-27)

离散系数通过计算绝对指标与均值的比率，从而消除了变量绝对水平与计量单位对绝对离散指标的影响，因而离散系数可用于比较不同随机变量的离散程度的大小或平均指标代表性的大小。

例 3-13　某班甲乙两学习小组某科考试成绩见表 3-7、表 3-8。试比较两个学习小组该科平均成绩的代表性的大小。

表 3-7　甲小组考试成绩情况

成绩（分）	组中值 X_i	人数 F_i	X_iF_i	$X_i{}^2F_i$
60 以下	55	3	165	9 075
60 ~ 70	65	5	325	21 125
70 ~ 80	75	10	750	56 250
80 ~ 90	85	4	340	28 900
90 ~ 100	95	2	190	18 050
合计	—	24	1 770	133 400

表 3-8　乙小组考试成绩情况

成绩（分）	组中值 X_i	人数 F_i	X_iF_i	$X_i{}^2F_i$
60 以下	55	1	55	3 025
60 ~ 70	65	6	390	25 350
70 ~ 80	75	9	675	50 625
80 ~ 90	85	6	510	43 350
90 ~ 100	95	2	190	18 050
合计	—	24	1 820	140 400

$$\overline{X}_{甲} = \frac{\sum X_iF_i}{\sum F_i} = \frac{1\,770}{24} = 73.75$$

$$\sigma_{甲} = \sqrt{\frac{\sum\limits_{i=1}^{K} X_i{}^2 F_i}{\sum\limits_{i=1}^{K} F_i} - \overline{X}^2} = \sqrt{\frac{133\,400}{24} - 73.75^2} = 10.92$$

$$\overline{X}_{乙} = \frac{\sum X_iF_i}{\sum F_i} = \frac{1\,820}{24} = 75.83$$

$$\sigma_{\text{乙}} = \sqrt{\frac{\sum\limits_{i=1}^{K} X_i^{\,2} F_i}{\sum\limits_{i=1}^{K} F_i} - \overline{X}^2} = \sqrt{\frac{140\ 400}{24} - 75.83^2} = 9.99$$

$$V_{\text{甲}} = \frac{\sigma_{\text{甲}}}{\overline{X}_{\text{甲}}} \times 100\% = \frac{10.92}{73.75} \times 100\% = 14.81\%$$

$$V_{\text{乙}} = \frac{\sigma_{\text{乙}}}{\overline{X}_{\text{乙}}} \times 100\% = \frac{9.99}{75.83} \times 100\% = 13.17\%$$

计算结果表明：甲组该科成绩的标准差系数为14.81%，大于乙组，从而说明甲组的差异程度大于乙组，因此，乙组的平均成绩的代表性较高。

3.3　偏度系数和峰度系数

要全面了解数据分布的特点，除了对随机变量分布的集中趋势、离散程度进行测定外，还需要对数据分布的形状、偏斜程度以及峰凸程度进行测定。偏度系数和峰度系数是对这些分布特征的进一步描述。

3.3.1　偏度系数

偏度（Skewness）是对分布偏斜方向和程度的测度，即对随机变量分布的非对称性的测度。偏斜方向是指分布密度曲线是正偏还是负偏，通常用偏度系数的正负号来确定；偏斜程度是指分布密度曲线的非对称性的大小，通常用偏度系数绝对值的大小来衡量。偏斜状态的测定方法有经验测定法和矩法两种。

1. 经验测定法

经验测定法是利用平均数之间的关系来测定随机变量的偏斜状态的，有皮尔逊（K. Pearson）偏度系数和鲍莱（A. L. Bowley）偏度系数两种。

（1）皮尔逊（K. Pearson）偏度系数　由3.1.5小节可知，利用众数、中位数和均值之间的关系就可以判断分布是对称、左偏还是右偏。因此可以用平均指标之间的关系和特征来测定随机变量分布的偏斜状态，皮尔逊偏度系数是利用算术平均数与众数之间的关系来测定随机变量分布密度曲线的偏斜状态的。它是算术平均数与众数的离差对标准差的比率，计算公式为

$$SK_P = \frac{\overline{X} - M_0}{\sigma} \tag{3-28}$$

由计算公式可知：当算术平均数与众数相等时，随机变量为对称分布，$SK_P = 0$；当算术平均数大于众数时，随机变量为右偏分布，$SK_P > 0$；当算术平均数小于众数时，随机变量为左偏分布，$SK_P < 0$。因此可用皮尔逊偏度系数的正负

号表示分布的偏斜方向。另一方面，算术平均数与众数的绝对离差随着变量偏斜程度的增大而增大。

SK_P 为无量纲的系数，取值在 $-3 \sim 3$ 之间，绝对值越接近于 3，随机变量的偏斜程度越大；绝对值越接近于 0，随机变量就越接近于对称分布。若 $SK_P < 0$，则随机变量为负偏分布；若 $SK_P > 0$，则随机变量为正偏分布。

例 3-14　根据本章表 3-2 的数据资料，分别在例 3-3、例 3-10、例 3-12 中计算得出某地区农民家庭年人均收入的均值为 593.10 元，众数为 744.95 元，标准差为 172.55 元。据此可计算得皮尔逊偏度系数为

$$SK_P = \frac{\overline{X} - M_0}{\sigma} = \frac{(593.10 - 744.95)\text{元}}{172.55\text{ 元}} = -0.88$$

计算结果表明该地区农民家庭年人均收入的分布为偏斜程度不太大的负偏分布。

（2）鲍莱（A. L. Bowley）偏度系数　利用中位数与四分位数之间的关系也可测定随机变量分布密度曲线的偏斜状态。鲍莱偏度系数是中位数到上四分位数的距离与中位数到下四分位数的距离之差除以四分位差所得到的比率，计算公式为

$$SK_B = \frac{(Q_U - M_e) - (M_e - Q_L)}{Q_U - Q_L} \tag{3-29}$$

由于当分布密度曲线为对称分布时，中位数到上四分位数的距离与中位数到下四分位数的距离相等，即 $SK_B = 0$；当分布为正偏分布时，中位数到上四分位数的距离大于中位数到下四分位数的距离，即 $SK_B > 0$；当分布为负偏分布时，中位数到上四分位数的距离小于中位数到下四分位数的距离，即 $SK_B < 0$。因此可用 SK_B 的符号来表示分布密度曲线的偏斜方向。

此外，鲍莱偏度系数的绝对值的大小可表示偏斜的程度，其取值在 $-1 \sim 1$ 之间。SK_B 的值越接近于 1，表示偏斜的程度越大；SK_B 的值越接近于 0，表示偏斜的程度越小。

2. 矩法

在介绍矩法前，让我们先了解一下矩，矩有原点矩和中心矩，理论上原点矩是随机变量取值 K 次方的数学期望，称为 K 阶原点矩，实际使用时，可用下面的公式来计算原点矩。

未分组资料：
$$\alpha_K = \frac{\sum X^K}{N} \tag{3-30}$$

分组资料：
$$\alpha_K = \frac{\sum X^K F}{\sum F} \tag{3-31}$$

中心矩是随机变量各取值与数学期望离差的 K 次方的数学期望，称为 K 阶中心矩，实际应用时，采用下面的公式计算中心矩。

未分组资料：
$$\beta_K = \frac{\sum (X - \overline{X})^K}{N} \qquad (3\text{-}32)$$

分组资料：
$$\beta_K = \frac{\sum (X - \overline{X})^K F}{\sum F} \qquad (3\text{-}33)$$

可见，一阶原点矩即为算术平均数，反映了随机变量分布的集中趋势；二阶中心矩即为标准差，反映了随机变量分布的离散程度。

在统计学中，用三阶中心矩来反映随机变量分布的偏斜状态，这是因为：① 当 K 为偶数时，$\beta_K > 0$；② 当 $K = 1$ 时，$\beta_K = 0$；③ 当 K 为不等于 1 的奇数时，β_K 的值会随着随机变量分布的偏斜状态的不同而不同，当分布为对称分布时，变量值与算术平均数的离差正负相抵，$\beta_K = 0$；当分布为右偏时，正离差大于负离差，$\beta_K > 0$；当分布为左偏时，正离差小于负离差，$\beta_K < 0$。因此可用三阶或三阶以上的奇数阶中心矩来测定变量分布的偏斜状态，三阶中心矩最简单，因此矩法测定偏度系数采用三阶中心矩与标准差的三次方的比率，计算公式为

$$\gamma = \frac{\beta_3}{\sigma^3} \qquad (3\text{-}34)$$

用矩法测定偏度系数的符号表示偏斜的方向，当 $\gamma = 0$ 时，随机变量为对称分布；当 $\gamma > 0$ 时，随机变量为正偏分布；当 $\gamma < 0$ 时，随机变量为负偏分布。γ 的绝对值越大，表示数据的偏斜程度越大。

3.3.2 峰度系数

峰度（Kurtosis）是随机变量分布密度曲线的峰凸程度。通常与正态分布相比较，若分布的形状比正态分布更瘦更高，则为尖峰分布；若比正态分布更矮更胖，则为平峰分布，如图 3-4 所示。

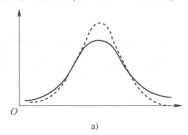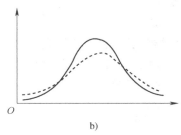

图 3-4

a）尖峰分布　b）平峰分布

峰度系数是随机变量的四阶中心矩与标准差的 4 次方的比率，计算公式为

$$\eta = \frac{\beta_4}{\sigma^4} \qquad (3\text{-}35)$$

峰度系数越大，随机变量分布密度曲线的顶峰越尖。正态分布的峰度系数等于 3，若 $\eta > 3$，则为尖峰分布；若 $\eta < 3$，则为平峰分布。

3.4 应用案例及软件操作步骤

例 3-15 现以 2016—2020 年间的 31 个地区城市居民人均消费水平为例，利用 Excel 计算并分析城镇居民不同地区消费水平差距的变化情况。

（1）录入数据，如图 3-5 所示。

	A	B	C	D	E	F	G
1	地 区	2016	2017	2018	2019	2020	
2	北 京	38255.5	40346.3	42925.6	46358.2	41726.3	
3	天 津	28344.6	30283.6	32655.1	34810.7	30894.7	
4	河 北	19105.9	20600.3	22127.4	23483.1	23167.4	
5	山 西	16992.8	18404.0	19789.8	21159.0	20331.9	
6	内蒙古	22744.5	23637.8	24437.1	25382.5	23887.7	
7	辽 宁	24995.9	25379.4	26447.9	27355.0	24849.1	
8	吉 林	19166.4	20051.2	22393.7	23394.3	21623.2	
9	黑龙江	18145.2	19269.8	21035.5	22164.9	20397.3	
10	上 海	39856.8	42304.3	46015.2	48271.6	44839.3	
11	江 苏	26432.9	27726.3	29461.9	31329.1	30882.2	
12	浙 江	30067.7	31924.2	34597.9	37507.9	36196.9	
13	安 徽	19606.2	20740.2	21522.7	23781.5	22682.7	
14	福 建	25005.5	25980.5	28145.1	30945.5	30486.5	
15	江 西	17695.6	19244.5	20760.0	22714.3	22134.3	
16	山 东	21495.3	23072.1	24798.4	26731.5	27291.1	
17	河 南	18087.8	19422.3	20989.2	21971.6	20644.9	
18	湖 北	20040.0	21275.6	23995.9	26421.8	22885.5	

图 3-5

（2）点击菜单【工具】→【数据分析】对话框（图 3-6），选择【描述统计】选项，调出描述统计对话框（图 3-7）。

图 3-6

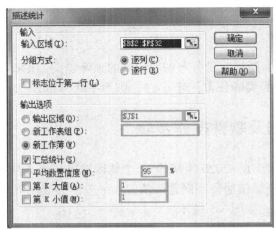

图 3-7

（3）在描述统计对话框图 3-7 中，进行相关数据的输入或选择。

图 3-5 显示需要分析的数据是 B2：F32，因此在输入区域输入 B2：F32 或A2：F32。

分组方式有两种选择，根据数据输入的不同选择不同，本例想了解地区消费水平即差距随时间的变化趋势，因此选择逐列。

输出区域：可以选择元数据表格中空白区域作为输出区域，也可以选择新的工作表。

选中【汇总统计】，汇总统计包含平均值，众数、中位数、方差和标准差，最大值和最小值等描述统计指标。

（4）点击【确定】即可得到表 3-8 所示的结果。

	列1		列2		列3		列4		列5	
1										
2										
3	平均	22344.04	平均	23645.98	平均	25420.56	平均	27264.76	平均	26080.76
4	标准误差	1007.736	标准误差	1058.233	标准误差	1123.043	标准误差	1203.415	标准误差	1085.489
5	中位数	20364.23	中位数	21275.63	中位数	23029.44	中位数	25367.41	中位数	24315.18
6	众数	#N/A	众数	#N/A	众数	#N/A	众数	#N/A	众数	#N/A
7	标准差	5610.835	标准差	5891.991	标准差	6252.836	标准差	6700.329	标准差	6043.746
8	方差	31481464	方差	34715558	方差	39097961	方差	44894412	方差	36526872
9	峰度	3.597625	峰度	3.826628	峰度	4.385354	峰度	3.783107	峰度	2.924845
10	偏度	1.932732	偏度	1.995798	偏度	2.108873	偏度	1.995037	偏度	1.766345
11	区域	22863.94	区域	23955.78	区域	26225.37	区域	27112.58	区域	24507.47
12	最小值	16992.82	最小值	18348.56	最小值	19789.84	最小值	21158.99	最小值	20331.85
13	最大值	39856.76	最大值	42304.34	最大值	46015.21	最大值	48271.57	最大值	44839.32
14	求和	692665.2	求和	733025.3	求和	788037.5	求和	845207.5	求和	808503.6
15	观测数	31	观测数	31	观测数	31	观测数	31	观测数	31

图 3-8

计算标准差系数，并将结果进行简单的整理得表 3-9。

从表 3-9 的结果可知，2016—2020 年间，各地区城镇居民平均消费水平逐年提高，从 2016 年的 22 344.04 元增加到 2020 年 26 080.76 元，从标准差系数以及最大值与最小值的差距可以看出，虽然城镇居民消费水平最高的地区和最低的地区之间的差异还略有增加，但总体的区域差异在逐渐缩小。

59

表 3-9

项　　目	2016 年	2017 年	2018 年	2019 年	2020 年
平均（元）	22 344.04	23 645.98	25 420.56	27 264.76	26 080.76
标准误差	1 007.74	1 058.23	1 123.04	1 203.41	1 085.49
中位数	20 364.23	21 275.63	23 029.44	25 367.41	24 315.18
标准差	5 610.83	5 891.99	6 252.84	6 700.33	6 043.75
标准差系数	0.251 1	0.249 2	0.246 0	0.245 8	0.231 7
方差	31 481 463.97	34 715 557.62	39 097 960.92	44 894 412.26	36 526 871.53
峰度	3.60	3.83	4.39	3.78	2.92
偏度	1.93	2.00	2.11	2.00	1.77
区域	22 863.94	23 955.78	26 225.37	27 112.58	24 507.47
最小值（元）	16 992.82	18 348.56	19 789.84	21 158.99	20 331.85
最大值（元）	39 856.76	42 304.34	46 015.21	48 271.57	44 839.32

本章小结

1. 描述数据分布集中趋势的指标主要有算数平均数、几何平均数、中位数和众数等。其中算数平均数和几何平均数是数值平均数，而中位数和众数属于位置平均数。

（1）算术平均数是描述集中趋势最常用的指标，等于总体总量除以总体单位数，有简单算术平均数和加权算术平均数两种，易受极端数值的影响。

（2）几何平均数是一个特殊的平均数，它是 n 个变量连乘积的 n 次方根。几何平均数的应用范围较窄，只有当变量值的连乘积等于总比率、总速度时，才用几何平均数，即几何平均数运用于计算平均速度和某些平均比率。另外，当变量值有一个为 0 时，也不能使用几何平均数。

（3）中位数是将变量值按大小顺序排列，处于中间位置的变量值。中位数把全部的变量值分成两部分：一半的变量值比它大，一半的变量值比它小。中位数不受极端数值的影响，是最为稳健的平均指标。

（4）众数是变量数列中出现次数最多或密度最大的变量值，从分布的角度看，它能够鲜明地反映随机变量分布的集中趋势，因此，众数也是分布密度曲线的高峰位置对应的变量值，是反映分布中心的指标。

2. 描述变量离散程度的指标主要有极差、异众比率、四分位差、平均差、方差和标准差以及测度相对离散程度的离散系数等。

（1）极差也叫作全距，是一组数据的最大值与最小值之差。它受极端数值的影响较大。

（2）异众比率又称离异比率或变差比，是指非众数组的频数占总频数的比率，主要衡量众数的代表性。

（3）四分位差也称为内距，是上四分位数与下四分位数数值之差。四分位差反映了中间50%的数据的离散程度，其数值越小，中间数据越集中，它不受极端数值的影响。

（4）平均差是随机变量各个取值与其算术平均数的离差的绝对值的算术平均数。

（5）方差是各变量值与其平均数离差平方和的平均数，是测度离散程度最主要的指标。

（6）离散系数是反映随机变量离散程度的绝对变异指标与其算术平均数的比率，是测度数据离散程度的相对指标。常用的变异系数是标准差系数，用于平均水平不同或计量单位不同的数列之间离散程度的比较。

3. 偏斜程度是指分布密度曲线的非对称性的大小，通常用偏度系数绝对值的大小来衡量。偏斜状态的测定方法有经验测定法和矩法两种。

4. 峰度是随机变量分布密度曲线的峰凸程度。通常与正态分布相比较，若分布的形状比正态分布更瘦更高，则为尖峰分布；若比正态分布更矮更胖，则为平峰分布。

 思考与练习

1. 简述算术平均数、中位数和众数的特点及其应用场合。

2. 为什么要计算离散系数？

3. 什么是偏度和峰度，如何测定？

4. 算术平均数、中位数和众数三者之间有何关系？

5. 选择题

（1）不同数列的标准差不能简单进行对比，这是因为不同数列的（　　　）。

A. 平均数不同　B. 标准差不同　C. 个体数不同　D. 计量单位不同

（2）某居民区家庭人口数的分布资料见表3-10。

表 3-10

家庭人口数（人）	1	2	3	4	5	6	7
户数（户）	10	50	80	60	30	20	10

该居民区家庭人口数的中位数是（　　　）。

A. 130 户　　　　　　B. 130.5 户　　　　　　C. 3 人　　　　　　D. 4 人

（3）变量数列中出现次数最多的值是（　　　）。

A. 算术平均数　　　B. 调和平均数　　　　C. 中位数　　　　D. 众数

（4）对于左偏分布，平均数、中位数和众数之间的关系为（　　　）。

A. 平均数 < 中位数 < 众数　　　　　　B. 中位数 < 众数 < 平均数

C. 众数 < 中位数 < 平均数　　　　　　D. 众数 < 平均数 < 中位数

（5）在常用的集中趋势测量指标中，不易受极端值影响的是（　　　）。

A. 众数和中位数　　　　　　　　　　B. 算术平均数

C. 加权平均数　　　　　　　　　　　D. 算术平均数和加权平均数

（6）两组数据的平均数不等，但标准差相等，则（　　　）。

A. 平均数小的，离散程度大

B. 平均数大的，离散程度大

C. 平均数小的，离散程度小

D. 两组数据的离散程度相同

（7）测度数据离散程度的相对统计量是（　　　）。

A. 极差　　　　　　B. 平均差　　　　　　C. 标准差　　　D. 离散系数

6. 为了了解大学生每月生活费用支出情况，某省在全省高校中随机抽取了 250 名学生进行调查，调查得样本资料见表 3-11。

表 3-11

按月生活费支出分组（元）	人数（人）
150 以下	10
150 ~ 200	20
200 ~ 250	110
250 ~ 300	90
300 ~ 350	15
350 以上	5
合计	250

试计算：（1）250 名学生的平均生活费用月支出额；

（2）月生活费用的中位数和众数；

61

（3）月生活费用的标准差。

7. 某信息传呼机服务台两名接线员 5 天中每天接呼次数资料如下：

A 接线员　120　108　76　184　165

B 接线员　94　68　113　55　99

试根据以上数据，从日均次数的代表性和接线次数日分布的均衡性角度作简要评价和分析。

8. 某投资银行的年利率按复利计算，10 年的年利率分别是有一年为 7%，有三年为 8%，有四年为 10%，有两年为 11%，试求平均年利率。

9. 某系 200 名学生统计学考试成绩分组资料见表 3-12。

表 3-12　某系 200 名学生统计学考试成绩

按考试成绩分组（分）	人数（人）	各组人数占总人数比例（%）
50 以下	6	3
50 ~ 60	12	6
60 ~ 70	50	25
70 ~ 80	80	40
80 ~ 90	40	20
90 ~ 100	12	6
合计	200	100

试计算：（1）200 名学生考试成绩的平均分数、中位数、众数、标准差。

（2）对其分布状态做简要评述。

10. 对某校 10 名考研同学的数学和英语成绩进行调查，结果见表 3-13。

表　3-13　　　　　　　　　　　　　（单位：分）

数学	136	129	122	137	100	110	102	144	98	103
英语	68	69	68	70	71	73	72	73	74	75

求：（1）如果比较数学成绩和英语成绩的差异，你会采取什么样的统计量，为什么？

（2）比较分析哪一门课的分数差异大？

第4章

参 数 估 计

 导入案例

别生气

你认识很容易生气的人吗?大自然有办法让这些人平静下来:他们比较容易得心脏病。好几项观察研究都发现生气和心脏病之间的相关性,最好的一项研究观察了 12 986 个人,随机选取了四个社区。首次检查时,所有受试对象的年龄在45～64 岁之间,而且都没有心脏病。我们就把焦点集中在这个样本当中血压正常的 8 474 个人身上。

有个简短的心理测验叫作"斯皮尔伯格发怒量表",度量了每个人容易发怒的程度。结果有 633 个人被归类在发怒量表的高阶组,4 731 人在中阶组,3 110人在低阶组。

然后追踪这些人将近 6 年并比较了高阶组和低阶组得心脏病的比率。有一些潜在变量存在:高阶组的人中较有可能是男性,高中没毕业以及抽烟又喝酒的人。经过对这些差异作调整之后,最爱生气的高阶组和最不爱生气的低阶组比起来,得心脏病的机会是2.2 倍,而心脏病猝发的概率是2.7 倍。

这听起来生气似乎是很严重的事。但是在研究期间,低阶组只有53 个人,高阶组只有27 个人得了心脏病。我们知道2.2 倍和2.7 倍这两个数字,对于所有正常血压的45～64 岁人士来说不会是完全正确的,有关这项研究的新闻报道引用了这两个数字,但是医学期刊《循环》中的全文提出了置信区间。在95% 置信水平下,高阶组得心脏病的概率,是低阶组的1.36～3.55 倍,而心脏病猝发概率则在1.48～4.90 倍之间。区间提醒我们,因为我们只有样本数据,所以对于总体的所有叙述都是不确定的。对样本来说,"机会恰好是2.2 倍"。对于总体来说,我们只能说:"机会在1.36～3.55 倍之间",而且只有95% 的信心。

要探讨新闻背后的真相,不论何种行业,我们都必须使用置信区间这种表示方法。

学习目标

- 掌握参数估计的基本原理
- 熟悉评价估计量优良性的标准
- 掌握总体参数的区间估计方法
- 掌握样本量的确定方法

参数估计是根据从总体中抽取的随机样本估计总体分布中未知参数的过程。参数估计有点估计和区间估计两种。

4.1 点估计

点估计是根据样本资料给出总体参数的单一估计值,直接以样本估计量作为相应总体参数的估计值的一种参数估计方法。如果以样本均值作为总体均值的估计值,以样本比例作为总体比例的估计值。点估计比较简便,而且进行点估计时不用知道总体分布。点估计的缺点是通过此方法所得的估计值与真值之间的偏差以及估计的可靠性均未知。

样本统计量是一个随机变量,不同的样本会得到不同的估计量,在这些估计量中,并非所有的估计量都是优良的。因此,为了保证用于估计总体指标的估计量准确可靠,需要通过一些标准来衡量所求的估计量是否为优良估计量。常用的标准主要有无偏性、有效性和相合性等。

4.1.1 无偏性

用样本指标估计总体指标时,如果估计量的数学期望等于被估计的总体指标,就称该估计量为无偏估计量。无偏性是判断优良估计量的一个重要标准。设总体指标为 θ,其估计量为 $\hat{\theta}$,如果有

$$E(\hat{\theta}) = \theta \tag{4-1}$$

则 $\hat{\theta}$ 就是 θ 的无偏估计量。

参数估计中,通常需要估计总体均值 (μ) 和总体方差 (σ^2),因为有

$$E(\overline{x}) = E\left(\frac{1}{n}\sum_{i=1}^{n} x_i\right) = \frac{1}{n}\sum_{i=1}^{n} E(x_i) = \frac{1}{n}n\mu = \mu \tag{4-2}$$

其中:$\overline{x}$ 是样本均值,μ 是总体均值,则 $\overline{x}$ 是 μ 的无偏估计量,即样本均值是总体均值的估计量。这说明不论总体服从什么分布,其样本均值是总体均值的

无偏估计。

我们也常常用样本方差（s^2）作为总体方差（σ^2）的估计量，但它们是否为无偏估计量呢？这就需要用无偏性的标准来衡量：

$$E(s^2) = E\left(\frac{1}{n}\sum_{i=1}^{n}(x_i - \bar{x})^2\right) = \frac{n-1}{n}\sigma^2 \tag{4-3}$$

所以 s^2 不是 σ^2 的无偏估计量，若在上式两边同乘以 $n/n-1$ 可得

$$E\left(\frac{n}{n-1}s^2\right) = \sigma^2 \tag{4-4}$$

而

$$s_{n-1}^2 = \frac{n}{n-1}s^2 = \frac{1}{n-1}\sum_{i=1}^{n}(x_i - \bar{x})^2 \tag{4-5}$$

因此 s_{n-1}^2 是 σ^2 的无偏估计量，s_{n-1}^2 通常称为修正样本方差。对于大样本来说，样本方差 s^2 与修正样本方差 s_{n-1}^2 的值相差无几，估计总体方差 σ^2 时用哪一个作估计量都可以。

4.1.2 有效性

有效估计是指在诸多无偏估计值中具有最小方差的无偏估计量。

估计量的有效性是指对总体指标 θ 进行估计时，若存在两个无偏估计量 $\hat{\theta}_1$ 和 $\hat{\theta}_2$，其中估计量 $\hat{\theta}_1$ 的估计误差平均来说小于估计量 $\hat{\theta}_2$ 的估计误差，则称估计量 $\hat{\theta}_1$ 比 $\hat{\theta}_2$ 有效。

对无偏估计量来说，其平均估计误差可用方差表示，这是因为

$$E(\hat{\theta} - \theta)^2 = E[\hat{\theta} - E(\hat{\theta})]^2 = V(\hat{\theta})$$

所以对于两个无偏估计量 $\hat{\theta}_1$ 和 $\hat{\theta}_2$，方差较小者更有效，即若 $V(\hat{\theta}_1) < V(\hat{\theta}_2)$，则估计量 $\hat{\theta}_1$ 比 $\hat{\theta}_2$ 有效。

4.1.3 相合性

相合性也叫作一致性，用样本指标估计总体指标时，随着样本容量的增大，估计量越来越接近总体指标的真值，就称这个估计量为相合估计量或一致估计量。可用公式表示为

$$\lim_{n\to\infty}P\{|\hat{\theta} - \theta| < \varepsilon\} = 1 \tag{4-6}$$

式中，ε 为任意小的数，说明随着样本容量 n 的增大，$\hat{\theta}$ 与 θ 之间的离差可以控制在任意小的范围内。

根据大数定律可以证明，样本均值 $\bar{x}$ 是总体均值 μ 的相合估计量，样本比例

p 是总体比例 P 的相合估计量，样本方差 s^2 是总体方差 σ^2 的相合估计量。

4.2 区间估计

区间估计是指在事先给定的概率保证程度之下，根据样本估计量的概率分布，确定出可能包含未知总体参数的某个区间，作为对总体参数的估计。记总体指标为 θ，样本估计量为 $\hat{\theta}$，事先给定的概率为 $1-\alpha$，如果根据样本估计量 $\hat{\theta}$ 的概率分布可计算出一个区间 $(\hat{\theta}_l, \hat{\theta}_u)$，使得该区间包含未知总体参数 θ 的概率等于事先给定的概率 $1-\alpha$，即

$$P\{\hat{\theta}_l < \theta < \hat{\theta}_u\} = 1 - \alpha \tag{4-7}$$

区间 $(\hat{\theta}_l, \hat{\theta}_u)$ 称为总体参数的置信区间，其中 $\hat{\theta}_l$ 称为置信下限；$\hat{\theta}_u$ 称为置信上限，而概率 $1-\alpha$ 称为置信概率或置信度。

区间估计中置信区间的长度表明了区间估计的精确度。置信区间越短，估计的精确度越高。置信度 $1-\alpha$ 则表明了区间估计的可靠性，$1-\alpha$ 的值越大，估计的可靠性越大。然而，根据概率论的理论和知识可知区间估计的精确度和可靠性是相互矛盾的，要提高区间估计的精确度，其估计的可靠程度就会降低，要同时提高二者，只能增大样本容量。

4.2.1 总体均值的区间估计

对于总体均值的区间估计，有以下几种情况：

1. 大样本情形下总体均值的区间估计

中心极限定理给我们提供了样本均值的抽样分布，即无论所考察的随机变量的总体分布如何，只要样本容量 n 足够大，样本均值近似地服从期望为 μ，方差为 σ^2/n 的正态分布，即 $\bar{x} \sim N(\mu, \sigma^2/n)$。

将随机变量 $\bar{x}$ 标准化，并记标准正态分布变量为 Z，则有

$$Z = \frac{\bar{x} - \mu}{\sigma/\sqrt{n}} \sim N(0,1) \tag{4-8}$$

根据给定的概率 $1-\alpha$，查标准正态分布概率表可得标准正态分布的上侧分位数 $z_{\alpha/2}$，使得

$$P\{-z_{\alpha/2} < Z < z_{\alpha/2}\} = 1 - \alpha \tag{4-9}$$

即

$$P\left\{-z_{\alpha/2} < \frac{\bar{x} - \mu}{\sigma/\sqrt{n}} < z_{\alpha/2}\right\} = 1 - \alpha \tag{4-10}$$

由上式可得，在 $1-\alpha$ 的概率保证度下，总体均值 μ 的置信区间为

$$\left(\bar{x} - z_{\alpha/2} \frac{\sigma}{\sqrt{n}}, \bar{x} + z_{\alpha/2} \frac{\sigma}{\sqrt{n}} \right)$$

式中，$\bar{x}$ 为样本均值；σ 为样本标准差；$z_{\alpha/2}$ 为置信度是 $1 - \alpha$ 所对应的值；n 为样本容量。

由于在实际应用中，总体方差 σ^2 一般是未知的，所以一般用修正样本方差代替总体方差进行区间估计，由于在大样本情形下，样本方差 s^2 与修正样本方差 s_{n-1}^2 相差无几，所以也可将样本方差 s^2 作为总体方差 σ^2 的估计量。

例 4-1 为了解某地区的年收入状况，从该地区所有居民户中随机抽取了 200 户进行调查，得样本每户的年平均收入为 5 600 元，标准差为 202 元，试在 95% 的概率保证下，求该地区居民平均年收入的置信区间。

解： 由于 $n = 200$ 表明该样本为大样本，所以样本均值的概率分布可看作正态分布，在置信概率 $1 - \alpha = 0.95$ 的条件下，查标准正态分布概率表可得上侧分位数 $z_{\alpha/2} = 1.96$，由于 $\bar{x} = 5\,600$ 元，$s = 202$ 元，故大样本情形下总体均值的双侧置信区间的置信下限为

$$\bar{x} - z_{\alpha/2} \frac{s}{\sqrt{n}} = 5\,600 - 1.96 \times \frac{202}{\sqrt{200}} = 5\,572.00(元)$$

置信上限为

$$\bar{x} + z_{\alpha/2} \frac{s}{\sqrt{n}} = 5\,600 + 1.96 \times \frac{202}{\sqrt{200}} = 5\,627.99(元)$$

这表明在 95% 的概率保证下，可认为该地区居民的平均年收入在 5 572.00 元至 5 627.99 元之间。

2. 小样本情形下正态总体均值的区间估计

小样本情形下正态总体均值的区间估计有以下几种。

（1）正态总体、方差 σ^2 已知　由样本均值的抽样分布可知，如果总体中所考察的变量服从正态分布，则不论样本容量多大，都有样本均值 $\bar{x} \sim N(\mu, \sigma^2/n)$。

将随机变量 $\bar{x}$ 标准化，并记标准正态分布变量为 Z，则有

$$Z = \frac{\bar{x} - \mu}{\sigma/\sqrt{n}} \sim N(0,1) \tag{4-11}$$

因此，若总体方差 σ^2 已知，应该用正态分布来估计总体均值，则仍可用类似于上述大样本情形下总体均值的区间估计方法进行估计，得出总体均值 μ 的置信区间仍为

$$\left(\bar{x} - z_{\alpha/2} \frac{\sigma}{\sqrt{n}}, \bar{x} + z_{\alpha/2} \frac{\sigma}{\sqrt{n}} \right)$$

（2）正态总体、方差未知　总体方差 σ^2 一般是未知的，常采用修正样本方

差 s_{n-1}^2 作为 σ^2 的估计值。通常采用 t 分布，它用于根据小样本来估计呈正态分布且方差未知的总体均值。则有

$$\frac{(n-1)s_{n-1}^2}{\sigma^2} \sim \chi^2(n-1) \tag{4-12}$$

根据 t 分布的定义，可构造 T 统计量，即

$$T = \frac{\bar{x}-\mu}{\sigma/\sqrt{n}} \Big/ \sqrt{\frac{(n-1)s_{n-1}^2}{\sigma^2(n-1)}} = \frac{\bar{x}-\mu}{s_{n-1}/\sqrt{n}} \sim t(n-1) \tag{4-13}$$

根据给定的置信概率 $1-\alpha$，查 t 分布表，可得 t 分布的上侧分位数 $t_{\alpha/2}$，使得：

$$P\{-t_{\alpha/2}(n-1) < T < t_{\alpha/2}(n-1)\} = 1-\alpha \tag{4-14}$$

即

$$P\left\{-t_{\alpha/2}(n-1) < \frac{\bar{x}-\mu}{s_{n-1}/\sqrt{n}} < t_{\alpha/2}(n-1)\right\} = 1-\alpha \tag{4-15}$$

由上式可得，总体均值 μ 的置信区间为

$$\left(\bar{x} - t_{\alpha/2}(n-1)\frac{s_{n-1}}{\sqrt{n}}, \bar{x} + t_{\alpha/2}(n-1)\frac{s_{n-1}}{\sqrt{n}}\right)$$

例 4-2 某仓库有 150 箱食品，每箱食品均装 100 个。今随机抽取 10 箱进行检查，得每箱食品的变质个数（单位：个）为：1，6，3，0，2，4，1，5，3，5，假定每箱食品变质个数的概率分布为正态分布，给定置信概率 95%，求平均每箱食品变质个数的双侧置信区间。

解： 由于 $n=10$，表明该样本为小样本，所以需使用 t 分布进行估计。根据所给的样本数据可得

$$\bar{x} = \frac{\sum x}{n} = \frac{1+6+\cdots+5}{10} = 3$$

$$s_{n-1} = \sqrt{\frac{\sum(x-\bar{x})^2}{n-1}} = \sqrt{\frac{(1-3)^2 + (6-3)^2 + \cdots + (5-3)^2}{9}} = 2$$

在置信概率 $1-\alpha = 0.95$ 的条件下，查 t 分布表可得自由度为 $n-1=9$ 的 t 分布上侧分位数 $t_{\alpha/2}(n-1) = t_{0.025}(9) = 2.2622$，故平均每箱食品变质个数的双侧置信区间的置信下限为

$$\bar{x} - t_{\alpha/2}(n-1)\frac{s_{n-1}}{\sqrt{n}} = 3 - 2.2622 \times \frac{2}{\sqrt{10}} = 1.57$$

置信上限为

$$\bar{x} + t_{\alpha/2}(n-1)\frac{s_{n-1}}{\sqrt{n}} = 3 + 2.2622 \times \frac{2}{\sqrt{10}} = 4.43$$

这表明在95%的概率保证下，可认为平均每箱食品的变质个数在 1.57 个至 4.43 个之间。

4.2.2 总体比例的区间估计

这里只讨论大样本情形下总体比例的区间估计。大样本情形下，样本比例 p 的概率分布是已知的，即 $p \sim N(P, P(1-P)/n)$，经标准化变换可得

$$Z = \frac{p - P}{\sqrt{\dfrac{P(1-P)}{n}}} \sim N(0,1) \tag{4-16}$$

对于给定的置信度 $1 - \alpha$，查标准正态分布概率表可得标准正态分布的上侧分位数 $z_{\alpha/2}$，使得

$$P\left\{ -z_{\alpha/2} < \frac{p - P}{\sqrt{\dfrac{P(1-P)}{n}}} < z_{\alpha/2} \right\} = 1 - \alpha \tag{4-17}$$

$$P\left\{ p - z_{\alpha/2}\sqrt{\frac{P(1-P)}{n}} < P < p + z_{\alpha/2}\sqrt{\frac{P(1-P)}{n}} \right\} = 1 - \alpha \tag{4-18}$$

从而可得大样本情形下总体比例 P 的置信区间为

$$\left(p - z_{\alpha/2}\sqrt{\frac{P(1-P)}{n}}, p + z_{\alpha/2}\sqrt{\frac{P(1-P)}{n}} \right)$$

由于总体比例 P 一般未知，通常情况下用样本比例来代替。

例 4-3 为了检验某批产品的合格率，随机抽取了 400 个产品进行检验，经检验有 26 个产品不合格，以 95% 的置信度求这批产品的不合格率的双侧置信区间。

解：由于 $n = 400$，表明该样本为大样本。根据题中所给的样本资料，可计算样本比例即产品不合格率为

$$P = \frac{26}{400} = 0.065 = 6.5\%$$

对于给定的置信度 $1 - \alpha = 0.95$，查标准正态分布概率表可得 $z_{\alpha/2} = 1.96$，故这批产品的不合格率的双侧置信区间的置信下限为

$$p - z_{\alpha/2}\sqrt{\frac{P(1-P)}{n}} = 0.065 - 1.96 \times \sqrt{\frac{0.065 \times 0.935}{400}} = 0.040\,8 = 4.08\%$$

置信上限为

$$p + z_{\alpha/2}\sqrt{\frac{P(1-P)}{n}} = 0.065 + 1.96 \times \sqrt{\frac{0.065 \times 0.935}{400}} = 0.089\,2 = 8.92\%$$

这表明在95%的概率保证程度下，可认为这批产品的不合格率在 4.08% 至

8.92% 之间。

4.3 样本容量的确定

前面所讲的点估计和区间估计，都是在给定样本容量的情况下进行抽样估计的。确定样本容量是抽样方案的一个重要内容，也是实施抽样前必须解决的一个问题。样本容量过大，会使调查所花费的费用、人力增大，从而也不能体现抽样调查的优越性；样本容量过小，会使样本对总体的代表性降低，从而增大抽样误差，为了避免样本容量过大或过小，就需要确定恰当的样本容量。

4.3.1 确定样本容量的基本依据

在设计抽样方案时，设计者一般依据以下两个条件确定样本容量：

（1）抽样调查经费 由于样本容量越大，所需的调查经费越多，而调查经费总是有限的，样本容量过大，就会突破调查经费，所以抽样调查经费是样本容量的上限约束。

（2）置信度与允许误差 置信度是对抽样估计可靠性的度量，允许误差是指事先要求与一定的置信概率相对应的抽样误差 $|\hat{\theta} - \theta|$ 的最大范围，它是对抽样估计的精确度提出的要求。例如，从一批产品中随机抽取了 15 件，用以估计产品的平均使用寿命，为了保证估计的精确度和可靠性，规定在 95% 的置信概率下，产品使用寿命的抽样误差 $|\hat{\theta} - \theta|$ 最大不能超过 10h，即以 95% 的概率保证估计值和总体参数的最大离差不超过 10h，这里 10 就是允许误差。

在给定置信概率的条件下，若允许误差越小，所需要的样本容量就越大，因此根据最大允许误差可确定样本容量的下限约束。

样本容量必须同时满足以上两个条件。一般地讲，确定样本容量时，先根据以上两个条件中的一个进行计算，然后看根据这个条件计算出的样本容量是否满足另一个条件的要求，如果满足另一个条件的要求，就可确定为样本容量；如果不满足另一个条件的要求，则需要进行变通，或增加调查经费，或扩大允许误差，最终确定一个能同时满足以上两个条件的样本容量。

4.3.2 估计总体均值为 μ 时样本容量的确定

根据置信度与允许误差确定样本容量的方法是，首先给定置信度 $1 - \alpha$ 和允许误差 d，并使得 $P\{|\hat{\theta} - \theta| \leq d\} = 1 - \alpha$ 成立。由于样本估计量 $\hat{\theta}$ 是随机变量，抽样误差 $|\hat{\theta} - \theta|$ 也是随机变量，所以 $P\{|\hat{\theta} - \theta| \leq d\} = 1 - \alpha$ 成立的条件与估计量

$\hat{\theta}$ 的抽样分布有关。

这里我们只讨论样本均值服从正态分布即 $\bar{x} \sim N(E(\bar{x}), V(\bar{x}))$ 时，如何根据置信度与允许误差确定样本容量。

由于 $\bar{x} \sim N(E(\bar{x}), V(\bar{x}))$，则有

$$Z = \frac{\bar{x} - E(\bar{x})}{\sqrt{V(\bar{x})}} \sim N(0,1) \tag{4-19}$$

由区间估计的基本原理可知，对于给定的置信度 $1-\alpha$，要使

$$P\left\{ \left| \frac{\bar{x} - E(\bar{x})}{\sqrt{V(\bar{x})}} \right| \leqslant z_{\alpha/2} \right\} = 1-\alpha \tag{4-20}$$

由于 $E(\bar{x}) = \mu$，则上式等同于

$$P\left\{ |\bar{x} - \mu| \leqslant z_{\alpha/2}\sqrt{V(\bar{x})} \right\} = 1-\alpha$$

显然当 $\bar{x} \sim N(E(\bar{x}), V(\bar{x}))$ 时，只要 $d = Z_{\alpha/2}\sqrt{V(\bar{x})}$，则有

$$P\left\{ |\bar{x} - \mu| \leqslant d \right\} = 1-\alpha \tag{4-21}$$

由于在不同的抽样方式下，样本均值 $\bar{x}$ 的方差不同，所以应区分不同抽样方式计算样本容量。

1. 重置抽样下，样本容量的确定

采用重置抽样方式抽取样本时，由于样本均值 $\bar{x}$ 的方差 $V(\bar{x}) = \dfrac{\sigma^2}{n}$，则有

$$d = z_{\alpha/2}\sqrt{V(\bar{x})} = z_{\alpha/2}\frac{\sigma}{\sqrt{n}}$$

从中可求得

$$n = \frac{z_{\alpha/2}^2 \sigma^2}{d^2} \tag{4-22}$$

2. 不重置抽样下，样本容量的确定

采用不重置抽样方式抽取样本时，由于样本均值 $\bar{x}$ 的方差

$$V(\bar{x}) = \frac{\sigma^2}{n}\left(1 - \frac{n}{N}\right) \tag{4-23}$$

则有

$$d = z_{\alpha/2}\sqrt{V(\bar{x})} = z_{\alpha/2}\sqrt{\frac{\sigma^2}{n}\left(1 - \frac{n}{N}\right)}$$

从中可求得

$$n = \frac{N z_{\alpha/2}^2 \sigma^2}{N d^2 + z_{\alpha/2}^2 \sigma^2} \tag{4-24}$$

从以上两个计算样本容量的公式中可看出，计算样本容量，需已知总体方差

σ^2，而总体方差 σ^2 往往是未知的，在实践中，可根据以下方法来确定 σ^2：① 根据历史资料已有的方差代替；② 在正式抽样调查之前，开展一次试验性调查，根据试验性调查所得资料加以估计；③ 如果有多次实验结果或多个历史方差，则根据最大的方差来代替总体方差计算样本容量。

4.3.3 估计总体比例为 P 时样本容量的确定

这里我们只讨论样本比例服从正态分布即 $p \sim N[E(p), V(p)]$ 时，如何根据置信度与允许误差确定样本容量。

由于 $p \sim N[E(p), V(p)]$，且 $E(p) = P$，因此，其样本容量的确定原理与估计总体均值的原理相同，若 $d = z_{\alpha/2}\sqrt{V(p)}$，则 $P\{|p - P| \leq d\} = 1 - \alpha$ 成立，由于在不同抽样方式下，样本比例 p 的方差不同，所以也应区分不同抽样方式计算估计总体比例时所需的样本容量。

1. 重置抽样

在采用重置抽样方式抽取样本时，由于

$$V(p) = \frac{P(1 - P)}{n}$$

则

$$d = z_{\alpha/2}\sqrt{\frac{P(1 - P)}{n}}$$

从中可求得

$$n = \frac{z_{\alpha/2}^2 P(1 - P)}{d^2} \tag{4-25}$$

2. 不重置抽样

在采用不重置抽样方式抽取样本时，由于 $V(p) = \dfrac{P(1 - P)}{n}\left(1 - \dfrac{n}{N}\right)$，则

$$d = z_{\alpha/2}\sqrt{\frac{P(1 - P)}{n}\left(1 - \frac{n}{N}\right)}$$

因此

$$n = \frac{Nz_{\alpha/2}^2 P(1 - P)}{Nd^2 + z_{\alpha/2}^2 P(1 - P)} \tag{4-26}$$

需要注意的是，确定样本容量需已知两点分布的总体方差 $P(1 - P)$，由于总体比例 P 是待估计的总体参数，方差 $P(1 - P)$ 也未知，在实践中该方差的确定方式也有三种：① 根据以前所掌握的同一总体的资料进行估计；② 根据抽样调查前的试验性调查资料进行估计；③ 在方差 $P(1 - P)$ 的资料完全缺乏的情况下

可用方差 $P(1-P)$ 的最大值 0.25 代替。

例 4-4 某企业收到供货方发来的一批电子产品，以往的资料表明，该电子产品使用寿命的标准差为 86.9h，欲采用重置抽样方式抽取一个样本，并以 95% 的概率同时估计：① 该批电子产品的平均使用寿命，其中，允许误差为 10h；② 该批电子产品的合格率，其中，允许误差为 5% 。试问该企业需要多大的样本容量才能满足检验要求？

解：由题意可知

$$\sigma = 86.9, d = 10, 1 - \alpha = 95\%$$

查表可得 $z_{\alpha/2} = 1.96$，则可计算估计总体均值所需的样本容量为

$$n = \frac{z_{\alpha/2}^2 \sigma^2}{d^2} = \frac{1.96^2 \times 86.9^2}{10^2} = 290.10$$

由于缺乏方差 $P(1-P)$ 的资料，因此取 $P(1-P) = 0.25$，由于 $d = 5\%$，则可计算估计总体比例所需的样本容量为

$$n = \frac{z_{\alpha/2}^2 P(1-P)}{d^2} = \frac{1.96^2 \times 0.25}{0.05^2} = 384.16$$

由于要用一个样本同时估计两个目标，样本容量应取其大者，所以需抽取 384 件。

4.3.4 影响样本容量大小的因素

（1）总体中个体之间的差异程度，即总体方差 σ^2 或 $P(1-P)$。总体方差越大，所需的样本容量越大；反之，总体方差越小，所需的样本容量越小。

（2）允许误差 d 的大小。允许误差越小，估计的精确度越高，则所需的样本容量越大；反之，允许误差越大，估计的精确度越低，则所需的样本容量越小。

（3）估计的可靠性高低。估计的可靠性越高，所需的样本容量越大；反之，估计的可靠性越低，所需的样本容量越小。

（4）抽样方式。在其他条件相同的情况下，采用重置抽样方式比采用不重置抽样方式所需的样本容量大。

 本章小结

1. 参数估计分为点估计和区间估计两种，点估计是根据样本资料给出总体参数的单一估计值。区间估计是在一定的概率保证程度下，根据样本估计量的概率分布确定出可能包含未知总体参数的某个区间。

2. 衡量点估计的优良标准有：无偏性、有效性和相合性等。

3. 区间估计的主要内容见表 4-1。

表 4-1

待估参数	样 本	条 件	置信区间
总体均值	大样本 $n > 30$	方差 σ^2 已知	$\left(\bar{x} \pm z_{\alpha/2} \dfrac{\sigma}{\sqrt{n}} \right)$
		方差 σ^2 未知	$\left(\bar{x} \pm z_{\alpha/2} \dfrac{s}{\sqrt{n}} \right)$
	小样本	正态总体，方差 σ^2 已知	$\left(\bar{x} \pm z_{\alpha/2} \dfrac{\sigma}{\sqrt{n}} \right)$
		正态总体，方差 σ^2 未知	$\left(\bar{x} \pm t_{\alpha/2} \ (n-1) \ \dfrac{s_{n-1}}{\sqrt{n}} \right)$
总体比例	大样本		$\left(\bar{x} \pm z_{\alpha/2} \sqrt{\dfrac{P(1-P)}{n}} \right)$

4. 估计总体均值为 μ 时样本容量的确定。根据置信度与允许误差确定样本容量的方法是，首先给定置信度 $1-\alpha$ 和允许误差 d，并使得 $P\{|\hat{\theta} - \theta| \le d\} = 1-\alpha$ 成立。

（1）重置抽样条件下估计总体均值时所需的样本容量为

$$n = \frac{z_{\alpha/2}^2 \sigma^2}{d^2}$$

（2）不重置抽样条件下估计总体均值时所需的样本容量为

$$n = \frac{N z_{\alpha/2}^2 \sigma^2}{N d^2 + z_{\alpha/2}^2 \sigma^2}$$

（3）在实践中，估计样本容量时若 σ^2 未知，可根据以下方法来确定 σ^2：① 根据历史资料已有的方差代替；② 在正式抽样调查之前，开展一次试验性调查，根据试验性调查所得资料加以估计；③ 如果有多次实验结果或多个历史方差，则根据最大的方差来代替总体方差计算样本容量。

 思考与练习

1. 选择题

（1）要求估计量的数学期望等于被估计的总体指标的真值，这称为（   ）。

A. 一致性　　　B. 有效性　　　　C. 无偏性　　　　D. 充分性

（2）在不放回抽样下，样本均值的方差等于（   ）。

A. σ^2　　　　　B. s^2　　　　　C. $\dfrac{\sigma^2}{n} \dfrac{N-n}{N-1}$　　　D. $\dfrac{\sigma^2}{2}$

（3）置信区间的长度越短，估计的精度则（   ）。

A. 越高　　　B. 越低　　　C. 与长短无关　　D. 无法判定

（4）若 $\hat{\theta}_1$ 和 $\hat{\theta}_2$ 均为总体指标 θ 的无偏估计量，下列哪种情况表示 $\hat{\theta}_1$ 比 $\hat{\theta}_2$ 更有效（　　）。

A. $E(\hat{\theta}_1) = E(\hat{\theta}_2) = \theta$　　　　B. $V(\hat{\theta}_1) > V(\hat{\theta}_2)$

C. $V(\hat{\theta}_1) < V(\hat{\theta}_2)$　　　　D. $MSE(\hat{\theta}_1) < MSE(\hat{\theta}_2)$

（5）为了研究城市居民家庭的构成和生活情况，现从某市抽取了 36 户家庭的简单随机样本，样本资料如下：

家庭人口数（人）　1　2　3　4　5　6　7

户数（户）　1　5　14　10　4　1　1

试估计该市平均每户家庭的人口数，并在 95% 的置信概率下计算该市平均每户人口数的置信区间（　　）（注：总体方差未知）。

A. (3.1, 3.9)　　　　B. (2.1, 2.9)

C. (3.1, 4.9)　　　　D. (2.1, 3.9)

2. 影响样本容量的因素有哪些？

3. 如果总体方差未知，在确定样本容量时，应该怎么办？

4. 已知用精饲料养鸡时，经若干天鸡的平均重量为 2kg，现对一批鸡从精饲料改为粗饲料饲养，同时改变饲养方法，经过同样长的饲养期后，随机抽取 10 只，得重量数据如下（单位：kg）：2.15，1.85，1.90，2.05，1.95，2.30，2.35，2.50，2.25，1.90，经验表明，同一批鸡的重量服从正态分布，求这批鸡总体均值的 95% 的置信区间。

5. 某企业生产某种产品的工人有 1 000 人，某日采用不重置抽样从中随机抽取 100 人调查他们的当日产量，样本人均产量为 35 件，产量的样本标准差为 4.5 件，试以 95.45% 的置信度估计平均产量的抽样极限误差和置信区间。

6. 某学校进行一次全校性的英语测试，为了了解考试情况，从参加测试的 1 000 名学生中，随机重复抽取了 10% 进行调查，所得的分配数列见表 4-2。

表 4-2

测试成绩（分）	60 以下	60~70	70~80	80~90	90 以上
学生人数（人）	10	20	22	40	8

试以 95.45% 的可靠性估计：

（1）该校学生英语测试的平均成绩；

（2）平均成绩在 80 分以上的学生所占的比例。

7. 一家食品生产企业以生产袋装食品为主，为对食品质量进行监测，企业质检部门经常要进行抽检，以分析每袋重量是否符合要求。现从某天生产的一批食品中随机抽取了25袋，测得每袋重量，见表4-3。已知产品重量的分布服从正态分布，且总体标准差10g。试估计该批产品平均重量的置信区间，置信水平为95%。

表 4-3 （单位：kg）

112.5	101.0	103.0	102.0	100.5
102.6	107.5	95.0	108.8	115.6
100.0	123.5	102.0	101.6	102.2
116.6	95.4	97.8	108.6	105.0
136.8	102.8	101.5	98.4	93.3

8. 某地区教育管理部门想估计两所中学的学生高考时的英语平均分数，为此在两所中学独立抽取两个随机样本，有关数据见表4-4。试以95%的置信区间分别估计两所中学高考英语的平均分。

表 4-4

中学1	中学2
$n_1 = 46$	$n_2 = 33$
$\overline{X}_1 = 86$	$\overline{X}_2 = 78$
$S_1 = 5.8$	$S_2 = 7.2$

9. 根据以往的生产统计，某种产品的合格率约为90%，现要求估计误差为5%，再求误差为95%的置信区间时，应抽取多少个产品作为样本。

第5章
假设检验

 导入案例

轻率的结论

1. 大多数汽车事故出在中等速度的行驶中，极少的事故是出在大于150km/h 的行驶速度上的。这是否就意味着高速行驶比较安全?

2. 在亚利桑那州死于肺结核的人比其他州的人多。这是否就意味着亚利桑那州的气候容易使人患肺结核?

3. 常常听说，汽车事故多数发生在离家不远的地方，这是否就意味着在离家很远的公路上行驶要比在城里安全呢?

4. 注重口味的人，想来应该是喜欢现煮咖啡超过即溶咖啡的。一位持怀疑态度的人断言：喝咖啡的人里，只有一半偏好现煮咖啡。为证明此结论，让50 个受试对象都品尝两杯没有做记号的咖啡，并且要说出喜欢哪一杯。两杯中一杯为现煮咖啡，一杯为即溶咖啡，实验结果表明50 位受试对象中，有36位选的是现煮咖啡。这是否就意味着有72% 的人喜欢现煮咖啡，或超过一半的人喜欢现煮咖啡?

以上结论的正确与否均需要通过统计检验来证明，本章讨论的内容就是如何利用样本信息，对统计结论正确与否做出判断的程序。

 学习目标

- 熟悉假设检验的基本思想原理和步骤
- 掌握一个总体参数的检验方法
- 掌握两个总体参数的检验方法
- 掌握交叉列联表分析及独立性检验的方法
- 学会使用 SPSS 进行假设检验

5.1 假设检验的基本问题

5.1.1 假设检验的基本思想

假设检验在经济管理中应用非常广泛，现实工作中经常需要对某个"假设"做出判断，以确定它是真还是假。假设检验的基本思想是小概率原理。小概率原理是指小概率事件在一次试验中几乎不可能发生。若某个假设是真实的，则小概率事件在一次试验中是几乎不可能发生的，要是在一次试验中小概率事件竟然发生了，则有理由怀疑这一假设的真实性，从而拒绝提出来的总体参数假设。

5.1.2 假设检验的步骤

一般来说，假设检验过程通常包含以下几个步骤：

1. 提出原假设和备择假设

记未知的总体参数为 θ，该参数的假设值为 θ_0，则该参数的假设可表示为

双侧检验： $\qquad H_0 : \theta = \theta_0$, $\qquad H_1 : \theta \neq \theta_0$
左侧检验： $\qquad H_0 : \theta = \theta_0$, $\qquad H_1 : \theta < \theta_0$
右侧检验： $\qquad H_0 : \theta = \theta_0$, $\qquad H_1 : \theta > \theta_0$

其中，假设 $H_0 : \theta = \theta_0$ 是所要检验的假设，称为原假设或零假设，而假设 H_1 称为备择假设或对立假设。显然原假设与备择假设是对立的，假设检验就是要在这两种对立的假设中做出抉择。

如果所研究的问题只关注有无差异，则采用双侧检验，而所研究的问题需关注是否偏大（或）偏小，则需采用单侧检验。例如，消费者往往关注自己购买的产品是否达到规定的质量标准，所关注的是质量参数是否小于规定标准，此时就需采用左侧检验。

2. 构造检验统计量

在假设检验过程中，原假设和备择假设确定后，需根据抽样分布构造检验统计量。检验统计量的选择依据与参数估计相同，需考虑样本容量的大小、是否为正态总体，以及方差是否已知等因素。

3. 确定拒绝域

所谓拒绝域是指在原假设成立的情况下，若显著性水平为 α，如果检验统计量的样本观测值落在概率不超过 α 的区域，表明小概率事件发生了，需拒绝原假设。

对于双侧检验，所要检验的假设是总体参数是否等于某一数值，即无论总体参数大于其假设值，还是小于其假设值，都要拒绝原假设。双侧检验的拒绝域建

立在样本估计值对总体参数原假设值正负偏离超出给定的临界值的两侧。其接受域和拒绝域如图 5-1 所示。

对于左侧检验，人们只关心总体参数是否小于给定值，即只关心样本估计值 $\hat{\theta}$ 与总体参数假设值 θ_0 的负方向偏差，所以检验的

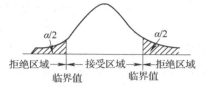

图 5-1　双侧检验的拒绝域与接受域

拒绝域就不应该设在对总体参数原假设值正负偏离的两侧，而应该设在对总体参数原假设值的负方向偏离的一侧即左侧。

右侧检验的拒绝域的方向与左侧检验相反。人们只关心总体参数是否大于给定的数值，即只关心样本估计值 $\hat{\theta}$ 与总体参数假设值 θ_0 的正方向偏差，所以检验的拒绝域应设在对总体参数原假设值的正方向偏离的一侧即右侧。左侧检验和右侧检验的接受域、拒绝域如图 5-2 所示。

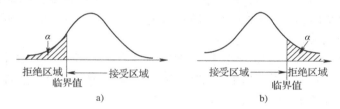

图 5-2　单侧检验的拒绝域与接受域

a）左侧检验　b）右侧检验

4. 计算检验统计量的值，做出判断

根据样本观测值计算检验统计量，以便与临界值作比较确定是否落入拒绝域，从而做出接受或拒绝原假设的决定。

5.2　总体参数检验

5.2.1　单一总体均值的检验

单一总体均值检验的原假设和备择假设的一般形式为

$$H_0:\mu=\mu_0,\quad H_1:\mu\neq\mu_0$$

由抽样估计理论可知，样本均值 $\bar{x}$ 是总体均值 μ 的优良估计量，它集中了样本中有关总体均值的全部信息，所以样本均值可作为检验总体均值假设的统计量，由于对于不同的总体和不同的样本容量，样本均值 $\bar{x}$ 的概率分布不同，所以单一总体均值的假设检验应区分不同的情形进行讨论。

1. 大样本情形下总体均值的检验

根据中心极限定理, 当样本容量足够大, 即 $n \geqslant 30$ 时, 无论总体分布如何, 样本均值近似地服从期望为 μ、方差为 σ^2/n 的正态分布。将随机变量 $\bar{x}$ 标准化, 并记标准正态分布变量为 Z, 则

$$Z = \frac{\bar{x} - \mu_0}{\sigma/\sqrt{n}} \sim N(0,1) \tag{5-1}$$

如果所要进行的假设检验为双侧检验, 则在给定的显著性水平 α 下, 由标准正态分布概率表可查出相应的上侧分位数 $z_{\alpha/2}$, 该分位数就是用样本均值的标准化指标 Z 作为检验统计量的临界值。此时检验规则为:

若 $|Z| > z_{\alpha/2}$, 则应拒绝原假设; 反之, 则应接受假设。

如果所要进行的假设检验为单侧检验, 则在给定的显著性水平 α 下, 由标准正态分布概率表可查出上侧分位数 z_{α}。

对于右侧检验, 若 $Z \geqslant z_{\alpha}$, 则拒绝原假设; 反之, 则接受原假设。

对于左侧检验, $-z_{\alpha}$ 是检验统计量 Z 的临界值, 若 $Z \leqslant -z_{\alpha}$, 则拒绝原假设; 反之, 则接受原假设。

但在实践中, 总体方差 σ^2 往往是未知的, 为此可用其无偏估计量修正样本方差 s_{n-1}^2 代替, 由于大样本情形下样本方差 s^2 和修正样本方差 s_{n-1}^2 相差不大, 所以也可用样本方差 s^2 代替 σ^2。

例5-1 以往调查表明, 某市人均居住面积为 $8.6m^2$, 现从该市中随机抽取 500人, 调查并计算得平均居住面积为 $8.8m^2$, 标准差为 $1.5m^2$, 问在 $\alpha = 0.01$ 的显著性水平下, 能否认为该市人均居住面积有所增大?

解: 根据题意可建立原假设和备择假设如下:

$$H_0: \mu = 8.6, \qquad H_1: \mu > 8.6$$

显然此例属于大样本情形下总体均值的右侧检验, 由 $\bar{x} = 8.8$, $s = 1.5$, 可计算检验统计量 Z 的值为

$$Z = \frac{\bar{x} - \mu_0}{\sigma/\sqrt{n}} = \frac{8.8 - 8.6}{1.5/\sqrt{500}} = 2.98$$

在显著性水平 $\alpha = 0.01$ 下, 由标准正态分布概率表查得

$$z_{0.01} = 2.33$$

由于 $Z = 2.98 > 2.33 = z_{0.01}$, 所以拒绝原假设, 接受备择假设, 即认为该市人均居住面积有所增大。

2. 小样本情形下正态总体均值的 t 检验

若总体中所考察的变量服从正态分布, 则无论样本容量多大, 其样本均值服从期望为 μ、方差为 σ^2/n 的正态分布, 当总体方差 σ^2 未知时, 用其估计量修正样本方差 s_{n-1}^2 代替 σ^2, 根据抽样分布的原理, 可构造检验统计量 T, 则

$$T = \frac{\bar{x} - \mu_0}{s_{n-1}/\sqrt{n}} \sim t(n-1) \tag{5-2}$$

如果是双侧检验，在给定的显著性水平 α 下，由 t 分布表可查出其上侧分位数 $t_{\alpha/2}(n-1)$，若 $|T| \geqslant t_{\alpha/2}(n-1)$，则拒绝原假设，接受备择假设；若 $|T| < t_{\alpha/2}(n-1)$，则接受原假设。

如果是单侧检验，在给定的显著性水平 α 下，查 t 分布表可得 $t_{\alpha}(n-1)$，对于右侧检验来讲，若 $T \geqslant t_{\alpha}(n-1)$，就拒绝原假设；若 $T < t_{\alpha}(n-1)$，就接受原假设。对于左侧检验来讲，若 $T \leqslant -t_{\alpha}(n-1)$，就拒绝原假设；若 $T > -t_{\alpha}(n-1)$，就接受原假设。

例 5-2　某公司用自动装袋机将一批食用盐装袋，在正常情况下，平均每袋的重量为 500g，从某天所包装的食用盐中随机抽取了 10 袋，测得每袋的重量（单位：g）为：495，501，502，495，500，497，498，503，502，499，问在 $\alpha = 0.05$ 的显著性水平下，从所装食用盐的平均重量来看装袋机运行是否正常？

解：根据题意可建立原假设和备择假设如下：

$$H_0: \mu = 500, \qquad H_1: \mu \neq 500$$

显然此例属于小样本情形下正态总体均值的双侧检验。根据样本观测值可计算得

$$\bar{x} = \frac{\sum x}{n} = \frac{495 + 501 + \cdots + 499}{10} = 499.2$$

$$s_{n-1} = \sqrt{\frac{\sum (x - \bar{x})^2}{n-1}} = 2.9$$

由于总体方差 σ^2 未知，所以应该用 t 检验，检验统计量 T 的值为

$$T = \frac{\bar{x} - \mu_0}{s_{n-1}/\sqrt{n}} = \frac{499.2 - 500}{2.9/\sqrt{10}} = -0.87$$

对于给定的显著性水平 $\alpha = 0.05$，查 t 分布表可得

$$t_{\alpha/2}(n-1) = t_{0.025}(9) = 2.2622$$

由于 $|T| = 0.87 < 2.2622 = t_{0.025}(9)$，所以接受原假设，即从装袋机所装食用盐的平均重量来看，应该认为装袋机的运行是正常的。

5.2.2　两总体均值比较的检验

1. 独立样本均值的检验

设第一个总体均值为 μ_1，第二个总体均值为 μ_2，比较两总体均值的原假设和备择假设的一般形式为

$$H_0: \mu_1 = \mu_2, \quad H_1: \mu_1 \neq \mu_2 \text{ 或 } \mu_1 > \mu_2 \text{ 或 } \mu_1 < \mu_2$$

此假设等同于

$$H_0: \mu_1 - \mu_2 = 0, H_1: \mu_1 - \mu_2 \neq 0 \text{ 或 } \mu_1 - \mu_2 > 0 \text{ 或 } \mu_1 - \mu_2 < 0$$

设 $\bar{x}_1$ 是来自第一个总体的样本均值，$\bar{x}_2$ 是来自第二个总体的样本均值，则两总体均值之差 $\mu_1 - \mu_2$ 的估计量就是 $\bar{x}_1 - \bar{x}_2$，因而两个总体均值比较的假设检验，要用 $\bar{x}_1 - \bar{x}_2$ 来构造检验统计量，由于总体不同，样本容量不同，则两个样本均值之差 $\bar{x}_1 - \bar{x}_2$ 的概率分布就不同，所以与单一总体均值的假设检验相似，两个总体均值比较的假设检验也要区分不同情形。

（1）大样本情形下两总体均值比较的检验　如果从两个任意总体中分别抽取容量为 n_1，n_2 的随机样本，当 n_1 和 n_2 充分大时，则来自两个总体中的两个样本均值之差近似地服从期望为 $\mu_1 - \mu_2$，方差为 $\sigma_1^2/n_1 + \sigma_2^2/n_2$ 的正态分布。将两个样本均值之差 $\bar{x}_1 - \bar{x}_2$ 标准化，可得服从标准正态分布的检验统计量为

$$Z = \frac{(\bar{x}_1 - \bar{x}_2) - (\mu_1 - \mu_2)}{\sqrt{\dfrac{\sigma_1^2}{n_1} + \dfrac{\sigma_2^2}{n_2}}} \sim N(0,1) \tag{5-3}$$

显然，大样本情形下两总体均值比较的检验，仍采用 Z 检验法。在计算检验统计量 Z 的样本值时，如果两总体方差 σ_1^2 和 σ_2^2 未知，可用其样本估计量修正样本方差 $s_{n_1-1}^2$ 和 $s_{n_2-1}^2$ 代替，由于大样本情形下样本方差与修正样本方差相差无几，所以也可用样本方差 s_1^2 和 s_2^2 代替。

例 5-3　为了研究男女性别工资是否有所差异，某研究机构对某公司男女员工的平均小时工资进行了调查，独立抽取了具有同类工作经验的男女员工的两个随机样本，其中男性员工 65 人，女性员工 55 人，并计算得出男性平均工资为 82 元/小时，样本方差为 70，女性平均工资为 74 元/小时，样本方差为 45，在显著性水平为 0.05 的条件下，能否认为男性员工与女性员工的平均小时工资存在显著差异。

解：根据题意可建立原假设和备择假设如下：

$$H_0: \mu_1 = \mu_2, H_1: \mu_1 \neq \mu_2$$

由于两个样本均属于大样本，由 $n_1 = 65$，$n_2 = 55$，$\bar{x}_1 = 82$，$\bar{x}_2 = 74$，$s_1^2 = 70$，$s_2^2 = 45$，可计算检验统计量为

$$Z = \frac{82 - 74}{\sqrt{\dfrac{70}{65} + \dfrac{45}{55}}} = 5.81$$

根据给定的显著性水平可知 $Z_{\frac{\alpha}{2}} = 1.96$，由于 $Z = 5.81 > Z_{\frac{\alpha}{2}} = 1.96$，所以拒绝原假设，认为该公司男女员工平均小时工资存在显著差异。

（2）小样本情形下两总体均值比较的检验　对于小样本情形，如果所考察

的两个总体都是正态总体，且二者的总体方差虽然未知但却相等，即有 $\sigma_1^2 = \sigma_2^2 = \sigma^2$，则可用来自这两个总体的样本方差 s_1^2 和 s_2^2 来给出 σ^2 的一个估计，该估计量可记为 s^2，其算术平方根 s 的计算公式为

$$s = \sqrt{\frac{(n_1 - 1)s_{n_1-1}^2 + (n_2 - 1)s_{n_2-1}^2}{n_1 + n_2 - 2}} \tag{5-4}$$

利用此方差估计量可得到服从自由度为 $n_1 + n_2 - 2$ 的 t 分布的检验统计量为

$$T = \frac{(\bar{x}_1 - \bar{x}_2) - (\mu_1 - \mu_2)}{s\sqrt{\frac{1}{n_1} + \frac{1}{n_2}}} \sim t(n_1 + n_2 - 2) \tag{5-5}$$

根据此统计量和 t 分布，可对小样本情形下两方差相等的正态总体均值之差进行检验。

例 5-4 为了研究男女性别消费支出的差异，从某高校三年级学生中分别随机抽取男女生各 20 人，调查并计算得男生平均每月生活费支出为 880 元，标准差为 60 元；女生平均每月生活费支出为 820 元，标准差为 54 元，已知男、女生平均每月生活费支出均服从正态分布，且方差相等，给定显著性水平 $\alpha = 0.05$，能否认为男、女生平均每月生活消费支出有显著差异？

解：根据题意可建立原假设和备择假设如下：

$$H_0: \mu_1 = \mu_2, \qquad H_1: \mu_1 \neq \mu_2$$

由于两总体均服从正态分布，$n_1 = 20$，$n_2 = 20$，所以这是一个小样本情形下检验两正态总体均值是否相等的问题，可采用 t 检验法。由样本数据可得总体标准差的估计值为

$$s = \sqrt{\frac{(20 - 1) \times 60^2 + (20 - 1) \times 54^2}{20 + 20 - 2}} = 57.08$$

由 $\bar{x}_1 = 880$，$\bar{x}_2 = 820$ 可计算检验统计量 T 的值为

$$T = \frac{\bar{x}_1 - \bar{x}_2}{s\sqrt{\frac{1}{n_1} + \frac{1}{n_2}}} = \frac{880 - 820}{\sqrt{\frac{1}{20} + \frac{1}{20}} \times 57.08} = 3.32$$

对于给定的显著性水平 $\alpha = 0.05$，查 t 分布表可得 $t_{0.025}(38) = 2.0244$，由于 $|T| = 3.32 > 2.0244 = t_{0.025}(38)$，所以应拒绝原假设，即认为男女性别不同，平均每月生活消费支出也有差异。

2. 配对样本均值的检验

如果比较的样本有配对关系，就需要进行配对样本的 t 检验，例如，同一组工作人员，在进行某种技能培训前后，测量其工作效率，培训前后的测量数据构成配对样本，在检验培训是否起作用时，就需进行配对样本的 t 检验。

配对样本的 t 检验实际上是先求出每对样本值之差，对差值变量求均值，从

而检验配对样本均值之间的差异是否显著，其检验的实质是差值变量的均值与0是否有显著差异，设配对样本观测值为 (x_1, x_2)，其差值为 $d = x_1 - x_2$，差值变量的均值为 $\bar{d}$，即检验的假设为

$$H_0 : \bar{d} = 0, \qquad H_1 : \bar{d} \neq 0$$

若差值变量的标准差为 s_d，其计算公式为

$$s_d = \sqrt{\frac{\sum d^2 - (\sum d)^2 / n}{n - 1}} \qquad (5\text{-}6)$$

配对样本 t 检验的 T 统计量计算公式为

$$T = \frac{\bar{d}}{s_d / \sqrt{n}} \sim t(n - 1) \qquad (5\text{-}7)$$

检验规则与独立样本的检验规则相同，这里不再赘述。

例 5-5 某企业为研究广告对销量的影响，选取了 12 个地区，分别收集了广告发布前后的周销量（单位：件）见表 5-1。问广告的发布对销量是否有显著影响（$\alpha = 0.05$）？

解：根据题意可计算原假设和备择假设：

$$H_0 : \bar{d} = 0, \qquad H_1 : \bar{d} \neq 0$$

表 5-1　配对样本调查表

地 区 编 号	广告前销量（件）	广告后销量（件）	差值 d
1	55	60	5
2	55	58	3
3	47	48	1
4	38	42	4
5	30	32	2
6	68	65	−3
7	16	20	4
8	50	53	3
9	23	28	5
10	36	34	−2
11	25	27	2
12	23	22	−1

根据表 5-1 可计算得

$$\bar{d} = 1.916\,7, s_d = \sqrt{\frac{\sum d^2 - (\sum d)^2 / n}{n - 1}} = 2.678\,5$$

检验统计量为

$$T = \frac{\overline{d}}{s_d/\sqrt{n}} = 2.478\ 8$$

在显著性水平 $\alpha = 0.05$ 下，查表得

$$t_{\alpha/2}(n-1) = t_{0.025}(11) = 2.201\ 0$$

计算结果表明：$|T| > t_{\alpha/2}$，拒绝原假设，认为广告前后销售量有明显的差异。

5.3　列联表分析及独立性检验

在实际分析问题中，我们常常会遇到对两个分类变量之间是否存在关联进行讨论，例如，购买意愿与地区之间是否相关联？购买意愿与消费者的文化水平和职业类型是否相关联？对于这类问题的研究可应用列联表分析将两变量联系起来，表 5-2 是一个 $r \times c$ 的列联表，其中一个是行变量，有 r 种状态或表现形式；一个是列变量，有 c 种状态或表现形式。

表 5-2　$r \times c$ 列联表

A	B				合　计
	B_1	B_2	$\cdots$	B_c	
A_1	n_{11}	n_{12}	$\cdots$	n_{1c}	$n_{1.}$
A_2	n_{21}	n_{22}	$\cdots$	n_{2c}	$n_{2.}$
$\vdots$	$\vdots$	$\vdots$		$\vdots$	$\vdots$
A_r	n_{r1}	n_{r2}	$\cdots$	n_{rc}	$n_{r.}$
合计	$n_{.1}$	$n_{.2}$	$\cdots$	$n_{.c}$	n

表中，n_{ij} 是 A_i 与 B_j 组合下实际的频数。利用列联表对两个变量的关联性进行的检验，其基本思想与前面所介绍的假设检验的基本思想一致，首先需要建立假设，如上表中需要对 A，B 两变量间的关联性进行检验，应建立如下假设：

$$H_0：A 与 B 独立，\qquad H_1：A 与 B 相关$$

在原假设成立的条件下建立检验统计量，如果 H_0 为真，可以对 A_i 与 B_j 组合出现的次数 f_{ij} 作如下预期：

$$\frac{f_{i1}}{n_{.1}} = \frac{f_{i2}}{n_{.2}} = \cdots = \frac{f_{ic}}{n_{.c}} = \frac{n_{i.}}{n} \quad (i = 1, 2, \cdots, r)$$

即当 A 和 B 独立时，各行所占的比不随 B 变化而变化。同样，各列所占的比也不随 A 的变化而变化。因此有

$$f_{ij} = \frac{n_i. \times n_{.j}}{n} \quad (i = 1, 2, \cdots, r; j = 1, 2, \cdots, c)$$

当 H_0 为真时，实际次数与预期次数分布应该充分靠近。因此，可建立如下 χ^2 检验统计量：

$$\chi^2 = \sum_{i,j} \frac{(n_{ij} - f_{ij})^2}{f_{ij}} \sim \chi^2[(r-1)(c-1)] \tag{5-8}$$

当根据样本数据计算得出 χ^2 值，在显著性水平 α 下，如果 $\chi^2 > \chi_\alpha{}^2$，则拒绝原假设，认为 A 和 B 相关。

例 5-6 某公司适销一种新研制的产品。随机调查了 424 个不同年龄层次的目标客户。其购买意愿的统计结果见表 5-3。问购买意愿与客户的年龄独立否？（$\alpha = 0.05$）

表 5-3　不同年龄购买意愿的统计表　　　　　　　　　（单位：人）

购买意愿	19 岁以下	19～29 岁	30～39 岁	40 岁以上	合　　计
愿意购买	68	75	57	79	279
不愿意购买	32	48	33	32	145
合计	100	123	90	111	424

解：首先根据题意可建立如下假设：

H_0：购买意愿与年龄不相关，H_1：购买意愿与年龄相关

根据公式 $f_{ij} = \frac{n_i. \times n_{.j}}{n}$　（$i = 1, 2, \cdots, r; j = 1, 2, \cdots, c$）可计算得在原假设成立的条件下的期望分布见表 5-4。

表 5-4　预期次数列联表

购买意愿	19 岁以下	19～29 岁	30～39 岁	40 岁以上	合计
愿意购买	65.80	80.94	59.22	73.04	279
不愿意购买	34.20	42.06	30.78	37.96	145
合计	100	123	90	111	424

由此可计算得

$$\chi^2 = \sum_{i,j} \frac{(n_{ij} - f_{ij})^2}{f_{ij}} = 3.154$$

当显著性水平为 $\alpha = 0.05$ 时，$\chi^2 < \chi_{0.05}{}^2(3) = 7.815$，检验结果表明购买意愿与消费者的年龄没有关系。

5.4　利用 P 值进行决策

　　假设检验的结论是在给定的显著性水平 α 下，根据检验统计量与显著性水平所决定的临界值比较做出的。例 5-1 中，在大样本条件下，根据样本资料计算出来的样本统计量 $Z = 2.98$，根据显著性水平 $\alpha = 0.01$，查表可得临界值为 $Z_{0.01} = 2.33$，$Z > Z_{0.01}$ 拒绝 H_0，从决策的角度看，只要计算出来的样本统计量大于 2.33，均为小概率事件，可拒绝原假设。

　　换一个角度来看，由于显著性水平 α 是统计量大于临界值 2.33 的概率，即 $P(Z > Z_{0.01} = 2.33) = 0.01$，我们将样本统计量 $Z = 2.98$ 也转化为分布图上的概率，即计算 $P(Z > 2.98) = 0.001\,4$，该概率即为 P 值，计算出来的概率即 P 值小于临界值所对应的显著性水平 α，说明样本统计量落在了临界值的右边，如图 5-3 所示。出现了小概率事件，可做出拒绝原假设的决策。

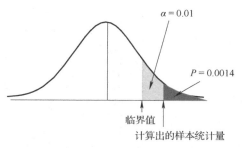

图 5-3　右侧检验的 P 值

　　可见所谓 P 值实际上就是检验统计量超过（大于或小于）具体样本观测值的概率。如果 P 小于给定的显著性水平 α，则拒绝原假设，如果 P 大于给定的显著性水平 α，则没有充分理由拒绝原假设。

　　在统计软件的应用中，计算机会给出 P 值，使用者可直接根据 P 值的大小与显著性水平 α 比较，不论使用的统计量服从何种分布，只要 $P < \alpha$ 则可拒绝原假设。

5.5　应用案例及软件操作

5.5.1　参数检验应用案例及 SPSS 操作程序

　　例 5-7　某汽车销售商设计了 2 种不同的促销方案，分别在 10 个城市做了测试实验，表 5-5 记录了 2 种促销方案实施后一个月的销售量。根据这些数据，能否判断 2 种促销方案的促销效果有明显的差异？（$\alpha = 0.05$）

表 5-5　2 种促销方案实施后一个月的销售量

编　号	1	2	3	4	5	6	7	8	9	10
方案 1	28	23	25	30	27	24	31	46	38	29
方案 2	30	27	26	35	33	35	32	54	51	43

1. 软件求解过程

（1）录入数据，如图5-4所示，将两组不同的样本用0和1区分，将该数据命名为【独立样本数据】。

独立样本数据.sav [数据集1] - SPSS Statistics 数据编辑器

	效果	组别
1	28	0
2	23	0
3	25	0
4	30	0
5	27	0
6	24	0
7	31	0
8	46	0
9	38	0
10	29	0
11	30	1
12	27	1
13	26	1
14	35	1
15	33	1
16	35	1
17	32	1
18	54	1
19	51	1
20	43	1

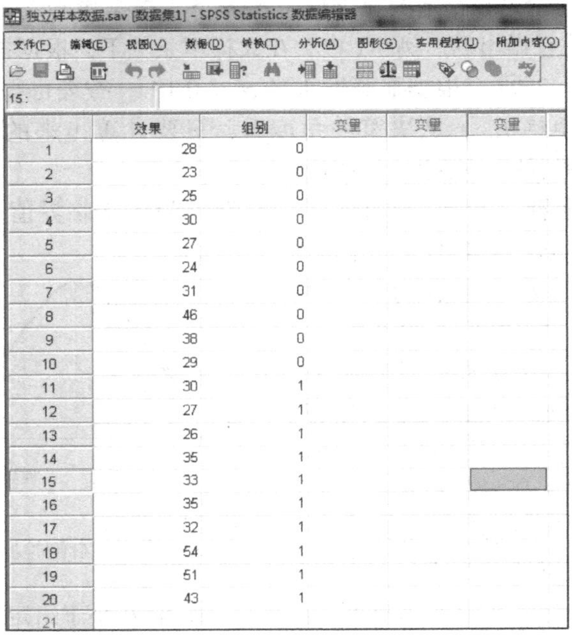

图5-4　独立样本数据

（2）打开【独立样本数据】文件。操作步骤如图5-5所示，【分析】→【比较均值】→【独立样本 T 检验】（说明：t 检验在程序及相关图中用 T 检验代替），弹出图5-6所示的对话框。

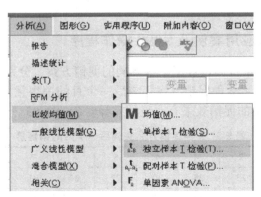

图5-5　独立样本 T 检验操作步骤

图 5-6 独立样本 T 检验及定义组对话框

在图 5-6 中，将【效果】导入到检验变量区域，再单击【定义组】标签，组 1 输入值为 0，组 2 输入值为 1，单击【继续】后再单击【确定】，结果见表 5-6。

表 5-6 分组描述统计量表

组 统 计 量					
	组 别	N	均 值	样本的标准差	均值的标准误差
效果	0	10	30.10	7.031	2.223
	1	10	36.60	9.652	3.052

2. 结果分析

表 5-6 给出了数据的分组描述统计量，包括样本数 N、均值、样本的标准差、均值的标准误差。在本例中两组样本均值分别为 30.10 和 36.60。

表 5-7 是该样本的 T 检验表，包括样本方差相等和样本方差不相等两种情况下的 T 检验结果。对于这两种情况到底应该选择哪一个取决于表中的方差方程的 Levene 检验。对于是否齐次，这里是 F 检验，本例中由于显著性水平 Sig 值为 0.246 > 0.05，所以认为两个样本的方差是相等的。

表 5-7 独立样本 T 检验

	方差方程的 Levene 检验		均值方程的 T 检验					95% 置信区间	
	F	Sig.	T	df	Sig.（双侧）	均值差值	标准误差值	下限	上限
假设方差相等	1.440	0.246	−1.721	18	0.102	−6.500	3.776	−14.433	1.433
假设方差不相等	—	—	−1.721	16.453	0.104	−6.500	3.776	−14.487	1.487

假设方差不相等的情况下，此时的 T 检验显著性水平 Sig 值为 $0.104 > 0.05$，所以接受原假设，即认为两样本的均值相等，即不能认为2种促销方案的销售量有明显差异。

5.5.2 频数分布分析及独立性检验应用案例及程序操作

这里以例5-6为例说明利用 SPSS 软件进行列联表分析，将表5-3的数据录入，如图5-7所示，c 代表4种年龄层次，分别用1，2，3，4表示，r 代表购买意愿，分别用1和2来表示。

	r	c	f	变量	变量	变量
1	1	1	68			
2	1	2	75			
3	1	3	57			
4	1	4	79			
5	2	1	32			
6	2	2	48			
7	2	3	33			
8	2	4	32			

图 5-7 列联表分析

由于表5-3是汇总数据，在进行列联表分析时，需进行个案加权。

第一步，依次选择【数据】（Data）→【加权个案】（Weight Cases），进入加权个案对话框把频数 f 放入 Frequency 栏中单击【确定】按钮，如图5-8所示。

第二步，按【分析】（Analyze）→【描述统计】（Descriptive）→【交叉表】（Crosstabs）的顺序展开图5-9

图 5-8 加权个案对话框

所示的对话框，将购买意愿放入行变量框中，将年龄变量放入列变量框中。

第三步，单击【统计】（Statistics）按钮，展开 Statistics 对话框，选中【Chi-square】。

第四步，回到主对话框，单击【OK】。

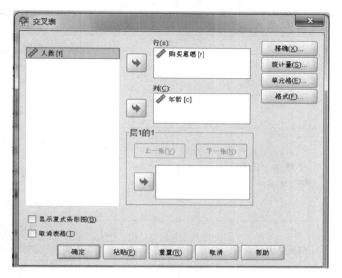

图 5-9　交叉表对话框

输出结果见表 5-8，$\chi^2 = 3.154$，软件输出结果可直接从最后一列的 Sig 所表示的 P 值结果判断，这里 $P = 0.369$，大于检验的显著性水平 0.05，因此接受原假设，认为购买意愿与消费者的年龄无关。

表 5-8　Chi-Square Tests

	Value	df	Asymp. Sig.（2-sided）
Pearson Chi-Square	3.154[①]	3	0.369
Likelihood Ratio	3.168	3	0.366
Linear-by-Linear Association	0.472	1	0.492
N of Valid Cases	424		

① 0 cells（.0%）have expected count less than 5. The minimum expected count is 30.78.

本章小结

1. 假设检验的基本思想是小概率原理。小概率原理是指小概率事件在一次试验中几乎不可能发生。

2. 假设检验的具体内容可归纳于表 5-9。

表5-9 假设检验的具体内容

类 型	已知条件	检验统计量	拒 绝 域
单一总体均值的检验	大样本；小样本，正态总体，σ 已知	$Z = \dfrac{\bar{x} - \mu_0}{\sigma / \sqrt{n}}$	双侧：$\lvert Z \rvert \geqslant z_{\alpha/2}$ 左侧：$Z \leqslant -z_\alpha$ 右侧：$Z \geqslant z_\alpha$
	小样本，正态总体，σ 未知	$T = \dfrac{\bar{x} - \mu_0}{s_{n-1} / \sqrt{n}}$	双侧：$\lvert T \rvert \geqslant t_{\alpha/2}(n-1)$ 左侧：$T \leqslant -t_\alpha(n-1)$ 右侧：$T \geqslant t_\alpha(n-1)$
两总体均值比较的检验	两独立大样本	$Z = \dfrac{(\bar{x}_1 - \bar{x}_2) - (\mu_1 - \mu_2)}{\sqrt{\dfrac{\sigma_1^2}{n_1} + \dfrac{\sigma_2^2}{n_2}}}$	双侧：$\lvert Z \rvert \geqslant z_{\alpha/2}$ 左侧：$Z \leqslant -z_\alpha$ 右侧：$Z \geqslant z_\alpha$
	独立，小样本，方差相等却未知	$T = \dfrac{(\bar{x}_1 - \bar{x}_2) - (\mu_1 - \mu_2)}{s\sqrt{\dfrac{1}{n_1} + \dfrac{1}{n_2}}}$	双侧：$\lvert T \rvert \geqslant t_{\alpha/2}(n_1 + n_2 - 2)$ 左侧：$T \leqslant -t_\alpha(n_1 + n_2 - 2)$ 右侧：$T \geqslant t_\alpha(n_1 + n_2 - 2)$
	配对样本	$T = \dfrac{\bar{d}}{s_d / \sqrt{n}}$	双侧：$\lvert T \rvert \geqslant t_{\alpha/2}(n-1)$ 左侧：$T \leqslant -t_\alpha(n-1)$ 右侧：$T \geqslant t_\alpha(n-1)$
独立性检验		$\chi^2 = \sum\limits_{i,j} \dfrac{(n_{ij} - f_{ij})^2}{f_{ij}}$	$\chi^2 > \chi_\alpha^2$

思考与练习

1. 简述假设检验的基本思想和程序。

2. 试问均值比较的 t 检验分几种类型？

3. 选择题

（1）单个正态总体均值的检验，若总体方差已知，（   ）。

A. 设计的检验统计量服从 F 分布

B. 设计的检验统计量服从卡方分布

C. 设计的检验统计量服从标准正态分布

D. 设计的检验统计量服从 t 分布

（2）列联分析是利用列联表来研究（　　　）。

A. 两个分类变量的关系

B. 两个数值型变量的关系

C. 一个分类变量和一个数值型变量的关系

D. 两个数值型变量的分布

（3）设 R 为列联表的行数，C 为列联表的列数，则列联表的自由度为（　　　）。

A. R　　　　B. C　　　　C. $R \times C$　　　　D. $(R-1) \times (C-1)$

4. 据以往的调查，某产品的消费者 50% 是中学生，为了了解这一比例现在是否发生了变化，该企业从众多的消费者中随机抽取了 400 名进行调查，结果有 210 名消费者为中学生，在 $\alpha = 0.05$ 显著性水平下检验"50% 的消费者是中学生"这一假设。

5. 为评价两个培训中心 A 和 B 的教学质量，在两个培训中心分别随机抽取了 20 名学员进行标准化考试，考试成绩见表 5-10，试借助于统计软件分析两个培训中心教学质量是否有所差异？

表 5-10　两个培训中心的教学质量

培训中心	考试成绩（分）	培训中心	考试成绩（分）	培训中心	考试成绩（分）	培训中心	考试成绩（分）
A	97	A	83	B	64	B	78
A	90	A	84	B	85	B	99
A	94	A	76	B	72	B	57
A	79	A	82	B	64	B	87
A	78	A	85	B	74	B	93
A	87	A	85	B	93	B	89
A	83	A	91	B	70	B	79
A	89	A	72	B	79	B	84
A	76	A	86	B	79	B	65
A	84	A	70	B	75	B	78

6. 从两种工艺条件下生产的产品中各抽取 100 个样本，试验观测产品的强力数据，经计算得：甲工艺：$\bar{x}_1 = 280$，$s_1 = 28$，乙工艺：$\bar{x}_2 = 286$，$s_2 = 28.5$，试问两种工艺条件下生产产品的强力有无显著差异？（$\alpha = 0.05$）

7. 甲、乙两台机器加工同样的产品，从它们生产的产品中分别随机抽取 8 件和 6 件，测得产品直径（单位：mm）数据为：$\bar{x}_1 = 20.1$，$\bar{x}_2 = 19.8$，$s_1^2 = 0.17$，$s_2^2 = 0.14$。假定两总体都服从正态分布，且方差相等。试问甲、乙两台机

器加工的产品平均直径有无显著差异？（$\alpha = 0.05$）

8. 某企业生产三种不同口味的点心，为了分析不同性别的消费者的口味偏好，随机抽取了110名消费者进行调查，在品尝三种不同口味的点心后陈述其偏好，结果见表5-11。

表5-11　不同性别的消费者的不同偏好　　　　　（单位：人）

		偏　好			
		水 果 味	巧 克 力 味	肉 味	合 计
性别	男	15	15	35	65
	女	25	15	5	45
合 计		40	30	40	110

在显著性水平 $\alpha = 0.05$ 下，检验性别对口味的偏好是否有显著差异？

9. 某切割机在正常工作时，切割每段金属棒的平均长度为 10.5cm，标准差为 0.15cm，今从一批产品中随机抽取 15 段进行测量，其结果如下：

10.4　10.6　10.1　10.4　10.5　10.3　10.3　10.2　10.9　10.6　10.8
10.5　10.7　10.2　10.7

假定切割长度 x 服从正态分布，且标准差没有变化，试问该机器工作是否正常。（$\alpha = 0.1$）

第6章

方 差 分 析

导入案例

20世纪20年代，英国统计学家费歇尔（R. A. Fisher）最早提出方差分析，并将其应用于生物和农业田间试验，以后该方法在许多学科中得到了广泛应用。随着企业重心两极化趋势的发展，该方法越来越多地应用于企业经营管理效果的检验，例如，市场上销售的饮料颜色有多种：红色、绿色、黄色、无色透明等，消费者对饮料的颜色是否敏感，饮料的颜色对销量是否有影响？再如，不同地区的消费者对饮料的偏爱程度是否相同？某地区的消费者是否偏爱某种颜色的饮料？要回答这些问题，就需要应用到方差分析法。

学习目标

- 了解多个均值是否相等的检验问题
- 掌握多因素方差分析的基本原理与步骤
- 掌握有交互作用的多因素方差分析方法
- 学会使用 SPSS 软件进行方差分析

6.1 方差分析的基本问题

假设检验主要是检验两总体的均值是否有显著差异。在实际中还会遇到多个总体均值的检验问题，方差分析（Analysis Of Variance，ANOVA）是解决多个均值是否相等的检验问题，这种方法的一个明显的优点是进行分析时将所有样本结合在一起，既增加了样本的稳定性，又减少了分析步骤，例如，有10个样本，每个样本包括10个观察单位，如果应用前面介绍的 t 检验法进行两两检验，每次只能用2个样本，共20个观察值，而用方差分析则可以把所有单位结合在一起进行分析，样本容量扩大到100个。

6.1.1 方差分析的基本内容

　　方差分析是对多个均值是否相等进行的检验，会涉及一些新的术语和概念，下面通过一个例子具体说明方差分析研究的内容和涉及的基本概念。

　　例 6-1 为了研究三种不同促销方法对促进销售的作用是否有显著差异，从某市随机选择了 5 个超市进行试验，促销活动结束后收集的销量资料见表 6-1。

表 6-1　某产品不同促销策略下的销售情况

超　　市	促销方法 1	促销方法 2	促销方法 3
1	81	75	59
2	75	75	64
3	83	72	62
4	76	74	69
5	71	69	75

　　问不同的促销方法对销量是否存在显著差异？

　　以上问题是三个均值是否相等的检验问题，即检验不同促销方法对销售是否有影响，设 μ_1，μ_2，μ_3 分别代表三种促销方式的平均销量，可做如下假设：

　　H_0：$\mu_1 = \mu_2 = \mu_3$，H_1：μ_1，μ_2，μ_3 不全相等

　　如果接受了原假设意味着三种促销方法没有显著差异；反之，如果接受备择假设，则认为促销方式对销售量有影响。

　　习惯上，我们把试验的结果称为试验指标，试验中需要考察的、可控的研究对象称为因素或因子。促销方式这个因素是可能对产品销售量产生影响的因子，方差分析的目的就是要分析因子对试验的结果有无显著差异。因素的不同状态或等级称为水平。如果因子 A 有 r 个不同的状态，就称因子 A 有 r 个不同的水平。在本例中促销方式就是一个因素，该因素有三种不同的状态，即三种不同的促销方式，因此有三个不同的水平。如果方差分析只针对一个因素进行，称为单因素方差分析。如果同时针对多个因素进行，称为多因素方差分析。在多因素方差分析中，双因素方差分析是最常见的。

6.1.2 方差分析的基本原理

　　方差分析关心的主要问题是检验因素的显著性，即检验各均值是否相等。若各观测值用 X_{ij} 表示，X_{ij} 之间存在差异的原因有两方面：① 假设 H_0 成立，各个 X_{ij}

的波动完全由随机误差引起。例如，同一促销方式不同超市的销量不同。② 当假设 H_0 不成立时，各个 X_{ij} 之间的波动除了随机因素的影响外，主要是由于因素中不同水平造成的，例如，不同促销方式带来的销量不同。这种差异叫作系统差异。方差分析利用总离差平方和分解的方法，将引起观察变量波动的两个原因区分开来。总离差平方和可分解为组间方差与组内方差。组间方差即水平间的方差，该方差既有由于水平均值不同而引起的系统性误差，又有随机误差存在。例如，上例中不同促销方法对应的销售量不同，这种差异可能是由于促销方法不同引起的，也可能是随机因素引起的。组内方差即水平内部的方差，该方差是完全由随机因素引起的随机误差。例如，同一促销方法不同采样点的销售额的差异。如果 H_0 成立，水平间的方差就只包含随机误差，没有由于均值的不同而导致的系统性差异，此时，组间方差与组内方差均是随机误差，它们的取值就应该接近，比值应该接近于 1；相反，若 H_0 不成立，水平间的方差既包含随机误差，又有系统性误差，组间方差大于组内方差，二者的比值也显著的大于 1，当大到超过某一临界值时，就可认为水平均值之间存在差异。

根据方差分析的原理可以构造如下 F 统计量：

$$F = \frac{组间方差}{组内方差}$$

F 越大，说明组间方差是主要来源，因子影响是显著的；F 越小，说明因子影响不显著。

6.2　单因素方差分析

设因素 A 有 r 个水平，假设不同水平下的试验观察值均服从方差相同的正态分布。用 X_{ij} 表示第 i 种水平下的第 j 个观察值。见表 6-2。

表 6-2　单因素方差分析数据结构表

水　平	样　本				样本均值
	1	2	$\cdots$	k	
A_1	X_{11}	X_{12}	$\cdots$	X_{1k}	$\overline{X}_1$
A_2	X_{21}	X_{22}	$\cdots$	X_{2k}	$\overline{X}_2$
$\vdots$	$\vdots$	$\vdots$		$\vdots$	$\vdots$
A_r	X_{r1}	X_{r2}	$\cdots$	X_{rk}	$\overline{X}_r$

我们用 $\overline{X}_i$ 表示第 i 种水平的样本均值，k_i 表示第 i 种水平的观察值个数，$\overline{X}$ 表示总均值，则有

$$\overline{X}_i = \frac{1}{k_i} \sum X_{ij} \tag{6-1}$$

$$\overline{X} = \frac{1}{n} \sum \sum X_{ij} \tag{6-2}$$

式中，$n = \sum k_i$。

总离差平方和，是全部试验的每一观察值 X_{ij} 对其总平均数 $\overline{X}$ 的离差平方的总和，不妨用 SST（Sum of Spuares for Total）代表，则

$$SST = \sum \sum (X_{ij} - \overline{X})^2 \tag{6-3}$$

分解 SST 如下：

$$
\begin{aligned}
\sum \sum (X_{ij} - \overline{X})^2 &= \sum \sum [(X_{ij} - \overline{X}_i) + (\overline{X}_i - \overline{X})]^2 \\
&= \sum \sum (X_{ij} - \overline{X}_i)^2 + \sum \sum (\overline{X}_i - \overline{X})^2 + 2 \sum \sum (X_{ij} - \overline{X}_i)(\overline{X}_i - \overline{X})
\end{aligned}
$$

在各组样本同为正态分布、等方差条件下，上述等式右边最后一项为 0，故有

$$\sum \sum (X_{ij} - \overline{X})^2 = \sum \sum (X_{ij} - \overline{X}_i)^2 + \sum \sum (\overline{X}_i - \overline{X})^2$$

上式右端第一项，为各行观察值对该行平均数（组平均数）的离差平方和，反映的是水平内部，或组内观察值的离散状况，称其为组内平方和或组内方差，反映了由于随机误差的作用而在数据 X_{ij} 中引起的波动。用 SSE（Sum of Squares for Error）表示，即有

$$SSE = \sum \sum (X_{ij} - \overline{X}_i)^2 \tag{6-4}$$

而上式右端第二项，为组平均数对总平均数的离差平方和，反映的是组间差异，其中既包括随机因素，也包括系统因素，称其为组间平方和或水平项离差平方和，可以用 SSA（Sum of Squares For Factor A）表示，即有

$$SSA = \sum \sum (\overline{X}_i - \overline{X})^2 = \sum k_i (\overline{X}_i - \overline{X})^2 \tag{6-5}$$

因此三种离差平方和的相互联系可写成为

$$SST = SSE + SSA \tag{6-6}$$

SSE 除以其自由度 $n-r$，即得所谓的组内方差 MSE，SSA 除以自由度 $r-1$，即得所谓的组间方差 MSA，即有

$$MSE = \frac{SSE}{n-r}, MSA = \frac{SSA}{r-1} \tag{6-7}$$

根据 F 分布的定义我们可构造检验统计量

$$F = \frac{SSA/(r-1)}{SSE/(n-r)} = \frac{MSA}{MSE} \sim F(r-1, n-r) \tag{6-8}$$

根据方差分析的原理，当 H_0 不成立时，F 统计量有大于 1 的趋势，因此当 H_0 成立时，小概率事件取在 F 大的一侧，于是在显著性水平 α 条件下，假设检验 $H_0: \mu_1 = \mu_2 = \cdots = \mu_r$ 的检验规则为

若 $F \geqslant F_\alpha (r-1, n-r)$，则拒绝 H_0；

若 $F < F_\alpha (r-1, n-r)$，则接受 H_0。

当由观察值计算所得的 F 落入拒绝域时，便可否定 H_0，说明所考察的因素对观察值的影响是显著的；否则，就认为此因素的影响不显著。

为了将方差分析的主要过程表现得更清楚，通常把有关分析过程列成方差分析表，见表 6-3。

表 6-3 方差分析表

方差来源	离差平方和	自由度 df	平均平方 MS	F 值
组 间	$SSA = \sum k_i (\overline{X}_i - \overline{X})^2$	$r-1$	$MSA = \dfrac{SSA}{r-1}$	$\dfrac{MSA}{MSE}$
组 内	$SSE = \sum \sum (X_{ij} - \overline{X}_i)^2$	$n-r$	$MSE = \dfrac{SSE}{n-r}$	
总差异	$SST = \sum \sum (X_{ij} - \overline{X})^2$	$n-1$	—	

在单因素方差分析中，应注意以下情况：

（1）进行单因素方差分析时，各个水平下的样本容量可以相同，也可以不同，前者称为单因素等重复试验的方差分析，后者称为单因素不等重复试验的方差分析，它们的分析程序和方法基本相同，仅离差平方和的计算略有不同。实际上，单因素相等重复试验的方差分析是单因素不等重复试验方差分析的特殊情况。

（2）方差分析是对若干平均值是否相等同时进行检验。但如果检验结果是拒绝原假设，接受备择假设，这仅表明进行检验的这几个均值不全相等，至于是哪一个或哪几个均值与其他均值不等，方差分析不能回答。对此问题的进一步分析，可采用多重比较方法。

（3）方差分析的结论也可通过 P 值检验法得出。在方差分析软件中，一般都给出了检验的 P 值，以供判断。

（4）一般地，方差分析的程序和计算都比较复杂。若采用统计软件如 Excel 等进行方差分析，则会非常的简便。

例 6-2 对五种不同操作方案生产某种产品作节约原材料试验，在其他条件相同的情况下，4 批试样测得的原材料节约额见表 6-4。问：操作方法对原材料节约额的影响差异是否显著？（$\alpha = 0.05$）

表 6-4

操作方法	I	II	III	IV	V
1	4.3	6.1	6.5	9.3	9.5
2	7.8	7.3	8.3	8.7	8.8
3	3.2	4.2	8.6	7.2	11.4
4	6.5	4.1	8.2	10.1	7.8

解：设 μ_1，μ_2，μ_3，μ_4，μ_5 分别代表五种不同操作方法下原材料节约额的平均值，可设定假设为

H_0：$\mu_1 = \mu_2 = \mu_3 = \mu_4 = \mu_5$，$H_1$：$\mu_1$，$\mu_2$，$\mu_3$，$\mu_4$，$\mu_5$ 不全相等

计算过程如下：

$$\overline{X} = \frac{1}{n} \sum \sum X_{ij} = 7.395$$

$$\text{SST} = \sum \sum (X_{ij} - \overline{X})^2 = 89.9095$$

$$\text{SSE} = \sum \sum (X_{ij} - \overline{X}_i)^2 = 34.3725$$

$$\text{SSA} = \sum k_i (\overline{X}_i - \overline{X})^2 = 55.537$$

$$F = \frac{\text{SSA}/(r-1)}{\text{SSE}/(n-r)} = \frac{55.537/4}{34.3725/15} = 6.059$$

给定显著性水平 $\alpha = 0.05$，查 F 分布表得

$$F_\alpha(r-1, n-r) = F_{0.05}(4, 15) = 3.06$$

$$\text{由于 } F = 6.059 > F_{0.05}(4, 15) = 3.06$$

因此认为操作方法对原材料节约额有影响。

上述计算结果可整理成表 6-5 所示的方差分析表。

表 6-5 方差分析表

方差来源	离差平方和	自由度	平均平方	F 值	显著性
组间	SSA = 55.537	4	13.88425	6.059	影响显著
组内	SSE = 34.3725	15	2.2915		
总和	SST = 89.9095	19	—	—	—

6.3 双因素方差分析

在实际生活中，影响试验结果的因素往往有多个，我们很难把影响事物的众多因素一个个单独分离出来考察，因此经常需要同时考察几个因素的影响效应，

若同时考察的因素有多个，就称为多因素分析。在多因素方差分析中，双因素方差分析是最常见的，本节主要讨论双因素方差分析，其程序和方法可推广到多因素试验情形而没有任何原则性困难，但随着因素个数的增加，其复杂程度将明显增加。

双因素方差分析的主要内容是，要对影响因素进行检验，说明是其中一个因素在起作用，还是两个因素都起作用，或是两个因素的影响都不显著，以及两个因素不同水平的搭配对试验结果有无综合性影响。根据两个因素不同水平的搭配对试验结果有无综合性影响，双因素方差分析分为两种类型：一种是无交互作用的双因素方差分析，它假定因素 A 和因素 B 的效应之间是相互独立的，不存在相互关系；另一种是有交互作用的双因素方差分析，它假定因素 A 和因素 B 的效应不独立，有关联，二者的结合会产生出某种新的效应。例如，有些化学反应，不同温度与不同催化剂的搭配，会产生不同的效应。

在双因素方差分析中，对各因子水平的每一个搭配可以只观察一次，也可以重复多次。若无交互作用，则各因素不同水平的搭配只试验一次；如果有交互作用，则各因素不同水平的搭配需试验多次。

6.3.1 无交互作用的双因素方差分析

设试验中有两个影响因素 A 和 B，其中 A 有 r 个水平 A_1，A_2，$\cdots$，A_r，B 有 k 个水平 B_1，B_2，$\cdots$，B_k，$X_{ij}(i=1,2,\cdots,k;j=1,2,\cdots r)$ 表示由因素 B 的 k 个水平和因素 A 的 r 个水平所组合成的 $k \times r$ 个总体中抽取样本容量为 1 的独立随机样本。数据结构见表6-6。

表6-6 双因素方差分析数据结构表

		因素 A				$\overline{X}_{i\cdot}$
		A_1	A_2	$\cdots$	A_r	
因素 B	B_1	X_{11}	X_{12}	$\cdots$	X_{1r}	$\overline{X}_1\cdot$
	B_2	X_{21}	X_{22}	$\cdots$	X_{2r}	$\overline{X}_2\cdot$
	$\vdots$	$\vdots$	$\vdots$		$\vdots$	$\vdots$
	B_k	X_{k1}	X_{k2}	$\cdots$	X_{kr}	$\overline{X}_k\cdot$
$\overline{X}_{\cdot j}$		$\overline{X}_{\cdot 1}$	$\overline{X}_{\cdot 2}$	$\cdots$	$\overline{X}_{\cdot r}$	$\overline{X}$

表中，$\overline{X}_{\cdot j}$ 代表因素 A 第 j 种水平的样本平均数；$\overline{X}_{i\cdot}$ 代表因素 B 第 i 种水平的样本平均；$\overline{X}$ 为样本总平均数，样本容量为 $n = k \times r$。

1. 对总离差平方和进行分解

与单因素方差分析类似，进行双因素方差分析，需要将总离差平方和 SST 进行分解。区别在于，这里需要将总离差平方和分解为三个组成部分，即 SSA，

SSB 和 SSE，以分别反映因素 A 的组间差异、因素 B 的组间差异和随机误差项的离散状况。SST 的自由度为 $k \times r - 1 = n - 1$，SSA 的自由度为 $r - 1$，SSB 的自由度为 $k - 1$，SSE 的自由度为

$$(n-1) - (r-1) - (k-1) = n - r - k + 1 = (r-1)(k-1)$$

$$\text{则 } SST = SSA + SSB + SSE \tag{6-9}$$

其中

$$SST = \sum \sum (X_{ij} - \overline{X})^2 \tag{6-10}$$

$$SSA = \sum \sum (\overline{X}._j - \overline{X})^2 = k \sum (\overline{X}._j - \overline{X})^2 \tag{6-11}$$

$$SSB = \sum \sum (\overline{X}_{i\cdot} - \overline{X})^2 = r \sum (\overline{X}_{i\cdot} - \overline{X})^2 \tag{6-12}$$

$$SSE = \sum \sum (X_{ij} - \overline{X}._j - \overline{X}_{i\cdot} + \overline{X})^2 \tag{6-13}$$

2. 由离差平方和与自由度计算出它们各自的平均平方

$$MSA = \frac{SSA}{r-1} \tag{6-14}$$

$$MSB = \frac{SSB}{k-1} \tag{6-15}$$

$$MSE = \frac{SSE}{n-r-k+1} \tag{6-16}$$

3. 计算因素 A 和 B 的 F 统计量的值并列出方差分析

方差分析表如表 6-7，其中

$$F_A = \frac{MSA}{MSE} \tag{6-17}$$

$$F_B = \frac{MSB}{MSE} \tag{6-18}$$

表 6-7　双因素方差分析表

误差来源	离差平方和	自　由　度	平　均　平　方	F 值
因素 A	SSA	$r-1$	MSA	F_A
因素 B	SSB	$k-1$	MSB	F_B
误差	SSE	$(r-1)(k-1)$	MSE	—
总计	SST	$n-1$	—	—

4. 做出统计推断

对于 A 因素：

$$H_0 : \mu_1 = \mu_2 = \cdots = \mu_r$$

若 $F_A > F_\alpha(r-1, (r-1)(k-1))$，则拒绝原假设，认为因素 A 有显著影响。

对于 B 因素：

$$H_0 : \mu_1 = \mu_2 = \cdots = \mu_k$$

若 $F_B > F_\alpha(k-1, (r-1)(k-1))$，则拒绝原假设，认为因素 B 有显著影响。

例 6-3 某次试验将土质基本相同的一块耕地均等分为 5 个地块，每个地块又均等分成 4 小块，将 4 个品种的小麦随机分种在每一地块内的 4 小块上，每一小块地种同样多种子的任一种小麦，今测得其收获量见表 6-8，试以显著性水平 $\alpha = 0.05$ 和 $\alpha = 0.01$，判断地块和品种各对小麦收获量有无显著影响。

解：以地块为因素 A，分 5 个水平；以品种为因素 B，分 4 个水平。在表 6-8 中算出因素 A，B 各水平下的样本平均数及总平均数。

表 6-8 4 种小麦在不同地块收获量表 （单位：斤）

变量		地块 A					$\overline{X}_{i\cdot}$
		A_1	A_2	A_3	A_4	A_5	
品种 B	B_1	32.3	34.0	34.7	36.0	35.5	34.50
	B_2	33.2	33.6	36.8	34.3	36.1	34.80
	B_3	30.8	34.4	32.3	35.8	32.8	33.22
	B_4	29.5	26.2	28.1	28.5	29.4	28.34
$\overline{X}_{\cdot j}$		31.45	32.05	32.98	33.65	33.45	32.72

可算得

$$SST = \sum\sum (X_{ij} - \overline{X})^2 = 175.0255$$

$$SSA = 4 \sum (\overline{X}_{\cdot j} - \overline{X})^2 = 14.098$$

$$SSB = 5 \sum (\overline{X}_{i\cdot} - \overline{X})^2 = 134.6455$$

$$SSE = SST - SSA - SSB = 26.282$$

$$F_A = \frac{MSA}{MSE} = \frac{SSA/(r-1)}{SSE/(n-r-k+1)} = \frac{3.5245}{2.1902} = 1.61$$

$$F_B = \frac{MSB}{MSE} = \frac{SSB/(k-1)}{SSE/(n-r-k+1)} = \frac{44.8818}{2.1902} = 20.49$$

列出方差分析表，见表 6-9。

表 6-9 小麦收获量方差分析表

误差来源	离差平方和	自 由 度	平均平方	F 值
因素 A	SSA = 14.098	4	3.5245	$F_A = 1.61$
因素 B	SSB = 134.6455	3	44.8818	$F_B = 20.49$
误差	SSE = 26.282	12	2.1902	——
总计	SST = 175.0255	19	——	——

对于因素 A：　　　　　$F_A = 1.61 < F_{0.05}(4,12) = 3.26$

因此不能拒绝原假设，表明地块的不同对小麦收获量没有显著影响。

对因素 B：　　　　　$F_B = 20.49 > F_{0.01}(3,12) = 5.95$

拒绝原假设，表明小麦品种的不同对小麦收获量有极显著的影响。

6.3.2　有交互作用的双因素方差分析

事实上，两个影响因素有无交互作用，只凭一次试验是分析不出来的，至少须重复试验两次以上，才能分析有无交互作用。为了便于说明这种分析方法，以下对各个条件交互下的重复试验只取相等的次数，即所谓"可重复"双因素方差分析。

假设试验中因素 A 有 r 个水平 A_1，A_2，$\cdots$，A_r，因素 B 有 k 个水平 B_1，B_2，$\cdots$，B_k，进一步假定各交互条件下均重复试验 m 次，在因素 A_j 和 B_i 交互下第 p 次试验的观测值用 X_{ijp} 表示（$p = 1$，2，$\cdots$，m），所需计算指标列举如下：

同交互下观测值的平均数为

$$\overline{X}_{ij\cdot} = \frac{1}{m} \sum X_{ijp} \tag{6-19}$$

因素 A 各水平下的样本平均数为

$$\overline{X}_{\cdot j\cdot} = \frac{1}{km} \sum \sum X_{ijp} \quad (j = 1,2,\cdots,r) \tag{6-20}$$

因素 B 各水平下的样本平均数为

$$\overline{X}_{i\cdot\cdot} = \frac{1}{rm} \sum \sum X_{ijp} \quad (i = 1,2,\cdots,k) \tag{6-21}$$

总平均数为

$$\overline{X} = \frac{1}{n} \sum \sum \sum X_{ijp} \tag{6-22}$$

这里总试验次数 $n = krm$。

于是，总离差平方和 SST 可划分为

$$SST = SSA + SSB + SSAB + SSE \tag{6-23}$$

$$SST = \sum \sum \sum (X_{ijp} - \overline{X})^2 \tag{6-24}$$

$$SSA = km \sum (\overline{X}_{\cdot j\cdot} - \overline{X})^2 \tag{6-25}$$

$$SSB = rm \sum (\overline{X}_{i\cdot\cdot} - \overline{X})^2 \tag{6-26}$$

$$SSE = \sum \sum \sum (X_{ijp} - \overline{X}_{ij\cdot})^2 \tag{6-27}$$

SSE 为误差的离差平方和，由随机误差产生。SSA 为因素 A 的组间平方和，SSB 为因素 B 的组间平方和，而 SSAB 表示交互作用的离差平方和，可用下述关

系式方便求得

$$SSAB = SST - SSA - SSB - SSE$$

相应于各离差平方和的自由度分别为：SST 的自由度为 $n-1 = krm-1$，SSA 的自由度为 $r-1$，SSB 的自由度为 $k-1$，SSE 的自由度为 $rk(m-1)$，SSAB 的自由度为 $(r-1)(k-1)$。

对应的平均平方分别为

对于 A 因素：

$$MSA = \frac{SSA}{r-1} \tag{6-28}$$

对于 B 因素：

$$MSB = \frac{SSB}{k-1} \tag{6-29}$$

对于随机误差项而言：

$$MSE = \frac{SSE}{rk(m-1)} \tag{6-30}$$

对于 A 和 B 的交互作用而言：

$$MSAB = \frac{SSAB}{(r-1)(k-1)} \tag{6-31}$$

相应的 F 统计量分别为

$$F_A = \frac{MSA}{MSE} \sim F(r-1, rkm-rk) \tag{6-32}$$

$$F_B = \frac{MSB}{MSE} \sim F(k-1, rkm-rk) \tag{6-33}$$

$$F_{AB} = \frac{MSAB}{MSE} \sim F(rk-r-k+1, rkm-rk) \tag{6-34}$$

列方差分析表见表 6-10。

表 6-10　可重复双因素方差分析表

误差来源	离差平方和	自　由　度	平均平方	F 值
因素 A	SSA	$r-1$	MSA	F_A
因素 B	SSB	$k-1$	MSB	F_B
交互作用	SSAB	$(r-1)(k-1)$	MSAB	F_{AB}
误　差	SSE	$rk(m-1)$	MSE	—
总　计	SST	$n-1$	—	—

检验规则与单因素方差分析的检验规则相同，分别用 F_A，F_B，F_{AB} 与其相应的 F_α 比较，视其大于或小于 F_α，做出影响显著与否的结论。

例 6-4　有三个小麦品种和两种不同肥料，交叉搭配成 6 种组合。将一块耕地均等分为 6 个区块，在每区块上随机试验品种与肥料交叉组合中的一种，又每区块均等分为 4 块，进行 4 次重复试验，观测得小麦收获量的数据见表 6-11。试以显著性水平 $\alpha = 0.05$ 来判断品种、肥料及其交互作用对小麦收获量有无显著影响。

表 6-11　六种组合试验收获量 　　　　　　　　　（单位：kg）

		品种 A					$\overline{X}_{i\cdot\cdot}$
		A_1		A_2		A_3	
肥料 B	B_1	9	10	11	12	13	14	10.83
		9	8	9	8	15	12	
	B_2	9	10	12	13	22	16	13.83
		12	11	11	12	20	18	
$\overline{X}_{\cdot j\cdot}$		9.75		11		16.25		$\overline{X} = 12.33$

解：以 A 表示品种，分 3 个水平，$r = 3$；以 B 表示肥料，分 2 个水平，$k = 2$，每一交互重复试验 4 次，$m = 4$，总试验次数 $n = 24$。

计算有关指标如下：

$$\overline{X}_{11\cdot} = \frac{1}{4}(9 + 10 + 9 + 8) = 9$$

$$\overline{X}_{12\cdot} = \frac{1}{4}(11 + 12 + 9 + 8) = 10$$

其余类似。由此可得

$$\overline{X}_{\cdot 1\cdot} = \frac{1}{2}(9 + 10.5) = 9.75$$

$$\overline{X}_{\cdot 2\cdot} = \frac{1}{2}(10 + 12) = 11$$

$$\overline{X}_{\cdot 3\cdot} = \frac{1}{2}(13.5 + 19) = 16.25$$

$$\overline{X}_{1\cdot\cdot} = \frac{1}{3}(9 + 10 + 13.5) = 10.83$$

$$\overline{X}_{2\cdot\cdot} = \frac{1}{3}(10.5 + 12 + 19) = 13.83$$

$$\overline{X} = \frac{1}{2}(10.83 + 13.83) = 12.33$$

下面计算各种离差平方和：

$$\text{SST} = \sum \sum \sum (X_{ijp} - \overline{X})^2 = 307.33$$

$$\text{SSA} = km \sum (\overline{X}_{\cdot j\cdot} - \overline{X})^2$$

$$= 8 \times \left[(9.75 - 12.33)^2 + (11 - 12.33)^2 + (16.25 - 12.33)^2 \right] = 190.33$$

$$SSB = rm \sum (\overline{X}_{i\cdot\cdot} - \overline{X})^2 = 12 \times \left[(10.83 - 12.33)^2 + (13.83 - 12.33)^2 \right] = 54$$

$$SSE = \sum \sum \sum (X_{ijp} - \overline{X}_{ij\cdot})^2 = 44$$

$$SSAB = SST - SSA - SSB - SSE = 307.33 - 190.33 - 54 - 44 = 19$$

求出相应的 F 统计量的值为

$$F_A = \frac{MSA}{MSE} = \frac{SSA/(r-1)}{SSE/rk(m-1)} = \frac{95.165}{2.44} = 39$$

$$F_B = \frac{MSB}{MSE} = \frac{SSB/(k-1)}{SSE/rk(m-1)} = \frac{54}{2.44} = 22.13$$

$$F_{AB} = \frac{MSAB}{MSE} = \frac{SSAB/(r-1)(k-1)}{SSE/rk(m-1)} = \frac{9.5}{2.44} = 3.89$$

列出方差分析表，见表6-12。

表6-12 六种组合收获量方差分析表

误差来源	离差平方和	自 由 度	平均平方	F 值
因素 A	SSA = 190.33	2	95.165	$F_A = 39$
因素 B	SSB = 54	1	54	$F_B = 22.13$
交互作用	SSAB = 19	2	9.5	$F_{AB} = 3.89$
误 差	SSE = 44	18	2.44	—
总 计	SST = 307.33	23	—	—

对于因素 A：

$$F_A = 39 > F_{0.05}(2, 18) = 3.55$$

因此拒绝原假设，表明品种的不同对小麦收获量有显著影响。

对于因素 B：

$$F_B = 22.15 > F_{0.05}(1, 18) = 4.41$$

拒绝原假设，表明肥料的不同对小麦收获量有极显著的影响。

$$F_{AB} = 3.89 > F_{0.05}(2, 18) = 3.55$$

拒绝原假设，表明肥料和小麦品种的组合不同对小麦收获量有极显著的影响。

6.4 应用案例及软件操作程序

例6-5 某公司根据广告的曝光程度，将消费市场分为非常高（VH）、高（H）、中（M）和低（L）四个细分市场，该公司打算研究广告曝光率是否会影响其产品的市场份额。该公司确定了24个暴露于广告中的消费者样本群体，每一个暴露水平有6组，然后该公司确定每个组的产品市场份额见表6-13。试问该公司的市场份额是否因广告曝光率不同而不同?

表 6-13

市 场 份 额	曝 光	市 场 份 额	曝 光
9.10	L	11.20	H
9.30	L	11.10	H
9.00	L	10.80	H
9.30	L	11.60	H
9.20	L	10.90	H
9.50	L	11.90	H
9.60	M	9.70	VH
10.00	M	9.80	VH
10.20	M	10.00	VH
9.90	M	9.50	VH
9.80	M	9.80	VH
10.00	M	9.60	VH

解:第一步,建立假设。

设 μ_1,μ_2,μ_3,μ_4 分别代表四种不同细分市场的市场份额,根据题意可建立如下假设:

H_0:$\mu_1 = \mu_2 = \mu_3 = \mu_4$,$H_1$:$\mu_1$,$\mu_2$,$\mu_3$,$\mu_4$ 不全相等

第二步,输入数据。如图 6-1 所示,输入数据,将低(L)、中(M)、高(H)和非常高(VH)四个细分市场分别用 1,2,3 和 4 来表示。

第三步,单击【分析】(Analyze)→【比较均值】(Compare Mean)→【单因素方差分析】(One Way ANOVA),展开单因素方差分析对话框如图 6-2 所示。

将市场份额放入右边的因变量框中,将广告曝光程度放入因子框中。

单击【OK】,输出结果见表 6-14。

表 6-14 结果表明,Sig < 0.05,因而

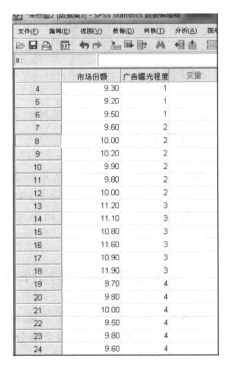

图 6-1

拒绝原假设，表明各细分市场的市场份额有显著差异，即广告曝光率对市场份额有显著影响。

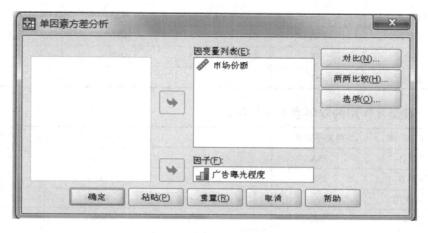

图 6-2

表6-14 单因素方差分析结果表

方 差 来 源	偏差平方和	自 由 度	平均平方	F 值	Sig.
组间	13.343	3	4.448	63.089	0.000
组内	1.410	20	0.071		
总差异	14.753	23			

如果想进行两两比较，则可单击【两两比较】（Post-Hoc），展开两两比较对话框。在【假定方差齐性】（Equal Variance Assumed）栏中，选择 LSD 方法，在【未假定方差齐性】（Equal Variance Not Assumed）栏中，选择 Tamhane'sT2 方法，显著性水平选择0.05。

本章小结

1. 单因素方差分析表

方 差 来 源	离差平方和	自 由 度	平均平方	F 值
组间	SSA	$r-1$	$\text{MSA} = \dfrac{\text{SSA}}{r-1}$	
组内	SSE	$n-r$	$\text{MSE} = \dfrac{\text{SSE}}{n-r}$	$\dfrac{\text{MSA}}{\text{MSE}}$
总差异	SST	$n-1$	——	

2. 无交互作用的双因素方差分析表

误差来源	离差平方和	自 由 度	平 均 平 方	F 值
因素 A	SSA	$r-1$	MSA	F_A
因素 B	SSB	$k-1$	MSB	F_B
误差	SSE	$(r-1)(k-1)$	MSE	—
总计	SST	$n-1$	—	—

3. 有交互作用的双因素方差分析表

误差来源	离差平方和	自 由 度	平 均 平 方	F 值
因素 A	SSA	$r-1$	MSA	F_A
因素 B	SSB	$k-1$	MSB	F_B
交互作用	SSAB	$(r-1)(k-1)$	MSAB	F_{AB}
误差	SSE	$rk(m-1)$	MSE	—
总计	SST	$n-1$	—	—

 思考与练习

1. 方差分析的基本原理是什么?

2. 说明单因素方差分析中 SST, SSE, SSA 的含义及三者之间的关系。

3. 选择题

(1) 单因素方差分析是指只涉及 ( )。

A. 一个分类型自变量   B. 一个数值型自变量

C. 两个分类型自变量   D. 两个数值型因变量

(2) 在方差分析中,检验统计量 F 是 ( )。

A. 组间平方和除以组内平方和   B. 组间均方除以组内均方

C. 组间平方除以总平方和   D. 组间均方除以总均方

(3) 在方差分析中,所提出的原假设是 $H_0 : \mu_1 = \mu_2 = \cdots = \mu_k$,备择假设是 ( )。

A. $H_1 : \mu_1 \neq \mu_2 \neq \cdots \neq \mu_k$

B. $H_1 : \mu_1 > \mu_2 > \cdots > \mu_k$

C. $H_1 : \mu_1 < \mu_2 < \cdots < \mu_k$

D. $H_1 : \mu_1, \mu_2, \cdots, \mu_k$ 不全相等

(4) 单因子方差分析中,若 SST $= 312.8$,$n-1 = 19$;SSA $= 212.8$,$r-1 = 4$,则 F 值为 ( )。

A. 0. 125　　　　B. 2. 128　　　　C. 7. 98　　　　D. 0. 47

4. 某商店采用四种不同的方式推销商品。为检验不同方式推销商品的效果是否有显著差异，现随机抽取样本，得到的数据见表6-15。

表　6-15

方　式　一	方　式　二	方　式　三	方　式　四
77	95	72	80
86	92	77	84
80	82	68	79
88	91	82	70
84	89	75	82

计算 F 统计量，并以 $\alpha = 0.05$ 的显著性水平做出统计决策。

5. 某厂家有三种不同的销售渠道：大型超市、居民区内的便利店和网上直销。现分别随机抽取12个销售点进行调查，结果见表6-16，检验不同销售渠道对销售额是否有显著差异？（$\alpha = 0.05$）

表　6-16

大 型 超 市	居民区内的便利店	网 上 直 销
410	265	180
305	310	290
450	220	330
380	290	220
310	350	170
390	300	256
590	445	290
490	480	283
510	500	260
470	430	246
415	428	275
390	530	320

6. 为了研究三种不同培训材料对强化员工全面质量管理意识的作用是否有显著差异，从某企业随机选择了18名员工，并将他们随机地划分为3组，每组分别采用不同的培训材料进行培训。培训结束后对他们进行考试，其所得的考试分数见表6-17。问不同培训材料的培训效果是否存在显著差异？

表 6-17

材料1	材料2	材料3
85	71	59
75	75	64
82	73	62
76	74	69
71	69	75
85	82	67

7. 某企业想了解不同操作方法对产品质量的影响，每种方法都进行了 5 次实验，测得不同操作方法下产品的优等品率，实验结果见表 6-18，问不同操作方法对优等品率是否有影响？

表 6-18

试 验 批 号	操作方法1	操作方法2	操作方法3	操作方法4
1	12.1	18.3	12.7	7.3
2	14.8	49.6	25.1	1.9
3	15.3	10.1	47	5.8
4	11.4	35.6	16.3	10.1
5	10.8	26.2	30.4	9.4

8. 一家果蔬研究所为实验准备购进一批水果。考虑的因素主要有水果产地和保存温度。为了对保鲜程度进行测试，分别在低温、常温、高温下进行测试。表 6-19 是从 5 处水果产地抽取的水果随机样本在保存 10 天后的保鲜程度数据。

表 6-19

产地	温度		
	低温	常温	高温
1	3.7	4.5	3.1
2	3.4	3.9	2.8
3	3.5	4.1	3.0
4	3.2	3.5	2.6
5	3.9	4.8	3.4

取显著水平 $\alpha = 0.01$。

（1）不同温度对水果保鲜程度是否有显著影响？

（2）不同产地出产的水果对保鲜程度是否有显著影响？

9. 城市道路交通管理部门为研究不同路段和不同时间段对行车时间的影响，让一名交通警察分别在两个路段的高峰期与非高峰期亲自驾车进行试验，通过试验获得 20 个行车时间（分钟）的数据，见表 6-20。试分析路段、时段以及路段和时段的交互作用对行车时间的影响。

表　6-20

		路段（列变量）	
		路段 1	路段 2
时段（行变量）	高峰期	26	19
		24	20
		27	23
		25	22
		25	21
	非高峰期	20	18
		17	17
		22	13
		21	16
		17	12

10. 从三个总体分别抽取 $n_1 = 3$，$n_2 = 4$，$n_3 = 3$ 的三个独立随机样本，经计算得到表 6-21 的方差分析表。

表 6-21　方差分析表

方差来源	离差平方和	自由度	平均平方	F 值
组间			3.11	
组内	9.83			—
总计		9	—	—

要求：

（1）完成上面的方差分析表。

（2）写出对应的原假设和备择假设，在 $\alpha = 0.05$ 的显著性水平下检验三者之间有无显著差异。已知 $F_{0.05}(2,7) = 4.74$。

第7章

相关与回归分析

 导入案例

"回归"一词的历史渊源

英国统计学家 F. 高尔顿（F. Galton：1822—1911）和他的学生 K. 皮尔逊（K. Pearson：1856—1936）在研究父母身高与其子女身高的遗传问题时，观察了 1 078 对夫妇，并按照父母身高进行了分组，结果发现："父母身高高的，其子女的平均身高也高；父母身高矮的，其子女的平均身高也矮，但给定父母的身高，儿女辈的平均身高却趋于或者'回归'到全体人口的平均身高的趋势。"这一趋势被皮尔逊证实。从而产生了"回归"一词。如果将结果在平面直角坐标系上绘成散点图，可以发现：

第一，对应于特定身高父母的家庭，其子女身高是一个概率分布。

第二，对应于父母身高较矮的家庭，其子女的平均身高高于父母；对应于父母身高较高的家庭，其子女的平均身高低于父母，但总体上父母身高增加，子女的平均身高也随之增加。

 学习目标

- 了解相关与回归的异同
- 掌握线性回归模型的构建与参数估计方法
- 了解回归模型需要注意的检验问题
- 学会使用 SPSS 统计软件进行参数估计

7.1 相关分析

7.1.1 函数关系与相关关系

客观现象之间总是相互联系和相互依存的，现象之间的数量依存关系有两种不同的类型：一种是函数关系，另一种是相关关系。

当一个或几个变量取一定的值时，另一个变量有确定值与之相对应，我们称这种确定性的关系为函数关系。例如，某种商品的销售收入 Y 与该商品的销售量 X 以及该商品的价格 P 之间的关系可用 $Y = PX$ 表示。

当一个或几个相互联系的变量取一定数值时，与之相对应的另一变量的值虽然不确定，但它仍按某种规律在一定范围内变化，变量间的这种具有不确定性的相互关系，称为相关关系。例如，劳动生产率与工资水平的关系、投资额与国民收入的关系、居民收入与消费支出的关系等都属于相关关系。商品需求量与该商品的价格、消费者的收入水平、消费者的偏好等的关系也属于相关关系。

7.1.2　相关关系的种类

1. 按相关程度划分

按客观现象间相关关系的密切程度不同可分为完全相关、不完全相关和不相关三种类型。

当一种现象的数量变化完全由另一种现象的数量变化所确定时，称这两种现象间的关系为完全相关。因此也可以说函数关系是相关关系的一个特例。

当两个现象彼此互不影响，其数量变化各自独立时，称为不相关。例如，经济发展水平与精神病患者的人数是不相关的。

当两个现象之间的关系介于完全相关和不相关之间时，称其为不完全相关。一般说的相关现象都是指这种不完全相关关系。

2. 按变量多少划分

按所研究的变量多少，相关关系可分为单相关、复相关和偏相关。

我们把两个变量间的相关，即一个变量对另一变量的相关关系，称为单相关，单相关关系只有一个自变量。

当所研究的是一个变量对两个或两个以上其他变量的相关关系时，称为复相关。复相关关系有多个自变量。例如，某种商品的需求量与该商品价格以及消费者收入水平之间的相关关系便属于复相关。

在某一现象与多种现象相关的场合，当假定其他变量不变时，其中两个变量的相关关系称为偏相关。如在上例中，若假定在消费者收入水平不变的条件下，商品需求量与其价格水平的关系就是偏相关关系。

3. 按相关方向划分

按相关关系的方向可分为正相关和负相关。

当两个变量的变化同方向时，这种同方向变动的关系称为正相关。例如，居民的消费支出随着居民收入水平的提高而提高。

当两个变量的变化反方向时，这种反方向变动的关系称为负相关。例如，一定范围内，商品生产的规模越大，单位产品成本会越低。

4. 按相关形式划分

相关关系按相关的形式不同可分为线性相关和非线性相关。

当两种相关现象之间的关系大致呈现为直线关系时，称之为线性相关或直线相关。例如，人均消费水平与人均收入水平之间通常呈线性关系。

如果两种相关现象之间并不表现为直线的关系，而是近似于某种曲线方程的关系，则这种相关关系称为非线性相关或曲线相关。例如，某种产品的平均成本与产品总产量之间的关系就属于非线性相关关系。

7.1.3 相关图

相关图是研究相关关系的直观工具。一般在进行详细的定量分析之前，可利用相关图对现象之间存在的相关关系的方向、形式和密切程度进行大致的判断。

相关图又称散点图。它是以直角坐标系的横轴代表变量 X，纵轴代表变量 Y，将两个变量间相对应的变量值用坐标点的形式描绘出来，用来反映两变量之间相关关系的图形。变量之间的相关关系如图 7-1 所示，有四种表现形式，从图形上各点的分散程度即可判断两变量间关系的密切程度。

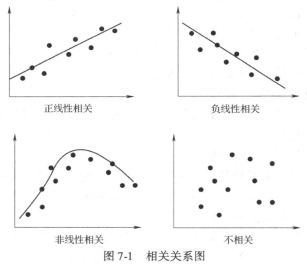

图 7-1　相关关系图

7.1.4 简单线性相关分析

相关分析是研究一个变量与另一个变量之间相关关系密切程度和相关方向的一种统计分析方法。相关分析的主要工具是相关系数。

对两个变量之间线性相关程度进行分析的主要工具是单相关系数，简称相关系数。通常以 ρ 表示总体的相关系数，以 r 表示样本的相关系数。

总体相关系数的定义式为

$$\rho = \frac{\mathrm{Cov}(X,Y)}{\sqrt{\mathrm{Var}(X)\,\mathrm{Var}(Y)}} \tag{7-1}$$

式中，$\mathrm{Cov}(X,Y)$ 是变量 X 和 Y 的协方差；$\mathrm{Var}(X)$ 和 $\mathrm{Var}(Y)$ 分别为变量 X 和 Y 的方差。

$$r = \frac{\sum (x-\bar{x})(y-\bar{y})}{\sqrt{\sum (x-\bar{x})^2 \sum (y-\bar{y})^2}} \tag{7-2}$$

样本相关系数是根据样本观测值计算的，样本相关系数是总体相关系数的一致估计量。

样本相关系数 r 有以下特点：

（1）r 的取值介于 -1 与 1 之间。

（2）在大多数情况下，$0<|r|<1$，即 X 与 Y 的样本观测值之间存在着一定的线性关系，当 $r>0$ 时，X 与 Y 为正相关；当 $r<0$ 时，X 与 Y 为负相关。

（3）$r=1$ 时表明 X 与 Y 完全线性相关，此时 X 与 Y 的关系为函数关系。

（4）$r=0$ 只是表明两个变量之间不存在线性关系，它并不排除二者之间可能存在非线性的相关关系。

在实际计算样本相关系数时，一般采用以下便于计算的公式：

$$r = \frac{n\sum xy - \sum x \sum y}{\sqrt{\left[n\sum x^2 - \left(\sum x\right)^2\right]\left[n\sum y^2 - \left(\sum y\right)^2\right]}} \tag{7-3}$$

在实际的客观现象分析研究中，相关系数一般都是利用样本数据计算的，因而带有一定的随机性，样本容量越小其可信程度就越差。因此也需要进行检验。

一般地，在 X 与 Y 都服从正态分布条件下，对于 $\rho=0$ 的检验，可以采用 t 检验。并且检验的统计量为

$$T = \frac{r\sqrt{n-2}}{\sqrt{1-r^2}} \tag{7-4}$$

根据给定的显著性水平 α 和自由度 $n-2$，利用 t 分布表查找 $t_{\alpha/2}(n-2)$ 的临界值。若 $|T|>t_{\alpha/2}$，表明 r 在统计上是显著的。若 $|T|<t_{\alpha/2}$，表明 r 在统计上是不显著的。

7.2　一元线性回归分析

7.2.1　相关与回归

相关分析与回归分析有着密切的联系。相关分析需要依靠回归分析来表明现

象数量相关的具体形式，而回归分析则需要依靠相关分析来表明现象数量变化的相关程度，只有当变量之间存在着高度相关时，进行回归分析寻求其相关的具体形式才有意义。可以这样说，相关分析是回归分析的基础和前提，回归分析是相关分析的深入和继续。

变量之间的相关关系，可以用一个包括随机因素影响在内的数学表达式来反映。设变量 Y 与变量 X_1，X_2，$\cdots$，X_k 之间存在相关关系，则变量 Y 与 X_1，X_2，$\cdots$，X_k 的关系可用下式表示：

$$Y = f(X_1, X_2, \cdots, X_k) + \mu$$

式中，X_1，X_2，$\cdots$，X_k 表示对 Y 有较大影响的各种可控因素，是自变量；μ 表示未考虑进去的其他因素以及随机因素的影响，是随机变量；Y 也是随机变量，称为因变量。由于有随机因素的影响，给定自变量 X_1，X_2，$\cdots$，X_k 的一组数值，因变量 Y 的数值并不能被完全确定。但由于随机因素的影响是随机的，其数值或大或小，或正或负，所以，一般地，可假定其数学期望为 0，即 $E(\mu) = 0$，在此假定条件下，若给定自变量 X_1，X_2，$\cdots$，X_k 的一组数值，即 $\mathbf{X} = (x_1, x_2, \cdots, x_k)$，因变量 Y 的数学期望便是唯一确定的，即有

$$E(Y) = f(x_1, x_2, \cdots, x_k)$$

这样，在自变量 X_1，X_2，$\cdots$，X_k 和因变量 Y 的条件期望 $E(Y)$ 之间就建立起了一一对应的函数关系，称此条件期望 $E(Y)$ 为 Y 对 X 的回归函数，简称为回归。当 X 是一维时，称作一元回归，当 $\mathbf{X}$ 是 k 维向量时，就称为 k 元回归。

应该注意的是，相关与回归分析都是对两变量间关系进行分析和评价的工具，但二者也有如下的区别：

（1）相关分析中，变量 X 和变量 Y 处于平等的地位；回归分析中，变量 Y 称为因变量，处在被解释的地位，X 称为自变量，用于预测因变量的变化。

（2）相关分析中所涉及的变量 X 和 Y 都是随机变量；回归分析中，因变量 Y 是随机变量，自变量 X 可以是随机变量，也可以是非随机的确定变量。

（3）相关分析主要是描述两个变量之间线性关系的密切程度；回归分析不仅可以揭示变量 X 对变量 Y 的影响大小，还可以由回归方程进行预测和控制。

7.2.2 一元回归模型的设定

在回归问题中，Y 和 X 的地位是不对称的。当 Y 与 X 之间存在因果关系时，X 是原因，Y 是结果。例如，我们可以做儿子身高对父亲身高的回归，而反过来说父亲身高统计依赖于儿子身高则显然是荒谬的。当然，在 Y 与 X 互为因果关系的情况下，就需要人为地确定出谁是自变量，谁是因变量。例如，我们可以考虑体重对身高的回归，也可以考虑身高对体重的回归，但要明白这样得到的两条回归曲线一般并不重合。

7.2.3 回归模型的确定

若用 Y 表示因变量，其主要受自变量 X 的影响，则 Y 和 X 之间的回归模型可表示为

$$Y = \alpha + \beta X + \mu \tag{7-5}$$

式（7-5）称为总体回归模型，α 和 β 为未知参数，也叫作回归系数，μ 为随机误差项。

在实际应用中，由于无法取得 Y 和 X 的全部数值，一般需要用样本资料来估计两变量的数量关系，根据样本资料拟合的回归模型称为样本回归模型，一元线性样本回归模型可表示为

$$Y = \hat{\alpha} + \hat{\beta} X + e \tag{7-6}$$

式中，$\hat{\alpha}$ 和 $\hat{\beta}$ 分别是总体回归系数 α 和 β 的估计值；e 为残差，是随机误差 μ 的估计值，是实际值与估计值之间的差。

称

$$\hat{Y} = \hat{\alpha} + \hat{\beta} X \tag{7-7}$$

为样本回归函数。

7.2.4 一元线性回归模型的基本假定

总体回归模型中的随机影响因素 μ 也称为随机误差，它在实践中是无法确定出来的，是一个不可观测的随机变量。随机误差一般来自以下三个方面：① 影响因变量的各种细小因素和各种随机的偶然因素。这是因为影响因变量的因素往往有很多个，把所有因素全考虑在内或者由于人们认识的局限性而根本做不到，或者由于花费太大而不值得这样去做，还可能因为若注意了太多细枝末节反而会影响到模型的效果，因此实践中通常只考虑影响因变量的主要因素，而把各种次要因素的影响作为不可观测的随机误差来对待。② 观测误差。在对各个变量的观测中，难免会出现计量、登记等误差，这些误差也必然会反映在模型的随机误差之中。③ 模型近似误差。一般地，模型中所设定的回归函数的形式并不是其真实形式，而只是一种近似式，这种方程近似所造成的误差自然也会结合在模型的随机误差之中。

为了统计推断的需要，通常对随机误差要提出一些假定。对于线性回归观测模型（7-5），通常对其随机误差有以下五条基本假定：

（1）数学期望为 0，即

$$E(\mu_i) = 0 \, (i = 1, 2, \cdots, n)$$

（2）具有同一方差 σ^2，即

$$V(\mu_i) = \sigma^2 \, (i = 1, 2, \cdots, n)$$

（3）相互独立，即

$$Cov(\mu_i, \mu_j) = 0 (i \neq j)$$

（4）服从正态分布，即

$$\mu_i \sim N(0, \sigma^2)$$

（5）自变量与随机误差项不相关。

这些假定条件是线性回归分析中进行统计推断的基本前提。

7.2.5 回归系数的估计

1. 回归系数的估计

在实际应用中，我们总希望利用回归函数 $\hat{Y} = \hat{\alpha} + \hat{\beta}X$ 得到的 $\hat{Y}$ 的估计值尽可能与实际值 Y 一致，即 $e_i = y_i - \hat{y}_i$ 越小越好，由于 e_i 有正有负，所以考虑采用最小二乘法来求解，而最小二乘法的基本思想是，要找到参数 α 和 β 的估计值 $\hat{\alpha}$ 和 $\hat{\beta}$，使得残差平方和为最小。

设

$$Q = \sum e_i^2 = \sum (y_i - \hat{y}_i)^2 = \sum (y_i - \hat{\alpha} - \hat{\beta}x_i)^2$$

则残差平方和 Q 可看作是 $\hat{\alpha}$ 和 $\hat{\beta}$ 的函数，由微分学中求函数极值的方法可知，要使 Q 取得最小值，则必须有

$$\begin{cases} \dfrac{\partial Q}{\partial \hat{\alpha}} = -2 \sum (y_i - \hat{\alpha} - \hat{\beta}x_i) = 0 \\ \dfrac{\partial Q}{\partial \hat{\beta}} = -2 \sum (y_i - \hat{\alpha} - \hat{\beta}x_i)x_i = 0 \end{cases}$$

整理可得正规方程组：

$$\begin{cases} n\hat{\alpha} + \hat{\beta} \sum x = \sum y \\ \hat{\alpha} \sum x + \hat{\beta} \sum x^2 = \sum xy \end{cases}$$

解此方程组，可得 $\hat{\alpha}$ 和 $\hat{\beta}$ 的解为

$$\begin{cases} \hat{\alpha} = \dfrac{1}{n} \sum y - \dfrac{\hat{\beta}}{n} \sum x = \bar{y} - \hat{\beta}\bar{x} \\ \hat{\beta} = \dfrac{n \sum xy - \sum x \sum y}{n \sum x^2 - (\sum x)^2} = \dfrac{\sum (x - \bar{x})(y - \bar{y})}{\sum (x - \bar{x})^2} \end{cases} \tag{7-8}$$

式（7-8）给出的回归系数的估计，称为最小二乘估计。

2. 总体方差的估计

有了回归系数的样本估计值 $\hat{\alpha}$ 和 $\hat{\beta}$，就可以计算出自变量 X 取各种不同值时

因变量 Y 的各个回归估计值 $\hat{Y}$，从而也就可以算出因变量 Y 的各个实际观测值 y_i 与其回归估计值 $\hat{y}_i$ 的残差平方和 Q，该残差平方和又称离差平方和或剩余平方和，它表示因变量 Y 去掉回归部分后所剩余下的残差。由于剩余平方和的计算需要用到 $\hat{\alpha}$ 和 $\hat{\beta}$ 两个样本估计值，所以其自由度为 $n-2$，剩余平方和与其自由度之比称为剩余方差，记作 S_Y^2，且

$$S_Y^2 = \frac{Q}{n-2} = \frac{\sum e_i^2}{n-2} = \frac{\sum (y_i - \hat{y}_i)^2}{n-2} \tag{7-9}$$

剩余方差 S_Y^2 可用来作为随机误差的方差 σ^2 的估计量，可以证明，该估计量是 σ^2 的无偏估计量，S_Y^2 的开方 S_Y 称为剩余标准差或回归标准差。该参数越小，说明回归模型的拟合程度越高，用 X 的值来估计 Y 的误差就越小。

7.2.6　模型的检验

在对回归模型中的参数进行估计后，还必须对模型进行检验。

对模型的检验有理论意义检验、一级检验和二级检验。理论意义检验主要涉及参数估计值的符号和取值区间，如果它们与实质性科学的理论以及人们的实践经验不相符，就说明模型不能很好地解释现实的现象。实践中，在对实际的社会经济现象进行回归分析时，常常会遇到经济意义检验不能通过的情况，造成这一结果的主要原因是：社会经济的统计数据无法像自然科学中的统计数据那样通过有控制的实验去取得，因而所观测的样本容量有可能偏小，不具有足够的代表性，或者不能满足标准线性回归分析所要求的基本假定条件。一级检验又称统计学检验，它是利用统计学中的抽样理论来检验样本回归方程的可靠性，具体又可分为拟合程度评价和显著性检验。一级检验是对所有现象进行回归分析时都必须通过的检验。二级检验又称经济计量学检验，它是对标准线性回归模型和基本假定条件能否得到满足进行的检验，也称为线性回归诊断，具体包括序列相关检验、异方差性检验等，这部分内容的讨论超出了本书范围，这里只讨论对回归模型的一级检验。

1. 关于回归系数的显著性检验

回归分析中的显著性检验包括两方面的内容：① 对各回归系数的显著性检验；② 对整个回归方程的显著性检验。对于前者通常采用 t 检验，而对于后者则是在方差分析的基础上采用 F 检验。在一元线性回归模型中，由于只有一个回归变量 X，因而，对 $\beta = 0$ 的 t 检验与对整个方程的 F 检验是等价的。

所谓回归系数的显著性检验，就是根据样本估计的结果对总体回归系数的有关假设进行检验，由于检验回归常数 α 是否为 0 的意义不大，通常只检验参数 β。

检验假设为

$$H_0: \beta = 0, \quad H_1: \beta \neq 0$$

构造检验统计量

$$T_{\hat{\beta}} = \frac{\hat{\beta}}{S_{\hat{\beta}}} \tag{7-10}$$

式中，$S_{\hat{\beta}}$ 是估计量 $\hat{\beta}$ 的标准差。

数理统计已证明，在原假设成立的情况下，$T_{\hat{\beta}} = \hat{\beta}/S_{\hat{\beta}}$ 服从自由度为 $n-2$ 的 t 分布，所以，可以通过查 t 分布表得到显著性水平为 α、自由度为 $n-2$ 的临界值 $t_{\alpha/2}(n-2)$（双侧检验）。然后将实际值与 $t_{\alpha/2}(n-2)$ 比较，便可决定是接受还是否定原假设 H_0。

若 $|T_{\hat{\beta}}| > t_{\alpha/2}(n-2)$，应拒绝 H_0，它表明回归系数显著不为 0，参数的 t 检验通过。

若 $|T_{\hat{\beta}}| \leqslant t_{\alpha/2}(n-2)$，则不能拒绝 H_0，它表明回归系数为 0 的可能性较大，参数的 t 检验未通过。

2. 拟合优度检验

拟合优度检验是通过计算拟合优度 R^2（也称判定系数）来判定回归模型对样本数据的拟合程度，从而评价回归模型的优劣，R^2 的计算是建立在对总离差平方和进行分解的基础之上的。

因变量的实际观测值与其样本均值的离差即总离差可以分解为两部分：一部分是因变量的样本回归值与其样本均值的离差 $\hat{y}_i - \bar{y}$，另一部分是不能由回归直线加以解释的残差 e_i。对任一实际观测值 y_i，总有

$$y_i - \bar{y} = (\hat{y}_i - \bar{y}) + (y_i - \hat{y}_i) = (\hat{y}_i - \bar{y}) + e_i \tag{7-11}$$

根据式（7-11）可以得到

$$\sum (y_i - \bar{y})^2 = \sum [(\hat{y}_i - \bar{y}) + (y_i - \hat{y}_i)]^2$$

可以证明，有

$$\sum (y_i - \bar{y})^2 = \sum (\hat{y}_i - \bar{y})^2 + \sum (y_i - \hat{y}_i)^2$$

即

$$\text{SST} = \text{SSR} + \text{SSE} \tag{7-12}$$

也就是说，总的离差平方和可以分解为回归平方和与残差平方和两部分之和。

在式（7-12）两边同除以 SST，得

$$1 = \frac{\text{SSR}}{\text{SST}} + \frac{\text{SSE}}{\text{SST}} \tag{7-13}$$

显而易见，各个样本观测点与回归直线靠得越近，SSR 在 SST 中所占的比例越大。因此，可定义这一比例为判定系数 R^2，即有

$$R^2 = \frac{\text{SSR}}{\text{SST}} = 1 - \frac{\text{SSE}}{\text{SST}} \tag{7-14}$$

显然，$0 \leqslant R^2 \leqslant 1$。$R^2 = 1$，表明回归模型对所有的样本数据点完全拟合，即所有样本数据点均落在回归直线上。$R^2 = 0$，表明回归模型无法解释因变量 Y 的离差，回归模型没有意义。一般情况下，$0 < R^2 < 1$，R^2 越接近于 1，表明回归平方和占总平方和的比例越大，回归模型对样本数据的拟合程度就越高。通常，R^2 在 0.8 以上，即可认为拟合优度较高。

实际上，在简单回归分析中，拟合优度 R^2 就是 X 与 Y 之间简单相关系数 r 的平方。

7.2.7 利用回归模型进行预测

建立回归模型的目的之一是进行预测。如果所拟合的样本回归方程经过检验，被认为具有经济意义，同时被检验证明有较高的拟合程度，就可以利用其进行预测。所谓预测，就是通过给定自变量 X 的数值来预测因变量 Y 的相应数值，有点预测和区间预测两种。

1. 点预测

点预测的方法很简单，若给定自变量的值为 x_0，则因变量的相应样本回归值

$$\hat{y}_0 = \hat{\alpha} + \hat{\beta} x_0 \tag{7-15}$$

就是因变量 Y 的预测值。

2. 区间预测

由于是根据样本回归函数进行预测，所以预测的结果必然会存在误差。区间预测就是根据因变量与其样本回归估计量的误差的概率分布，在给定的可信程度 $1 - \alpha$ 下，对给定的 x_0 计算出相应的因变量 y_0 的置信区间。

对于任意给定的自变量值 x_0，由回归模型可知相应的因变量为 $y_0 = \hat{\alpha} + \hat{\beta} x_0 + e$，其相应的样本回归量为 $\hat{y}_0 = \hat{\alpha} + \hat{\beta} x_0$，二者的误差为 $y_0 - \hat{y}_0$，该误差可看作是一个随机变量，由于 y_0 和 $\hat{y}_0$ 均服从正态分布，所以 $y_0 - \hat{y}_0$ 也服从正态分布，由于 y_0，$\bar{y}$，$\hat{\beta}$ 均相互独立，因而其数学期望和方差分别为

$$E(y_0 - \hat{y}_0) = E(y_0) - E(\hat{y}_0) = (\alpha + \beta x_0) - (\alpha + \beta x_0) = 0$$

$$\begin{aligned}
V(y_0 - \hat{y}_0) &= V[y_0 - \bar{y} - \hat{\beta}(x_0 - \bar{x})] \\
&= V(y_0) + V(\bar{y}) + (x_0 - \bar{x})^2 V(\hat{\beta}) \\
&= \left[1 + \frac{1}{n} + \frac{(x_0 - \bar{x})^2}{\sum (x_i - \bar{x})^2} \right] \sigma^2
\end{aligned}$$

因此，对于估计误差 $y_0 - \hat{y}_0$，有

$$y_0 - \hat{y}_0 \sim N\left(0, \left(1 + \frac{1}{n} + \frac{(x_0 - \bar{x})^2}{\sum (x_i - \bar{x})^2}\right)\sigma^2\right)$$

再由 $\dfrac{(n-2)\,S_Y^2}{\sigma^2}$ 服从自由度为 $n-2$ 的 χ^2 分布可知，统计量

$$T = \frac{y_0 - \hat{y}_0}{S_Y\sqrt{1 + \dfrac{1}{n} + \dfrac{(x_0 - \bar{x})^2}{\sum (x_i - \bar{x})^2}}}$$

服从自由度为 $n-2$ 的 t 分布。在给定的可信程度 $1-\alpha$ 之下，查 t 分布表得临界值 $t_{\alpha/2}(n-2)$，从而可得置信区间为

$$\left(\hat{y}_0 \pm t_{\alpha/2}(n-2) \cdot S_Y\sqrt{1 + \frac{1}{n} + \frac{(x_0 - \bar{x})^2}{\sum (x_i - \bar{x})^2}}\right) \tag{7-16}$$

根据式（7-16），给定不同的 X 值，就可得到不同的预测区间。由预测区间的计算公式可以看出，给定的 X 值越靠近其均值 $\bar{x}$，因变量 Y 的预测区间就越窄；给定的 X 值越远离其均值 $\bar{x}$，因变量 Y 的预测区间就越宽，如图 7-2 所示。这就是说，在用回归模型进行预测时，X 的取值不宜离开 $\bar{x}$ 过远，否则预测精度将会大大降低，使预测失效。

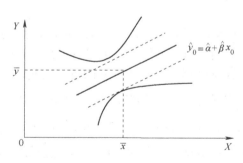

图 7-2　直线回归的预测区间

另外，当 n 足够大时，y_0 的 $1-\alpha$ 的置信区间可由下式近似给出：

$$(\hat{y}_0 \pm z_{\alpha/2}S_Y) \tag{7-17}$$

这里 $z_{\alpha/2}$ 为可信程度为 $1-\alpha$ 的标准正态分布的临界值。

例 7-1　某公司 2021 年 1～12 月的对某产品广告投入与产品销售资料见表 7-1，试建立产品销售回报 Y 对产品广告投入 X 的线性回归模型。

表 7-1　某公司广告支出和销售回报资料　　　　　　（单位：元）

月　份	广告支出	销售回报	月　份	广告支出	销售回报
1	2 248	89 920	7	6 646	810 812
2	2 981	137 126	8	7 379	811 690
3	3 714	259 980	9	8 112	1 054 560
4	4 447	373 548	10	8 845	1 114 470
5	5 180	512 820	11	9 578	1 216 406
6	5 913	708 560	12	10 311	1 495 095

解：根据题意，可假定回归模型为

$$Y = \alpha + \beta X + \mu$$

利用表 7-1 中的数据，根据式（7-8），可求得回归系数的最小二乘估计值为

$$\hat{\beta} = \frac{n \sum xy - \sum x \sum y}{n \sum x^2 - \left(\sum x \right)^2} = 169.6, \alpha = \bar{y} - \hat{\beta}\bar{x} = -349\ 623.3$$

从而求得样本回归直线为

$$\hat{Y} = -349\ 623.3 + 169.6X$$

根据式（7-10）对模型进行回归系数的显著性检验，$T_{\hat{\beta}} = \hat{\beta}/S_{\hat{\beta}}$，利用 SPSS 统计软件可计算得

$$T_{\hat{\beta}} = 26.114$$

在 $\alpha = 0.05$ 的条件下，查 t 分布表得 $t_{\alpha/2}(n-2) = t_{0.025}(10) = 2.228\ 1$，$t_{\hat{\beta}} > t_{\alpha/2}(n-2)$，通过了 t 检验，说明广告支出是公司销售回报的一个重要因素，所作的线性假设合理。

利用式（7-14）可计算得判定系数 $R^2 = 0.993$，可见回归模型的拟合程度较高。

7.3　多元线性回归分析

假设所讨论的问题中有 k 个自变量，记为 x_1，x_2，$\cdots$，x_k，因变量为 y，由上节可知，y 对 x_1，x_2，$\cdots$，x_k 的多元线性回归模型的形式为

$$y = \beta_0 + \beta_1 x_1 + \beta_2 x_2 + \cdots + \beta_k x_k + \mu$$

式中，β_0，β_1，$\cdots$，β_k 仍称为回归系数，变量 x_1，x_2，$\cdots$，x_k 均称为回归变量，其数值仍假定是可精确测量或严格控制的。

多元线性回归模型中 μ 的假定同一元回归模型的基本假定相同，除此之外，多元回归模型要求自变量间不存在相关关系。

7.3.1　多元回归系数的最小二乘估计

多元线性回归模型中回归系数的估计同样需要根据样本进行。假设在自变量

的 n 组给定值 x_{1i}，x_{2i}，…，$x_{ki}(i=1, 2, …, n)$ 之下，对因变量观测了 n 次得观测值为 $y_i(i=1, 2, …, n)$。由此得观测模型

$$y_i = \beta_0 + \beta_1 x_{1i} + \beta_2 x_{2i} + \cdots + \beta_k x_{ki} + \mu_i$$

回归系数 β_0，β_1，…，β_k 的估计，通常仍是采用最小二乘法进行。设它们的最小二乘估计分别为 $\hat{\beta}_0$，$\hat{\beta}_1$，…，$\hat{\beta}_k$，则因变量 y 对自变量 x_1，x_2，…，x_k 的样本回归函数为

$$\hat{y} = \hat{\beta}_0 + \hat{\beta}_1 x_1 + \hat{\beta}_2 x_2 + ... + \hat{\beta}_k x_k \tag{7-18}$$

根据最小二乘估计的思想可知，这些估计量可使因变量的实际观测值 y_i 与由模型（7-18）得到的回归估计值之间的离差平方和达到最小，即使

$$\sum e_i^2 = \sum (y_i - \hat{y}_i)^2$$
$$= \sum (y_i - \hat{\beta}_0 - \hat{\beta}_1 x_{1i} - \hat{\beta}_2 x_{2i} - \cdots - \hat{\beta}_k x_{ki})^2$$

达到最小。这里 $e_i = y_i - \hat{y}_i$（$i=1, 2, …, n$）表示残差。

多元线性回归模型的回归系数的估计可以用矩阵形式表达。记

$$Y = \begin{pmatrix} y_1 \\ y_2 \\ \vdots \\ y_n \end{pmatrix}, \quad \hat{\boldsymbol{\beta}} = \begin{pmatrix} \hat{\beta}_1 \\ \hat{\beta}_2 \\ \vdots \\ \hat{\beta}_k \end{pmatrix}, \quad \boldsymbol{e} = \begin{pmatrix} e_1 \\ e_2 \\ \vdots \\ e_n \end{pmatrix}$$

$$X = \begin{pmatrix} 1 & x_{11} & x_{21} & \cdots & x_{k1} \\ 1 & x_{12} & x_{22} & \cdots & x_{k2} \\ \vdots & \vdots & \vdots & \vdots & \vdots \\ 1 & x_{1n} & x_{2n} & \cdots & x_{kn} \end{pmatrix}$$

这时，$\hat{\boldsymbol{\beta}}$ 是特定参数向量，e 是残差向量，并假定其遵从正态分布，即 $e \sim N(\boldsymbol{0}, \sigma^2 \boldsymbol{E})$，这里 $\boldsymbol{E}$ 为 $n \times n$ 单位矩阵，满足 $E(e)=0$，$E(e^{\mathrm{T}}e)=\sigma^2 \boldsymbol{E}$。$X$ 是已知的 $n \times (k+1)$ 常数矩阵，由自变量的各个观测值构成，Y 是已知的 $n \times 1$ 常数矩阵，由因变量各个观测值构成，则有矩阵关系式

$$Y = X\hat{\boldsymbol{\beta}} + e \tag{7-19}$$

利用最小二乘法可得到参数向量 $\boldsymbol{\beta}$ 的估计值为

$$\hat{\boldsymbol{\beta}} = (X^{\mathrm{T}}X)^{-1}X^{\mathrm{T}}Y \tag{7-20}$$

式中，X^{T} 是矩阵 X 的转置矩阵；$(X^{\mathrm{T}}X)^{-1}$ 是矩阵 $(X^{\mathrm{T}}X)$ 的逆矩阵。

多元线性回归模型的回归系数 $\hat{\beta}_j(j=1, 2, …, k)$ 的实际含义为，当其他自变量保持不变时，第 j 个自变量 x_j 每变动一个单位，引起的因变量 y 的平均变

动量。实际上，在多元线性回归分析中，还假定各自变量 $x_j(j=1,2,\cdots,k)$ 之间不存在线性关系。

7.3.2　模型的检验

1. 回归系数的显著性检验

多元线性回归模型的回归系数 $\hat{\beta}_j(j=1,2,\cdots,k)$ 可用来测定在其他变量保持不变时，自变量 x_j 与因变量 y 之间的变化关系。回归系数 $\hat{\beta}_j(j=1,2,\cdots k)$ 在一定的显著性水平 α 下，若显著地不为 0，说明自变量 x_j 与因变量 y 有较强的线性关系，x_j 的变化能很好地解释 y 的变化，符合回归分析的线性假设，自变量 x_j 可以保留在回归模型中，若回归系数 $\hat{\beta}_j(j=1,2,\cdots,k)$ 不显著，或说与 0 无显著不同，表明 x_j 的变化无助于解释 y 的变化，应将其从模型中剔除。多元线性回归分析中，对回归系数的显著性检验，与一元线性回归分析中的 t 检验类似。

回归系数 β_j 的 t 检验统计量为

$$T_{\hat{\beta}_j} = \frac{\hat{\beta}_j}{S_{\hat{\beta}_j}}(j=0,1,2,\cdots,k) \tag{7-21}$$

根据给定的显著性水平 α，查自由度为 $n-k-1$ 的 t 分布表可得临界值 $t_{\alpha/2}(n-k-1)$。然后将实际计算的 $T_{\hat{\beta}_j}(j=1,2,\cdots,k)$ 与其比较。

若 $|T_{\hat{\beta}_j}| > t_{\alpha/2}(n-k-1)$，则回归系数 β_j 显著地不为 0，参数的 t 检验通过。

若有 $|T_{\hat{\beta}_j}| \leqslant t_{\alpha/2}(n-k-1)$，则回归系数 β_j 不显著，参数的 t 检验未获得通过，回归系数的 t 检验通不过。

回归系数通不过检验的原因可能是：① 选择的自变量对因变量 y 事实上并无显著影响；② 所选择的自变量具有多重共线性。读者需根据实际情况进行分析判断。

2. 回归方程的显著性检验

为了说明回归模型的整体回归效果是否显著，就需要对回归方程进行显著性检验。由于所利用的是方差分析中所提供的 F 统计量，所以也被称为回归方程的 F 检验。

检验假设为

$$H_0: \beta_1 = \beta_2 = \cdots = \beta_k = 0, \quad H_1: \beta_1, \beta_2, \cdots, \beta_k \text{不全为 0}$$

计算回归方程的 F 统计量

$$F = \frac{\sum (\hat{y}_i - \bar{y})^2/k}{\sum (y_i - \hat{y}_i)^2/(n-k-1)} = \frac{\text{SSR}/k}{\text{SSE}/(n-k-1)} \sim F(k, n-k-1)$$

$$\tag{7-22}$$

查 F 分布表，显著性水平为 α，自由度为 $n_1 = k$，$n_2 = n - k - 1$，得临界值 $F_\alpha(k, n - k - 1)$，将计算的 $F(k, n - k - 1)$ 与 $F_\alpha(k, n - k - 1)$ 比较。

若 $F(k, n - k - 1) > F_\alpha(k, n - k - 1)$，则拒绝 H_0，说明回归方程的线性回归效果显著，模型通过 F 检验。

若 $F(k, n - k - 1) \leqslant F_\alpha(k, n - k - 1)$，则不能拒绝 H_0，模型的 F 检验未通过，说明模型没有什么实际意义。

造成回归方程回归效果不显著的原因可能是选择自变量时漏掉了某些有重要影响的因素，或者是自变量与因变量间的关系是非线性的。对于前一种情况，需重新考虑一切可能对因变量有影响的因素，并从中挑选出重要的作为自变量，这属于回归自变量的选择问题。对于后一种情况，问题较为复杂，需要判断自变量与因变量之间非线性关系的种类，以便进行非线性回归分析。

3. 拟合优度检验

同一元线性回归分析类似，要判定多元线性回归模型对样本数据的拟合程度，以达到评价回归模型的优劣，仍可用判定系数 R^2 来进行拟合优度检验，这里 R^2 仍由下式计算：

$$R^2 = \frac{\sum (\hat{y}_i - \bar{y})^2}{\sum (y_i - \bar{y})^2} = 1 - \frac{\sum (y_i - \hat{y}_i)^2}{\sum (y_i - \bar{y})^2} = 1 - \frac{\text{SSE}}{\text{SST}} \tag{7-23}$$

但 R^2 值的大小会受到模型中自变量个数的影响，在模型中增加新的自变量，虽不能改变总平方和 $\sum (y_i - \bar{y})^2$，却有可能增加回归平方和 $\sum (\hat{y}_i - \bar{y})^2$，换句话说，增加自变量个数会导致 R^2 增大，为了消除 R^2 对模型中自变量个数的依赖，通常采用修正的判定系数 $\bar{R}^2$，其定义为

$$\bar{R}^2 = 1 - \frac{\sum (y_i - \hat{y}_i)^2 / (n - k - 1)}{\sum (y_i - \bar{y})^2 / (n - 1)} = 1 - \frac{\text{SSE}/(n - k - 1)}{\text{SST}/(n - 1)} \tag{7-24}$$

可见，$\bar{R}^2$ 与 R^2 的关系为

$$\bar{R}^2 = 1 - (1 - R^2) \frac{n - 1}{n - k - 1} \tag{7-25}$$

从式（7-25）可知：只要 $k > 0$，总有 $\bar{R}^2 < R^2$，另外，$\bar{R}^2$ 有可能为负值。

对于多元线性回归模型，如果 $\bar{R}^2$ 越接近于 1，说明模型对样本数据的拟合程度越高，模型的预测效果越佳。

对于多元线性回归模型，也需进行回归标准差的检验。因其方法及计算均与一元情形类似，这里不再赘述。

7.3.3 自变量的选择及多重共线性问题

运用多元线性回归模型进行分析，必须解决好自变量的选择问题，如果在

回归模型中包含有与回归对象关系不大的因素，或者说是对回归对象影响不显著的因素，既增大计算工作量，又降低分析精度。如果选择的自变量虽然对回归对象影响较大，但彼此间高度线性相关，则不符合回归分析的基本假设，会导致一系列错误。

对自变量的选择有两条基本准则：① 选择的自变量应是那些与回归对象密切相关的因素；② 所选择的自变量之间不能有较强的线性关系，即不能有多重共线性问题存在。

1. 关于自变量的选择

回归分析时选择自变量的第一步是，针对回归对象进行因素分析。因素分析是一种定性分析，它需要凭借对回归对象的熟悉、了解和分析，找到影响回归对象的所有因素，再从中选择那些能够定量描述且可搜集到历史观察值的因素，作为初选的自变量。第二步是，要进行简单相关分析。因素分析中选择的因素，是否能够作为回归模型中的自变量，还要通过定量分析。一种简单可行的办法是进行相关分析，即分别计算回归对象与各影响因素的简单相关系数，要选择那些与回归对象高度相关者作为自变量，一般将相关系数小于 0.8 的因素视为相关程度不高，应将其舍弃而不纳入回归模型。对某些拿不准是否应舍弃的因素，也可暂时保留，待模型检验后再作决定。第三步是，要考虑多重共线性问题。多元回归的基本假设之一是自变量间不存在明显的线性关系。否则，用最小二乘法得到的回归系数估计值 $\hat{\beta}_j$，将无法解释回归对象。自变量之间的线性约束，被称之为多重共线性，它是由于两个或更多个自变量（或自变量组合）相互之间高度相关所致，当自变量存在多重共线性时，在共线性的变量中只能保留一个，其余略掉，通常会略去其中与因变量相关系数较小者。

2. 关于多重共线性的识别和消除

回归分析时，在遇到下列情况之一时往往表明多重共线性存在。

（1）回归模型的 F 检验通过，而有的回归系数的 t 检验未通过。

（2）模型中增加或删除一个自变量，回归系数的估计值有较大的变化。

（3）回归系数估计值的符号与实际经济判断的相反。

（4）简单相关系数矩阵中，两个自变量之间的相关系数值较大。通常，简单相关系数 $r > 0.7$ 时，应考虑有多重共线性存在。

以上几点的识别方法虽然非正式，有很大的局限性，但直观、简便，故在分析中常被应用。识别多重共线性时，要坚持定性与定量分析相结合的原则，在判别这些因素之间是否真的具有高度线性相关关系，排除虚假相关的情况，如果有条件，或上面的识别方法无效时，可以采用一些正式的方法。

消除共线性最简单的办法是：删除共线性组中自变量与因变量的简单相关系数最小者。

3. 逐个删除法和逐步回归分析

回归自变量的选择所涉及的计算量都很大。随着高速电子计算机的日益广泛应用，人们提出了许多变量选择准则和实用的计算方法及程序，如基于残差平方和的准则、回归平方和准则等。不同的标准会导致不同的选择方法，因而所达到的所谓"最优"变量组也不尽相同，而逐个删除法则是一种简单有效的变量选择方法，在实际回归分析中常被采用。

逐个删除法首先将与回归对象有关的全部因素引入方程，建立模型，然后依据每个回归系数的 $|T|$ 值大小，逐个删除那些不显著的变量，直到模型中包含的变量都是影响预测对象的显著因素为止。当不显著的变量较多时，不能同时删除，而要从 $|T|$ 值最小的那个系数所对应的变量开始逐一删除，若删除一个变量后，模型的 R^2 和 $\bar{R}^2$ 变化不大，而其他统计量有所改善，如其余回归系数的 $|T|$ 值增大，回归标准差、残差平方和都有所降低等，则可认为该变量从模型中删除是适宜的，若删除一个变量后，R^2 和 $\bar{R}^2$ 的变化很大，则变量的删除对模型不利，应使之留在模型中。

需要说明的是，尽管数学方法对变量的正确选择可能有一些帮助，但在处理具体问题时，变量的正确选择在根本上还是要依赖于所研究问题本身的专业知识和实践经验，当应用某种准则和方法选出的"最优"变量组明显地与实际问题本身的专业理论不一致时，需要首先重新考虑我们的统计结论，查找数据中是否含有异常点，计算是否有错误等，不能把变量选择方法看成僵死的"教条"来机械地搬用。

逐步回归分析是数理统计提供的一种在众多因素中挑选对回归对象影响显著的因素的方法。它的基本思想是：将因素逐个引入回归模型，引入的条件是该因素的偏回归平方和经检验是显著的。同时，每引入一个新的因素后，要对已选择的因素逐个进行检验，将偏回归平方和变为不显著的因素删除。下面简单介绍一下何谓偏回归平方和。

设 $SST = \sum (y_i - \bar{y})^2$ 为总平方和，$SSE = \sum (y_i - \hat{y}_i)^2$ 为残差平方和，$SSR = \sum (\hat{y}_i - \bar{y})^2$ 为回归平方和，则在多元线性回归分析中，SSR 是所有自变量对因变量 y 变动的总影响，模型中包括的自变量越多，回归平方和就越大，若从中去掉一个自变量时，回归平方和就会减小，减少的数值越大，说明去掉的因素在回归中所起的作用越大，说明该变量越重要。如果假设 SSR 是 k 个变量 $x_1, x_2, \cdots, x_k$ 所引起的回归平方和，SSR' 是 $k-1$ 个变量 $x_1, \cdots, x_{i-1}, x_{i+1}, \cdots, x_k$ 所引起的回归平方和（即除去 x_i），那么，它们的差 $S_i = SSR - SSR'$ 就是去掉变量 x_i 后，回归平方和减少的量，称 S_i 为变量 x_i 的偏回归平方和。

7.3.4　多元回归预测

根据前面的讨论，针对回归对象 y 及有关的显著影响因素 x_1，x_2，$\cdots$，x_k，通过最小二乘法建立起回归模型 $\hat{y} = \hat{\beta}_0 + \hat{\beta}_1 x_1 + \hat{\beta}_2 x_2 + \cdots + \hat{\beta}_k x_k$ 后，便可根据已知的各自变量的未来取值 $\boldsymbol{X}_0 = (1, x_{10}, x_{20}, \cdots, x_{k0})$，求出因变量的点预测值为 $\hat{y}_0 = \boldsymbol{X}_0 \hat{\boldsymbol{\beta}}$，即

$$\hat{y}_0 = \hat{\beta}_0 + \hat{\beta}_1 x_{10} + \hat{\beta}_2 x_{20} + \cdots + \hat{\beta}_k x_{k0} \tag{7-26}$$

与一元线性回归预测相类似，根据偏差 $y_0 - \hat{y}_0$ 的概率分布，可得出 y_0 的区间预测，根据多元回归分析原理，可推得 $y_0 - \hat{y}_0$ 服从均值为 0、方差为 $\sigma^2 (1 + \boldsymbol{X}_0 (\boldsymbol{X}^{\mathrm{T}} \boldsymbol{X})^{-1} \boldsymbol{X}_0^{\mathrm{T}})$ 的正态分布，在总体方差 σ^2 未知的条件下，可构造服从 t 分布的统计量 $\hat{y}_0 = \boldsymbol{X}_0 \hat{\boldsymbol{\beta}}$，即

$$T_{\hat{\beta}} = \frac{y_0 - \hat{y}_0}{S_Y \sqrt{1 + \boldsymbol{X}_0 (\boldsymbol{X}^{\mathrm{T}} \boldsymbol{X})^{-1} \boldsymbol{X}_0^{\mathrm{T}}}} \sim t(n - k - 1) \tag{7-27}$$

因此，在概率保证程度为 $1 - \alpha$ 下，y_0 的预测区间为

$$\left[(\hat{y}_0 \pm t_{\alpha/2}(n - k - 1) S_Y \sqrt{1 + \boldsymbol{X}_0 (\boldsymbol{X}^{\mathrm{T}} \boldsymbol{X})^{-1} \boldsymbol{X}_0^{\mathrm{T}}}) \right] \tag{7-28}$$

7.4　应用案例及软件操作程序

例 7-2　表7-2 给出了某地城镇居民人均消费支出水平及居民人均工资性收入和非工资性收入水平资料，据此建立人均消费支出水平 y 关于人均工资性收入 x_1 和非工资性收入 x_2 的二元线性回归模型：$\hat{y} = \hat{\beta}_0 + \hat{\beta}_1 x_1 + \hat{\beta}_2 x_2$。若已知该地1999 年的人均工资性收入为 755.72 元，人均非工资性收入为 454.98 元，试对 1999 年该地的人均消费支出进行预测。

解：由于多元回归分析计算量大，本题借助于 SPSS 统计软件进行参数的估计与检验。

（1）打开 SPSS 系统，在数据窗口定义各个变量，将表7-2 的数据录入 SPSS 数据窗口，如图7-3 所示。

表　7-2　　　　（单位：元）

年　　份	人均消费支出额	人均工资性收入	人均非工资性收入
1985	416.07	395.92	74.51
1986	465.39	425.44	106.50

131

（续）

年 份	人均消费支出额	人均工资性收入	人均非工资性收入
1987	478.05	439.26	112.10
1988	473.49	404.28	122.42
1989	472.65	389.26	175.19
1990	490.94	428.47	180.73
1991	516.86	475.08	151.58
1992	526.94	497.25	159.92
1993	543.45	502.51	179.78
1994	646.00	584.38	226.96
1995	626.35	589.85	194.46
1996	664.83	584.09	227.61
1997	685.79	572.71	278.57
1998	703.18	565.44	320.68

（2）依次按照【Analyze】→【Regression】→【Liner Regression】（分析→回归→线性）的顺序展开回归分析对话框，如图 7-4 所示。

（3）将人均消费支出额键入右边因变量的对话框，将人均工资性收入与人均非工资性收入键入右边自变量对话框，单击【OK】，在输出窗口即可得到表 7-3 ~ 表 7-5 的回归结果。

从表 7-3 可知回归模型拟合程度 $R^2 = 0.984$，$\overline{R}^2 = 0.981$，$\overline{R}^2$ 接近 1，说明模型拟合程度较高。

表 7-4 表明 F 统计量的值为 340.676，利用 SPSS 统计软件进行回归分析，可以不进行查表，直接

图 7-3

依据 F 统计量对应的 Sig. 的值做出判断，若 Sig. 的值小于 0.05，则认为回归模型整体显著。否则，认为所建立的回归模型整体不显著。由该表可见，本例中 F 值所对应的 Sig. 的值小于 0.05，模型整体显著。

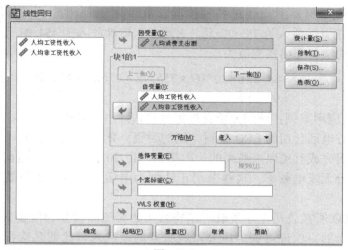

图 7-4

表 7-3 Model Summary

Model	R	R Square	Adjusted R Square	Std. Error of the Estimate
1	0.992①	0.984	0.981	13.021 67

① Predictors：（Constant），人均非工资性收入，人均工资性收入。

表 7-4 ANOVA②

Model	Sum of Squares	df	Mean Square	F	Sig.
Regression	115 532.669	2	57 766.335	340.676	0.000①
Residual	1 865.201	11	169.564		
Total	117 397.871	13			

① Predictors：（Constant），人均非工资性收入，人均工资性收入。

② Dependent Variable：人均消费支出额。

表 7-5 Coefficients①

Model	Unstandardized Coefficients		Standardized Coefficients	t	Sig.
	B	Std. Error	Beta		
1 （Constant）	84.231	26.567		3.171	0.009
人均工资性收入	0.709	0.074	0.576	9.559	0.000
人均非工资性收入	0.667	0.084	0.476	7.903	0.000

① Dependent Variable：人均消费支出额。

表 7-5 是回归模型的输出结果，回归系数的 T 检验（在程序中 t 检验用 T 检验代替）也可以直接通过 Sig. 的值与 0.05 作比较，若 Sig. < 0.05，说明回归系数通过 T 检验，回归系数不等于 0。从表 7-5 可知，x_1，x_2 均通过 T 检验，所构建的回归模型为

$$\hat{y} = 84.231 + 0.709x_1 + 0.667x_2$$

所建立的回归模型能通过各种检验，故可用于预测分析，若已知该地区 1999 年人均工资性收入为 755.72 元，人均非工资性收入为 454.98 元，则1999 年该地区的人均消费支出预测值为

$$\hat{y}_{1999} = 84.231 + 0.709 \times 755.72 + 0.667 \times 454.98$$
$$= 923.51$$

例 7-3 应用案例：回归分析在投标价格估计中的应用。

一家地方电话公司的 CEO 看到《纽约时报》的一篇报道：

联邦政府完成有史以来最大的一次拍卖，以 70 亿美元的价格向几家大型公司出售一部分无线电频率，这些公司正计划为电话和计算机提供覆盖全国的无线通信网络…

这位 CEO 所在公司正在争取一笔贷款来购买美国联邦通信委员会计划来年在该地区拍卖的一项许可证。该公司所服务的地区人口比前几次拍卖许可证时的人口平均增加了 7%，但联邦通信委员会计划拍卖的许可证数目与过去相同。这使这位 CEO 较为烦恼，因为在最近一项拍卖中 99 位投标者一共支付了 70 亿美元——平均每一项许可证要支付 7070 万美元。

所幸的是报道中给出了 10 个不同地区单项许可证的购买价格，各地区出售许可证数目以及人口总数。这位 CEO 迅速将数据输入 EXCEL 电子表格中，经过回归分析，发现每项许可证的价格（P）、可得的许可证数目（Q）、地区人口数（Pop）之间存在如下关系：

$$\ln P = 2.23 - 1.2\ln Q + 1.25\ln Pop$$

回归结果见表 7-6。

表 7-6

	A	B	C	D	E	F	G
1	回归统计量						
2							
3	R	0.92					
4	R^2	0.85					
5	调整后的 R^2	0.81					
6	标准差	0.32					
7	观测值个数	10					
8							
9	方差分析						
10		自由度	平方和	均方	F	P 值	
11	回归	2	4.02	2.01	19.95	0.001 3	
12	残差	7	0.71	0.10			
13	总计	9	4.73				
14							
15		系数	标准差	T 统计量	P 值	95% 下限	95% 上限

（续）

	A	B	C	D	E	F	G
16	截距	2. 23	0. 43	5. 24	0. 001 2	1. 23	3. 24
17	lnPop	1. 25	0. 20	6. 11	0. 000 5	0. 77	1. 73
18	ln$Q$	− 1. 20	0. 20	− 6. 10	0. 000 5	− 1. 66	− 0. 73

从表7-6的回归结果可知：lnPop前面的系数1.25代表人口每变化1%将导致价格提高1.25%，该地区人口增加7%意味着价格将增加8.75%（1.25 × 7 = 8.75），由于上次价格为7 070万美元，如果其他情况不变，为了赢得拍卖，预计的价格为7 689万美元。由于最终许可证持有者所服务的市场规模将更大，根据该模型，预计其所在地区对许可证的需求将比以前更大。

地区收入越高，可能接受的无线通信服务的价格也会更高，因此，一个地区的平均收入预计会对公司愿意支付的价格具有正效应。另外投标者数量越多，竞争越激烈，预期价格将越高。但由于没有考虑地区收入以及投标者数目的信息，该CEO在使用这些估计值时应该非常谨慎。

尽管模型存在一定的不足，但表7-6的回归结果表明该模型很好地解释了许可证的价格。拟合优度值$R^2 = 0.85$，表明价格变动的85%可以用模型来解释，变量ln$Q$和lnPop的T统计量的绝对值较大，对应的P值均小于0.05，这些数据有理由让CEO相信真实数据不为0。

由于lnPop系数95%的置信上限是1.73，因此该CEO可以以95%的置信概率最高以约7 926万美元赢得一个许可证（1.73 = %ΔP/7，故 %ΔP = 12.11，7 070 × 112.11% = 7 926.17），根据该估计金额，CEO可以让他的研究部门或经济顾问对此做更为详细的计划。

本章小结

1. 相关分析是研究一个变量与另一个变量之间相关关系密切程度和相关方向的一种统计分析方法。相关分析的主要工具是相关系数。

2. 相关系数的取值介于 − 1 与 1 之间，其绝对值越接近于 1，相关程度越高；相关系数为 0，表明两变量不存在线性相关关系。

3. 一元线性回归模型的回归系数利用最小二乘法来估计，其计算公式为

$$\begin{cases} \hat{\alpha} = \dfrac{1}{n} \sum y - \dfrac{\hat{\beta}}{n} \sum x = \bar{y} - \hat{\beta}\bar{x} \\ \hat{\beta} = \dfrac{n \sum xy - \sum x \sum y}{n \sum x^2 - \left(\sum x \right)^2} = \dfrac{\sum \left(x - \bar{x} \right)\left(y - \bar{y} \right)}{\sum \left(x - \bar{x} \right)^2} \end{cases}$$

4. 回归系数通不过检验的原因可能是：① 选择的自变量对因变量 y 事实上并无显著影响；② 所选择的自变量具有多重共线性。

5. 用判定系数 R^2 来进行拟合优度检验，为了消除 R^2 对模型中自变量个数的依赖，通常采用修正的判定系数 $\bar{R}^2$，且 $\bar{R}^2$ 越接近于 1，说明模型对样本数据的拟合程度越高，模型的预测效果越佳。

6. 回归分析时，在遇到下列情况之一时往往表明多重共线性存在：① 回归模型的 F 检验通过，而有的回归系数的 t 检验未通过。② 模型中增加或删除一个自变量，回归系数的估计值有较大的变化。③ 回归系数估计值的符号与实际经济判断的相反。④ 简单相关系数矩阵中，两个自变量之间的相关系数值较大。通常，简单相关系数 $r > 0.7$ 时，应考虑有多重共线性存在。

 思考与练习

1. 什么是相关关系？

2. 相关分析与回归分析有何联系与区别？

3. 什么是总体回归函数？什么是样本回归函数？它们之间有什么联系和区别？

4. 如何识别多重共线性？

5. 选择题

(1) 在回归分析中，被预测或被解释的变量称为 (　　)。

A. 自变量　　　B. 因变量　　　C. 随机变量　　　D. 非随机变量

(2) 在回归模型 $Y = \alpha + \beta X + \mu$ 中，μ 反映的是 (　　)。

A. 由于 x 的变化引起的 y 的线性变化的部分

B. 由于 y 的变化引起的 x 的线性变化的部分

C. 除 x 和 y 的线性关系之外的随机因素对 y 的影响

D. x 和 y 的线性关系对 y 的影响

(3) 对于有线性关系的两变量建立的直线回归方程 $\hat{y} = \hat{\alpha} + \hat{\beta}x$ 中，回归系数 $\hat{\beta}$ (　　)。

A. 可能为 0　　　B. 可能小于 0　　　C. 只能是正数　　　D. 只能是负数

(4) 由最小二乘法得到的回归直线，要求满足因变量的 (　　)。

A. 平均值与其估计值的离差平方和最小

B. 实际值与其平均值的离差平方和最小

C. 实际值与其估计值的离差和为 0

D. 实际值与其估计值的离差平方和最小

6. 设销售收入 X 为自变量，销售成本 Y 为因变量。现已根据某百货公司 12 个月的有关资料计算出以下数据（单位：万元）：

$$\sum (x - \bar{x})^2 = 425\,053.73, \quad \bar{x} = 647.88$$

$$\sum (y - \bar{y})^2 = 262\,855.25, \quad \bar{y} = 549.8$$

$$\sum (x - \bar{x})(y - \bar{y}) = 334\,229.09$$

（1）拟合简单线性回归方程，并对方程中回归系数的经济意义做出解释。

（2）计算可决系数和回归估计的标准误差。

（3）对 β_2 进行显著性水平为 5% 的显著性检验。

（4）假定明年 1 月销售收入为 800 万元，利用拟合的回归方程预测相应的销售成本，并给出置信度为 95% 的预测区间。

7. 根据表 7-7 的数据建立回归方程，计算残差 e、判定系数 R^2、估计标准误差 s_e，并分析回归方程的拟合程度。

表　7-7

x	15	8	19	12	5
y	47	36	56	44	21

8. 为研究销售收入与广告费用支出之间的关系，某医药管理部门随机抽取 20 家药品生产企业，得到它们的年销售收入和广告费用支出（单位：万元）的数据见表 7-8。绘制散点图描述销售收入与广告费用之间的关系，并构建回归模型。

表　7-8　　　　　　　　　　　　　　（单位：万元）

企业编号	销售收入	广告费用	企业编号	销售收入	广告费用
1	618	45	11	531	40
2	3 195	430	12	1 691	175
3	1 675	240	13	2 580	510
4	753	160	14	93	10
5	1 942	390	15	192	50
6	1 019	80	16	1 339	340
7	906	50	17	3 627	580
8	673	130	18	902	80
9	2 395	410	19	1 907	360
10	1 267	200	20	967	160

9. 试根据表 7-9 中的数据，利用统计软件，建立二元回归模型。

表 7-9

Y	100	75	80	70	50	65	90	100	60	110
X_1	5	7	6	6	8	7	5	4	9	3
X_2	1 000	600	1 200	500	300	400	1 300	110	300	1 300

10. 根据软件输出的回归结果（表 7-10、表 7-11、表 7-12），说明模型中涉及多少个自变量、多少个观察值。写出回归方程，并根据 F，R^2 及调整的 $\overline{R}^2$ 的值对模型进行讨论。

表 7-10　回归统计表

回归统计	数　值	回归统计	数　值
R	0.842 407	标准误差	109.429 596
R^2	0.709 650	观测值	15
调整的 R^2	0.630 463		

表 7-11　方差分析表

	自由度	平方和	均　方	F
回归	3	321 946.801 8	107 315.600 6	
残差	11	131 723.198 2	11 974.84	8.961 8
总计	14	453 670		

表 7-12　回归分析表

	系　数	标准误差	t
截距	657.05	167.459 5	3.923 6
X_1	5.710 3	1.791 8	3.186 8
X_2	-0.416 9	0.322 2	-1.294 0
X_3	-3.471 5	1.442 9	-2.405 8

11. 某汽车生产厂商欲了解广告费用（x）对销售量（y）的影响，收集了过去 12 年的有关数据。通过计算得到了表 7-13、表 7-14 的有关结果：

表 7-13　方差分析表

误差来源	离差平方和	自由度	平均平方	F 值	显著性
回归					2.17E-09
残差	40 158.07		—	—	—
总计	1 642 866.67	11	—	—	—

表 7-14 参数估计表

	Coefficients	标准误	t Stat	P value
Intercept	363. 689 1	62. 455 29	5. 823 191	0. 000 168
X Variable	1. 420 211	0. 071 091	19. 977 49	2. 17E-09

要求：

（1）完成上面的方差分析表。

（2）汽车销售量的误差中有多少是由广告费用的变动引起的？

（3）销售量与广告费用之间的相关系数是多少？

（4）写出估计的回归方程并解释回归系数的实际意义。

（5）检验线性关系的显著性（$\alpha = 0.05$）。

第8章

时间数列分析

 导入案例

测量和报告放射性泄漏

美国联邦法律要求 X 射线实验室和核能工厂应为雇员测量和报告放射性泄漏。许多组织通过把这种监督与报告外包给使用制热发光的徽章的公司，来满足联邦的要求。这种徽章在特定的 1 个月、3 个月或 6 个月的记录周期内记录放射性泄漏。

世界上最大的辐射放射量测定服务提供商之一的记录周期是以制定的徽章运送到客户处开始。当客户接收到补充的徽章时，他们把旧的徽章收集起来并归还给公司。这之后，公司基于每个徽章的记录测量放射性泄漏的数量。客户归还徽章的时间的变动性、各个周期徽章的波动需求、以及徽章可能的处理不当和磨损常常会影响后面周期的可再用徽章的数量。因此，对公司来说匹配定制徽章的需求与可再用徽章的供应是很困难的。为了补充可再用徽章的任何差额，公司购买了新的徽章。

确定一个有效的新徽章购买系统的关键因素之一是在每一个记录周期开始时预测客户需求的能力。基于他们记录周期的长度，客户被分为三个组：1 个月、3 个月或者 6 个月。通过利用季节分解获取季节性影响，历史数据被用来为每一个客户组作需求预测。3 个客户组预测的总和提供了对总需求的预测。18 个月的真实需求数据被用来估计季节性影响。预测模型的测试显示，它能够获取潜在的季节因素，并提供在真实徽章需求 5% ~7% 以内浮动的预测。

 学习目标

- 掌握时间数列分析指标的计算与应用
- 掌握长期趋势预测模型的构建与应用
- 掌握季节指数、循环变动和不规则变动的测定

● 学会使用 SPSS 统计软件进行时间数列分析

8.1 时间数列的概念和种类

8.1.1 时间数列的概念

所谓时间数列，也称为时间序列或动态数列，是将社会经济指标的数值按照时间顺序加以排列而形成的数列。例如，表 8-1 所列的指标数列。

表 8-1 我国人口和生产总值时间数列

年份	年末人口数（万人）	人口出生率（‰）	人口死亡率（‰）	城镇单位就业人员平均工资（元）	国内生产总值（亿元）	人均国内生产总值／（元/人）
2011	134 916	13.27	7.14	41 799	487 940.2	36 277
2012	135 922	14.57	7.13	46 769	538 580.0	39 771
2013	136 726	13.03	7.13	51 483	592 963.2	43 497
2014	137 646	13.83	7.12	56 360	643 563.1	46 912
2015	138 326	11.99	7.07	62 029	688 858.2	49 922
2016	139 232	13.57	7.04	67 569	746 395.1	53 783
2017	140 011	12.64	7.06	74 318	832 035.9	59 592
2018	140 541	10.86	7.08	82 413	919 281.1	65 534
2019	141 008	10.41	7.09	90 501	986 515.2	70 078
2020	141 212	8.52	7.07	97 379	1 015 986.2	72 000

注：资料来源于《中国统计年鉴 2021》。

由表 8-1 可以看出，时间数列由两大要素构成：① 统计指标所属的时间；② 统计指标在不同时间上的观测值。

时间数列与其他变量数列一样，也是进行统计分析推断的重要依据和出发点。因为任何事物都在不断的运动之中，反映客观事物的统计指标会随着时间的推移而变化，我们为了了解、揭示和掌握事物发展变化的过程和特点，研究事物发展变化的趋势和规律，并运用这种规律对事物的未来状况进行科学预测，就需要对描述事物状态的各种统计指标的变化进行观测记录，从而形成各指标的时间数列。进行时间数列分析的作用主要有：

（1）描述事物的发展现状和结果。

（2）研究事物的发展趋势和发展快慢的程度。

（3）探索事物发展变化的特点和规律性。

（4）对事物发展的未来状况进行科学的预测。

8.1.2　时间数列的种类

按指标表现形式的不同，时间数列可分为绝对数时间数列、相对数时间数列和平均数时间数列。

绝对数时间数列是由一系列绝对数指标，即总量指标，按时间顺序排列而成的数列。它是时间数列中最基本的表现形式，用以反映事物在不同时间上所达到的绝对水平。绝对数时间数列根据指标所属时间状况的不同，又可以分为时期数列和时点数列。例如，表8-1中的国内生产总值数列就是时期数列。时期数列中的观测值反映事物在一段时期内的活动总量，并且各观测值可以直接相加，用以反映更长一段时期内的活动总量。表8-1中的年末人口数数列属于时点数列，时点数列中的观测值反映事物在某一瞬间点上的现存总量，其观测值不能直接相加，如年末人口数相加没有实际意义。由绝对数时间数列可以派生出相对数时间数列和平均数时间数列。

相对数时间数列是由一系列相对数指标按时间顺序排列而成的数列。它反映事物之间的相互联系及其发展变化情况。例如，表8-1中的人均国内生产总值数列就是一个相对数时间数列，这是由各期国内生产总值水平值与各相应时期平均人口数水平值对比计算形成的。

平均数时间数列是由一系列平均数按时间顺序排列而成的数列。例如，表8-1中的城镇单位就业人员平均工资数列就是一个平均数数列。

8.2　时间数列的分析指标

8.2.1　时间数列分析的水平指标

在时间数列中，指标在不同时间上的数值称为发展水平，它表明某一事物在各个时期达到的实际水平，一般用 a_i 表示，i 由 0 或 1 到 n，则时间数列指标值可以表示为

$$a_0, a_1, a_2, \cdots, a_n$$

其中，a_0 为期初水平，a_n 为期末水平，其余为中间水平。在进行动态分析时，我们还将研究时期的水平称为报告期水平、计算期水平或现期水平，将用来进行比较的基础时期的水平叫作基期水平。

增长量是指报告期水平与基期水平之差，说明所考察的事物在一定时期内增长或减少的绝对数量。增长量可以是正数也可以是负数，正数表明增长，负数表明减少。由于采用基期水平的不同，增长量又可分为逐期增长量和累计增长量。

逐期增长量是报告期水平与其前一期水平之差，说明报告期水平比前一期水平增加或减少的绝对量。用公式表示如下：

$$逐期增长量 = a_i - a_{i-1}(i = 1, 2, \cdots, n) \tag{8-1}$$

即逐期增长量数列为

$$a_1 - a_0, a_2 - a_1, a_3 - a_2, \cdots, a_n - a_{n-1}$$

累计增长量是报告期水平与某一固定基期水平之差，说明报告期水平比固定基期水平增长或减少的绝对量。用公式表示如下：

$$累计增长量 = a_i - a_0(i = 1, 2, \cdots, n) \tag{8-2}$$

即累计增长量数列为

$$a_1 - a_0, a_2 - a_0, a_3 - a_0, \cdots, a_n - a_0$$

可以看出，累计增长量等于相应时期逐期增长量之和。即

$$(a_1 - a_0) + (a_2 - a_1) + (a_3 - a_2) + \cdots + (a_n - a_{n-1}) = a_n - a_0$$

而相邻两期累计增长量之差等于相应时期的逐期增长量，即

$$(a_i - a_0) - (a_{i-1} - a_0) = a_i - a_{i-1}$$

例 8-1 以表 8-2 中资料说明时间数列分析指标及其计算方法。

表 8-2 我国人均 GDP 指标

年　　份		2015	2016	2017	2018	2019	2020
		a_0	a_1	a_2	a_3	a_4	a_5
人均 GDP（元）（发展水平）		49 922	53 783	59 592	65 534	70 078	72 000
增长量（元）	逐期	—	3 861	5 809	5 942	4 544	1 922
	累计	—	3 861	9 670	15 612	20 156	22 078
发展速度（%）	定基	100	107.7	119.4	131.3	140.4	144.2
	环比	—	107.7	110.8	110.0	106.9	102.7
增长速度（%）	定基	100	7.7	19.4	31.3	40.4	44.2
	环比	—	7.7	10.8	10.0	6.9	2.7

143

8.2.2 时间数列分析的速度指标

1. 发展速度

发展速度是时间数列中报告期水平与基期水平之比，是表明事物发展变化快慢程度的动态相对指标。

由于基期水平可以是前一期水平，也可以是某一固定时期水平，所以发展速度有两种，即：

（1）环比发展速度是指报告期水平与其前一期水平之比。用公式表示为

$$\text{环比发展速度} = \frac{a_i}{a_{i-1}}(i = 1, 2, \cdots, n) \tag{8-3}$$

各期环比发展速度为

$$\frac{a_1}{a_0}, \frac{a_2}{a_1}, \frac{a_3}{a_2}, \cdots, \frac{a_n}{a_{n-1}}$$

（2）定基发展速度是指报告期水平与某一固定基期水平之比。用公式表示为

$$\text{定基发展速度} = \frac{a_i}{a_0}(i = 1, 2, \cdots, n) \tag{8-4}$$

各期定基发展速度为

$$\frac{a_1}{a_0}, \frac{a_2}{a_0}, \frac{a_3}{a_0}, \cdots, \frac{a_n}{a_0}$$

固定基期一般为：① 特定的历史时期，如中华人民共和国成立初期的 1952 年、改革开放初期的 1978 年；② 中、长期计划的头一年，如 2005 年、2010 年等。

环比发展速度与定基发展速度存在着一定的关系，即：各期环比发展速度的连乘积等于定基发展速度。上例中，2016—2020 年环比发展速度之积等于 2020 年的定基发展速度。

2. 增长速度

增长速度也叫作增长率，是增长量与基期水平之比，表明事物增长的快慢速度。由于增长量有逐期增长量和累计增长量之分，因而增长速度也有环比增长速度和定基增长速度两种。

（1）环比增长速度是指逐期增长量与前一期水平之比，说明事物逐期增长的快慢程度。用公式表示为

$$\text{环比增长速度} = \frac{a_i - a_{i-1}}{a_{i-1}} = \frac{a_i}{a_{i-1}} - 1 (i = 1, 2, 3, \cdots, n) \tag{8-5}$$

可见，环比增长速度是环比发展速度减去 1 或 100%。

（2）定基增长速度是指累计增长量与固定基期水平之比，说明一段时期内事物增长的快慢程度。用公式表示为

$$\text{定基增长速度} = \frac{a_i - a_0}{a_0} = \frac{a_i}{a_0} - 1 (i = 1, 2, \cdots, n) \tag{8-6}$$

可见，定基增长速度是定基发展速度减去 1 或 100%。

8.2.3 时间数列分析的平均指标

1. 序时平均数

序时平均数即平均发展水平，是将时间数列中某一指标各期指标值加以平

均得到平均数。它将某种事物在时间上的差异抽象化，用以说明该事物在一段时期内的一般水平。

序时平均数又叫作动态平均数，前面所讲的一般平均数又叫作静态平均数，二者既有共同点，又有其各自的特点。作为平均指标，它们都是将某一事物各观测值的差异抽象化，进而说明该事物的一般水平，并作为其代表值。但二者又有明显的差异，具体表现在：① 一般平均数通常是根据变量数列计算；而序时平均数是根据时间数列计算。② 一般平均数是用同一时期的总体标志总量与总体单位总量对比计算，所平均的是总体内各单位某一标志值的差异；而序时平均数是用时间数列中某一指标各期观测值平均计算，所平均的是总体某一指标在时间上的差异。

序时平均数的计算方法因时间数列中指标形式的不同而异。下面分别加以说明。

（1）由时期数列或平均数数列计算序时平均数　由时期数列或平均数数列计算序时平均数可采用简单算术平均法，计算公式为

$$\bar{a} = \frac{\sum a_i}{n}(i = 1,2,3,\cdots,n) \tag{8-7}$$

式中，$\bar{a}$ 为序时平均数；a_i 为各期发展水平；n 为时期项数。

例8-2　表8-1中我国GDP指标2011年到2020年分别为487 940.2亿元，538 580.0亿元，592 963.2亿元，643 563.1亿元，688 858.2亿元，746 395.1亿元，832 035.9亿元，91 928.1亿元，986 515.2亿元，1 015 986.2亿元。其序时平均数为

$$\bar{\alpha} = \frac{(487\,940.2 + 538\,580.0 + \cdots + 688\,858.2)\,亿元}{10} = 745\,211.82\,亿元$$

计算结果表明我国人均GDP从2011年到2020年的平均发展水平为745 211.82亿元。

（2）由时点数列计算序时平均数　由时点数列计算序时平均数，可根据时间间隔是否相等，分别采用简单序时平均法和加权序时平均法。

若时点数列的时间间隔相等，可采用简单序时平均法。即先计算各相邻两期发展水平的平均数，然后再对这些平均数进行简单算术平均求得整个时期的序时平均数。用公式表示为

$$\bar{a} = \frac{\frac{a_1+a_2}{2} + \frac{a_2+a_3}{2} + \cdots + \frac{a_{n-1}+a_n}{2}}{n-1}$$

$$= \frac{\frac{a_1}{2} + a_2 + \cdots + a_{n-1} + \frac{a_n}{2}}{n-1} \tag{8-8}$$

例8-3　根据表8-3中资料计算序时平均数。

表 8-3　某企业期末商品库存额

时　间	9 月	10 月	11 月	12 月
期末商品库存额（万元）	184	200	225	232

解：该企业第四季度平均商品库存额为

$$\bar{a} = \frac{\dfrac{184}{2} + 200 + 225 + \dfrac{232}{2}}{4 - 1} = 211（万元）$$

若时点数列的时间间隔不等，则可以用时间间隔为权数，用加权序时平均法计算。用公式表示为

$$\bar{a} = \frac{\dfrac{a_1 + a_2}{2} \times f_1 + \dfrac{a_2 + a_3}{2} \times f_2 + \cdots + \dfrac{a_{n-1} + a_n}{2} \times f_{n-1}}{f_1 + f_2 + \cdots + f_{n-1}} \tag{8-9}$$

例 8-4　某单位 2021 年人数资料见表 8-4，计算 2021 年该单位的平均人数。

表 8-4　某单位 2021 年人数

时　间	1 月 1 日	3 月 1 日	7 月 1 日	10 月 1 日	12 月 31 日
职工人数（人）	1 000	1 200	800	1 200	1 000

解：2021 年该单位平均人数为

$$\frac{\left(\dfrac{1\,000 + 1\,200}{2} \times 2 + \dfrac{1\,200 + 800}{2} \times 4 + \dfrac{800 + 1\,200}{2} \times 3 + \dfrac{1\,200 + 1\,000}{2} \times 3 \right)人}{2 + 4 + 3 + 3}$$

$$= \frac{(2\,200 + 4\,000 + 3\,000 + 3\,300)人}{12} = 1\,041.7\ 人$$

（3）由相对数时间数列计算序时平均数。由相对数时间数列计算序时平均数，必须根据时间数列指标的分子和分母资料，分别计算分子项数列和分母项数列的序时平均数，然后将这两个序时平均数对比求得。计算公式为

$$\bar{c} = \frac{\bar{a}}{\bar{b}} \tag{8-10}$$

式中，$\bar{c}$ 为相对数时间数列的序时平均数；$\bar{a}$ 为分子项数列的序时平均数；$\bar{b}$ 为分母项数列的序时平均数。

分子、分母项数列序时平均数的计算，需根据指标类型的不同采用相应的方法。

例 8-5　根据表 8-5 所给的资料计算某商业企业第一季度平均商品流转速度。

表 8-5　某商业企业第一季度商品流转情况

时　　间	1 月	2 月	3 月	4 月
A 商品销售额（万元）	1 000	1 200	1 400	
B 期初商品库存额（万元）	600	500	500	600
C 商品流转次数	1.8	2.7	2.2	

解：该企业第一季度月平均商品流转次数为

$$\bar{c} = \frac{\bar{a}}{\bar{b}} = \frac{(1\,000 + 1\,200 + 1\,400)/3}{\left(\dfrac{600}{2} + 500 + 500 + \dfrac{600}{2}\right)/(4-1)}$$

$$= 2.25\,(\text{次})$$

则第一季度商品流转次数为

$$2.25 \times 3 = 6.75\,(\text{次})$$

2. 平均增长量

平均增长量是观察期内逐期增长量的平均数，用以描述事物在观察期内平均增长的数量。平均增长量既可以采用各期逐期增长量计算，也可以采用累计增长量计算，其计算公式为

$$平均增长量 = \frac{逐期增长量之和}{逐期增长量的个数}$$

或

$$平均增长量 = \frac{累计增长量}{数列项数}$$

用符号表示为

$$\bar{\Delta} = \frac{\sum_{i=1}^{n}(a_i - a_{i-1})}{n} = \frac{(a_1 - a_0) + (a_2 - a_1) + \cdots + (a_n - a_{n-1})}{n} \tag{8-11}$$

或

$$\bar{\Delta} = \frac{a_n - a_0}{n} \tag{8-12}$$

例 8-6　根据表 8-2 中增长量数据，计算该地 2015—2020 年人均 GDP 的平均增长量。

解：$\bar{\Delta} = \dfrac{(3\,861 + 5\,809 + 5\,942 + 4\,544 + 1\,922)\,元}{5} = \dfrac{22\,078\,元}{5} = 4\,415.6\,元/人$

结果表明，该地 2015—2020 年我国人均 GDP 平均每年增长 4 415.6 元/人。

3. 平均发展速度和平均增长速度

平均发展速度是时间数列中各期环比发展速度的平均数，表明事物在一定时期内逐期平均发展变化的程度。平均增长速度表明事物在一定时期内逐期平

均增长变化的程度，可以直接用平均发展速度减1计算。

平均发展速度的计算通常采用几何平均法和方程法两种。

（1）几何平均法（水平法） 设各期环比发展速度时间数列为：x_1，x_2，$\cdots$，x_n，且 $x_1 = \dfrac{a_1}{a_0}$，$x_2 = \dfrac{a_2}{a_1}$，$\ldots$，$x_n = \dfrac{a_n}{a_{n-1}}$。因为各期环比发展速度相加没有意义，而各期环比发展速度的连乘积等于定基速度 a_n/a_0（也称为发展总速度）。所以，平均发展速度的计算最适合采用几何平均法。

若已知各期环比发展速度或发展水平资料，可采用简单几何平均法，计算公式为

$$\bar{x} = \sqrt[n]{x_1 x_2 \cdots x_n} \text{或} \bar{x} = \sqrt[n]{\frac{a_n}{a_0}} \tag{8-13}$$

例 8-7 我国 2015—2020 年人均 GDP 的各年环比发展速度见表 8-6，试计算我国 2015—2020 年人均 GDP 的平均发展速度。

表 8-6 我国 2015—2020 年人均 GDP 及发展速度表

年　　份	2015	2016	2017	2018	2019	2020
人均 GDP（元）（发展水平）	49 922	53 783	59 592	65 534	70 078	72 000
环比发展速度（%）	—	107.7	110.8	110.0	106.9	102.7

解：我国 2015—2020 年人均 GDP 的平均发展速度为：

$$\bar{x} = \sqrt[5]{107.7\% \times 110.8\% \times 110.0\% \times 106.9\% \times 102.7\%} = 107.60\%$$

$$\bar{x} = \sqrt[5]{\frac{72\,000}{49\,922}} = 107.60\%$$

由于平均发展速度减去1即为平均增长速度。所以从 2015—2020 年间我国人均 GDP 的年平均增速为

$$年平均增速 = \bar{x} - 1 = 107.60\% - 100\% = 7.6\%$$

几何平均法又称为水平法。这是因为用这种方法计算平均发展速度的出发点是要求在期初水平（a_0）的基础上，按平均发展速度发展所达到的理论期末水平（$a_0 \bar{x}^n$）与同期按各年实际发展速度发展所达到的实际期末水平（a_n）保持一致，即 $\bar{x}$ 必须满足关系式：

$$a_0 \bar{x}^n = a_n$$

由此可见，几何平均法（即水平法）的特点是侧重于考察最末一期的发展水平，可以直接用期末水平比期初水平计算，简便易行。但它忽略了中间水平，当出现中间各期水平波动较大，各环比发展速度忽高忽低差异较大时，用这种方法计算的平均发展速度就不能确切反映实际的发展过程。因此，几何平均法

一般适用于发展比较平衡，注重最末一期发展水平的有关指标平均发展速度的计算。例如，粮食产量、钢产量、国民生产总值水平指标平均发展速度的计算，就适宜于几何平均法。

（2）方程法（累计法）　几何平均法计算平均发展速度尽管简单易行，在统计实际中也经常使用，但由于它的值只取决于时间数列的期初水平 a_0 和期末水平 a_n 两个值，而与数列的中间水平毫不相干，在某种情况下就难以确切反映事物发展的真实过程。为此，我们需要一种能够利用时间数列各期水平计算平均发展速度的方法，这种方法就是方程法，又称为累计法或代数平均法。

设时间数列各期水平为 a_1，a_2，$\cdots$，a_n，平均发展速度为 $\bar{x}$，则方程法的出发点是，要求以期初水平 a_0 为基础，用平均发展速度 $\bar{x}$ 作为公比推算，所得各期推算水平（也称为理论水平）a_0，$a_0\bar{x}$，$a_0\bar{x}^2$，$\cdots$，$a_0\bar{x}^n$ 之和，与同期按环比发展速度发展的各期实际水平之和保持一致。则有方程式：

$$a_0\bar{x} + a_0\bar{x}^2 + \cdots + a_0\bar{x}^n = \sum_{i=1}^{n} a_i$$

$$\bar{x} + \bar{x}^2 + \cdots + \bar{x}^n = \frac{\sum_{i=1}^{n} a_i}{a_0} \tag{8-14}$$

式中

$$\frac{\sum_{i=1}^{n} a_i}{a_0} = \sum_{i=1}^{n} \frac{a_i}{a_0} = \frac{a_1}{a_0} + \frac{a_2}{a_0} + \cdots + \frac{a_n}{a_0}$$

可见，各期实际水平之和 $\sum_{i=1}^{n} a_i$ 与期初水平 a_0 的比率，实际上也就是各期定基发展速度之和，可称为累计发展总速度。因此，若给出了时间数列各期定基发展速度，则也可以写出上述方程式。但不论是哪种方式给出的方程式，所求的正根 $\bar{x}$ 都是各期环比发展速度的平均数，即平均发展速度。

方程法又称为累计法。这是因为用方程法计算平均发展速度，侧重于考察时间数列各期发展水平的累计总量，用方程法求平均发展速度推算出的各期理论水平之和等于各期的实际水平之和。因此，方程法适宜于基建投资总额、植树造林总面积等侧重于观察全期累计总量指标平均发展速度的计算。

8.3　长期趋势的测定

8.3.1　时间数列的构成因素和模型

事物的发展变化，往往受多种因素的影响，其中有政治的、经济的、社会的和自然的，它们所起的推动或制约的作用各不相同，彼此之间的关系也错综复杂。因此，用于描述事物发展变化数量特征的时间数列，往往是这些因素变动共同作用的结果，而且每个时间数列都有其各自的特点，千变万化。但作为基本分析，通常把影响时间数列的因素大致分为四种，即长期趋势、季节变动、循环变动和不规则变动。

1. 长期趋势 T（Trend）

长期趋势是指由于制约客观事物发展的各种持续增大或减少的因素作用，而使得所考察的指标所表现出的具有一定方向性的增长或减少趋势。例如，我国近50年来国民生产总值的变动、人均生活费收入的变动及人口的变动等，都呈现出持续增长的长期趋势。这种长期趋势，通常可以认为是由各种固定因素作用于同一方向而形成的，一般来说是指十几年以上的变动趋势。若将其用图形来表现，可得一长期趋势线。若趋势线是直线，则称为直线（或线性）趋势；若趋势线是曲线，则根据其曲线形式称为某种曲线趋势，如二次曲线趋势、指数曲线趋势等。

2. 季节变动 S（Seasonal Variation）

季节变动是指事物在一年之内随着四季的更替和天气的变化，而表现出的具有季节性特征的周期变动。许多经济现象的时间数列都有一定的季节性上升或下降的变动规律，如农产品的产量和上市量的变动，农产品价格的变动，冰箱、空调等商品销售量的变动等，都包含了季节变化的因素。虽然不同的时间数列季节变动的幅度不同，但其周期长度都是固定的。所以，季节变动是一种特殊的周期变动，其周期长度为一年，只有月份或季度资料时间数列才可能包含季节变动，而按年度记录的时间数列则不包含季节变动因素。

3. 循环变动 C（Cyclical Variation）

循环变动是指事物受某种或某些非季节的周期性因素的作用而表现出的规律性的循环波动。例如，经济发展过程中的繁荣—衰退—萧条—复苏—繁荣构成的周期性波动。循环变动的成因比较复杂，周期长度在一年以上，长短不一。按周期长短的不同，循环变动又可分为三种：

（1）长波循环　这种循环变动主要是受重大技术突破或技术革命影响的结果，周期可长达50年左右。从第一次工业革命以来，世界工业国家的经济已经历了三大循环周期，现在正处于新一轮的技术革命时期。

（2）中波循环　如周期长度为8~9年的商业循环，周期长度为8~10年的经济循环，第二次世界大战以后，经济循环的周期有缩短的趋势。

（3）短波循环　周期长度一般为3~5年。

4. 不规则变动 I（Irregular Variation）

不规则变动又称为随机变动，是指事物在发展过程中受各种偶然的随机因素影响而表现出的不规则波动。这种变动又可分为两种类型：① 严格的随机变动，它由许多细小的原因综合引起，以一种纯随机的方式使数列上下波动；② 偶然性变动，它是不经常出现的某些孤立的或不规则的，但却是强有力的突发性变动，如政治动荡、战争、大的自然灾害产生的影响等。

在所有的时间数列中，一般都包括随机变动，而长期趋势、季节变动、循环变动则未必都存在，也许包含其中一两种，也许一种也不包括。传统时间数列分析的直接目的，就是要将各种变动因素从时间数列中分解出来并加以测定。这样就可以了解一个时间数列是如何综合这些因素的变动而形成其自身变动的。因此，时间数列分析的一个重要前提就是要看我们如何设想时间数列各组成要素之间的关系，并根据这种关系构造出各组成要素叠加组合的模型。在实践中，常用的时间数列组合模式有加法模型和乘法模型两种。

（1）加法模型 加法模型是假定时间数列的实际观测值是由各种变动因素以总和形式叠加组合构成的。记 Y 为时间数列的实际观测值，T 为长期趋势值，S 为季节变动值，C 为循环变动值，I 为不规则变动值，则时间数列的加法模型为

$$Y = T + S + C + I$$

按加法模型的假定，四种因素变动的原因是各不相关的，因而对 Y 的影响是相互独立的，显然，这并不符合实际情况，是一种不太合理的假设。加法模型中，T 有上升或下降的方向性趋势，C 随着周期阶段会围绕着长期趋势有正值或负值，也就是说有高于或低于长期趋势水平的数值。按照周期波动的性质，整个周期中的正负值相互抵消，总和等于零。季节变动 S 在一年之内也按旺季和淡季而有正、负值，全年总和也等于零，所以年度资料时间数列不存在季节变动，即 $Y = T + C + I$。不规则变动也有正、负值，但是设想 I 的正、负值，只有在长期内总和才能相互抵消。在一定时期内如果出现重大偶然事件，就应作特殊因素处理。

（2）乘法模型 乘法模型是假定时间数列的实际观测值是由各种变动因素以乘积形式组合构成的。即

$$Y = TSCI$$

按乘法模型的假定，四种因素变动的原因是相互影响、相互渗透的。这似乎更符合实际。因此，实践中一般采用乘法模型进行分析。乘法模型中各因素的数值，不表现为正、负值，而是围绕着比率 1 或指数 100% 变动。如果将乘法模型两边取对数，则有

$$\lg Y = \lg T + \lg S + \lg C + \lg I$$

可见，乘法模型也可转化为加法模型，这对简化某些问题的计算十分有利。所以，尽管加法模型不太符合实际，但对其分析方法的研究也有一定的实用价值。

8.3.2 长期趋势的测定

长期趋势是客观事物在一段较长时期内持续增长或减少的有规律的变动。对长期趋势分析测定的直接目的是要消除其他因素的影响，将时间数列中的长期趋势独自显示出来，为探索事物发展变化的规律性和统计预测提供重要的条件。

测定长期趋势的方法有很多，常用的方法有移动平均法和数学模型法两种，现在分别加以介绍。

1. 移动平均法

移动平均法是将时间数列的数据按一定时间跨度逐项移动，依次计算序时平均数，形成一个新的序时平均数数列，以消除其他因素的影响，使长期趋势显现出来。如果一个时间数列中包含长期趋势、季节变动和不规则变动，则可以一年为长度进行移动平均，来观察剔除季节变动和不规则变动的长期趋势。

移动平均的期数可多可少，可奇可偶。若移动项数 n 为奇数，则每次移动平均所得序时平均数应作为中间项的长期趋势值，以 i 期为中心的移动平均数的计算公式为

$$\bar{y}_i = \frac{1}{n}\left(y_{i-\frac{n-1}{2}} + \cdots + y_i + \cdots + y_{i+\frac{n+1}{2}}\right) \tag{8-15}$$

以表 8-7 数据为例，当移动项数 $n=3$ 时，则有

$$\bar{y}_2 = \frac{1}{3}(y_1 + y_2 + y_3) = \frac{1}{3}(12 + 21 + 9) = 14$$

$$\bar{y}_3 = \frac{1}{3}(y_2 + y_3 + y_4) = \frac{1}{3}(21 + 9 + 18) = 16$$

若移动项数为偶数，则每次移动所得序时平均数，需进行两项的二次移动平均，所得数值作为中间项的长期趋势值，现以表 8-7 中资料举例说明四期移动平均的计算过程。

表 8-7 某商品销售量移动平均计算表

年 份	季 度	销 售 量	3期移动	4期移动（1）	4期移动（2）
2017	1	12	—	—	—
	2	21	14	—	—
	3	9	16	15	15.5
	4	18	14	16	17.5
2018	1	16	22	19	19.5
	2	33	21	20	20.5
	3	13	23	21	21.0
	4	22	17	21	22.0

（续）

年　份	季　度	销　售　量	3 期移动	4 期移动（1）	4 期移动（2）
2019	1	16	24	21	21.5
	2	33	22	22	23.5
	3	17	27	24	25.0
	4	30	24	26	27.0
2020	1	24	32	28	28.5
	2	42	29	29	29.0
	3	21	31	—	—
	4	30	—	—	—

四期一次移动平均值的计算为

$$\bar{y}_{2.5}^{(1)} = \frac{1}{4}(y_1 + y_2 + y_3 + y_4) = \frac{1}{4}(12 + 21 + 9 + 18) = 15$$

$$\bar{y}_{3.5}^{(1)} = \frac{1}{4}(y_2 + y_3 + y_4 + y_5) = \frac{1}{4}(21 + 9 + 18 + 16) = 16$$

$$\bar{y}_{4.5}^{(1)} = \frac{1}{4}(y_3 + y_4 + y_5 + y_6) = \frac{1}{4}(9 + 18 + 16 + 33) = 19$$

以此类推，即可向后计算。

四期二次移动平均值的计算为

$$\bar{y}_3^{(2)} = \frac{1}{2}\left[\bar{y}_{2.5}^{(1)} + \bar{y}_{3.5}^{(1)}\right] = \frac{1}{2}(15 + 16) = 15.5$$

$$\bar{y}_4^{(2)} = \frac{1}{2}\left[\bar{y}_{3.5}^{(1)} + \bar{y}_{4.5}^{(1)}\right] = \frac{1}{2}(16 + 19) = 17.5$$

当时间序列中含有季节变动时，使用 4 期或 12 期移动平均既可消除时间序列中的季节变动，又可消除不规则变动，从表 8-7 的资料可以看出数列有明显的季节变动，每年的第三季度销售量都比较低，所以在 4 期移动平均中，不仅剔除了不规则变动，同时也剔除了季节变动，从而使长期趋势显示出来。从图 8-1 中可以看出，3 期移动平均不能完全消除季节变动，而 4 期移动平均则效果很好。

153

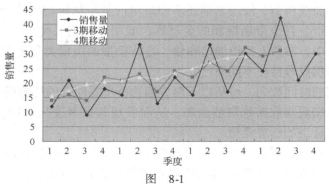

图　8-1

2. 数学模型法

数学模型法是在对时间数列进行分析判断或对曲线进行修匀观察，确定其性质和特点的基础上，利用数学模型对其进行描述，并根据时间数列中的数据将模型中的参数估计出来，从而求出趋势方程，并推算出各期的趋势值。

（1）常用的趋势模型及其选用　时间数列中，长期趋势的表现形式是多种多样的。我们可以根据时间数列的趋势特征，将其大致归类总结提出各种适当的模型。实践中，记时间为 t，长期趋势为 $T(t)$，常用的长期趋势模型有以下几种：

1）直线趋势模型：

$$T(t) = a + bt$$

2）指数曲线趋势模型：

$$T(t) = ab^t$$

3）二次曲线趋势模型：

$$T(t) = a + bt + ct^2$$

4）修正指数曲线趋势模型：

$$T(t) = k + ab^t$$

5）龚珀茨曲线趋势模型：

$$T(t) = ka^{b^t}$$

6）逻辑曲线趋势模型：

$$T(t) = \frac{1}{k + ab^t}$$

上述各种趋势模型中，直线趋势模型是等差增长模型，参数 b 即为直线的斜率，可看作是公差即平均增长量；指数曲线趋势模型是等比增长模型，参数 b 即为公比，可看作是平均发展速度。这两种趋势模型是经济数据时间数列中最基本的模型。二次曲线趋势模型即抛物线模型。后三种趋势模型，即修正指数曲线趋势模型、龚珀茨曲线趋势模型、逻辑曲线趋势模型，可统称为生长曲线模型，这些生长曲线模型一般用来描述某种耐用消费品从研制成功到小批量生产，再到大规模上市，直至市场饱和的全过程；或用来描述某种产业从兴起到衰落的全过程。其中，参数 k 为市场饱和量。这些模型的图形类似于倒着的 S 形状，只是各模型的拐点等特征不同而已。

对于给定的时间数列，可从以下两方面选择所要配合的趋势模型。

首先，根据观察数据绘制散点图，从而发现其数量变化规律，根据图形的变化特点确定适当的趋势模型。

其次，可根据时间数列本身的变动特点，通过计算相应的指标来确定趋势模型。对于时间数列，若其观测值的逐期增长量大致相同，可采用直线趋势模型；若其二级增长量即逐期增长量的逐期增长量大致相同，可采用二次曲线趋势模型；若其环比发展速度大致相同，可采用指数曲线趋势模型；若其对数的逐期增长量的环比发展速度大致相同，可采用龚珀茨曲线趋势模型；若其倒数的逐期增长量的环比发展速度大致相同，可采用逻辑曲线趋势模型。

（2）长期趋势模型参数的估计 对于给定的时间数列，如果选定了所要配合的趋势模型，就可以根据时间数列的观测值对模型中的各个参数进行估计。常用的参数估计方法主要有最小二乘法和分段平均法两种。下面我们仅介绍常用的直线趋势模型和指数曲线趋势模型的参数估计。

1）直线趋势模型参数 a，b 的估计。直线趋势模型的估计均可采用最小二乘法解决。与回归模型相比较，直线趋势模型中的时间 t 可看作自变量，在进行参数估计时需要对时间 t 进行人为的编号，其确定的方式有以下两种：

方法一：将原点确定在时间数列第一期的前一个时点，即时间 t 取值为 1，2，…，n。在这种情况下，若设因变量 $T(t)$ 的观测值即为给定的各期水平值 y_1，y_2，…，y_n，则用直接最小二乘法估计直线趋势模型参数 a，b 的计算公式为

$$\hat{b} = \frac{n \sum ty - \sum t \sum y}{n \sum t^2 - (\sum t)^2}, \quad \hat{a} = \frac{\sum y}{n} - \hat{b} \frac{\sum t}{n} = \bar{y} - \hat{b}\bar{t} \qquad (8\text{-}16)$$

方法二：将原点确定在时间数列各期的中点。这里又有两种情况：① 若时间数列为奇数期，则原点定在正中一期，时间 t 的取值为：…，-3，-2，-1，0，1，2，3，…。② 若时间数列为偶数期，则原点定在两个中间时期的中点，时间 t 的取值为：…，-5，-3，-1，1，3，5，…。这样就可以使 $\sum t = 0$，从而简化计算过程。此时 a，b 的计算公式为

$$\hat{b} = \frac{\sum ty}{\sum t^2}, \quad \hat{a} = \frac{\sum y}{n} = \bar{y} \qquad (8\text{-}17)$$

例 8-8 以表 8-8 中资料为例，分别用两种不同的方法对时间 t 进行编号，并构建直线趋势模型。

解：若以 2017 年第 4 季度为原点，则直线趋势模型 a，b 的估计值为

$$\hat{b} = \frac{n \sum ty - \sum t \sum y}{n \sum t^2 - (\sum t)^2} = \frac{16 \times 3\,393 - 136 \times 355}{16 \times 1\,496 - 136^2} = 1.10$$

$$\hat{a} = \frac{\sum y}{n} - \hat{b} \frac{\sum t}{n} = \frac{355}{16} - 1.10 \times \frac{136}{16} = 12.84$$

则直线趋势方程为

$$\hat{T}(t) = 12.84 + 1.10t \qquad （原点：2017 年第 4 季度）$$

若用简捷法对 t 进行编号使 $\sum t = 0$，则直线趋势模型 a, b 的估计值为

表 8-8　某商品销售量直线趋势计算表

年　份	季　度	销售量 y	直　接　法			简　捷　法		
			t	t^2	ty	t	t^2	ty
2018	1	12	1	1	12	-15	225	-180
	2	21	2	4	42	-13	169	-273
	3	9	3	9	27	-11	121	-99
	4	18	4	16	72	-9	81	-162
2019	1	16	5	25	80	-7	49	-112
	2	33	6	36	198	-5	25	-165
	3	12	7	49	84	-3	9	-36
	4	22	8	64	176	-1	1	-22
2020	1	16	9	81	144	1	1	16
	2	33	10	100	330	3	9	99
	3	17	11	121	187	5	25	85
	4	30	12	144	360	7	49	210
2021	1	24	13	169	312	9	81	216
	2	41	14	196	574	11	121	451
	3	21	15	225	315	13	169	273
	4	30	16	256	480	15	225	450
合计		355	136	1 496	3 393	0	1 360	751

$$\hat{b} = \frac{\sum ty}{\sum t^2} = \frac{751}{1\,360} = 0.55, \quad \hat{a} = \frac{\sum y}{n} = \frac{355}{16} = 22.19$$

则直线趋势方程为

$$\hat{T}(t) = 22.19 + 0.55t \qquad （原点：2019 年年初,半年为单位）$$

两种计算方法得到的直线趋势方程的参数各不相同，这是由于时间原点及单位长度不同所致，但这两个方程所描述的却是同一条直线。

2）指数曲线趋势模型参数 a, b 的估计。指数曲线趋势模型 $T(t) = ab^t$ 为非线性模型，为确定指数曲线趋势模型的参数 a, b，可将等式两端取对数，将其化为对数直线形式：

$$\lg T(t) = \lg a + t\lg b$$

若令 $Y = \lg T(t)$，$A = \lg a$，$B = \lg b$，则有

$$Y = A + Bt$$

所以，指数曲线趋势模型参数的估计，可以根据最小二乘法的原理，参照直线趋势模型参数的确定方法给出计算公式，由于趋势值 $T(t)$ 进行了对数变换，所以其观测值 y 也要进行对数变换，即 $Y = \lg y$，则有 $\lg a$，$\lg b$ 的计算公式为

$$\lg \hat{b} = \frac{n \sum t \lg y - \sum t \sum \lg y}{n \sum t^2 - \left(\sum t\right)^2}, \quad \lg \hat{a} = \frac{\sum \lg y}{n} - \lg b \frac{\sum t}{n} \qquad (8\text{-}18)$$

若用简捷法，则有

$$\lg \hat{b} = \frac{\sum t \lg y}{\sum t^2}, \quad \lg \hat{a} = \frac{\sum \lg y}{n} \qquad (8\text{-}19)$$

例 8-9　现以表 8-9 中资料为例，构建某公司产品销售额的指数曲线趋势模型。

表 8-9　产品销售额指数曲线趋势模型计算表

年份	销售额 y（万元）	$\lg y$	t	t^2	$t \lg y$	$T(t)$
2009	3.2	0.505 2	−6	36	−3.030 9	3.2
2010	4.5	0.653 2	−5	25	−3.266 1	4.5
2011	5.7	0.755 9	−4	16	−3.023 6	6.2
2012	8.3	0.919 1	−3	9	−2.757 3	8.6
2013	11.5	1.060 7	−2	4	−2.121 4	11.9
2014	16.0	1.204 1	−1	1	−1.204 1	16.6
2015	22.4	1.350 2	0	0	0.000 0	23.0
2016	31.0	1.491 4	1	1	1.491 4	31.9
2017	44.6	1.649 3	2	4	3.298 6	44.3
2018	65.1	1.813 5	3	9	5.440 7	61.6
2019	84.3	1.925 8	4	16	7.703 2	85.5
2020	118.6	2.074 0	5	25	10.370 0	118.7
2021	160.3	2.204 9	6	36	13.229 6	164.7
合计	—	17.607 5	—	182	26.130 9	—

解：表 8-9 对时间 t 进行编号，使得 $\sum t = 0$，则可根据式（8-19）计算得对数趋势直线参数 $\lg \hat{a}$，$\lg \hat{b}$ 的值分别为

$$\lg \hat{b} = \frac{\sum t \lg y}{\sum t^2} = \frac{26.130\ 9}{182} = 0.143\ 58$$

$$\lg \hat{a} = \frac{\sum \lg y}{n} = \frac{17.607\ 5}{13} = 1.354\ 4$$

则有对数直线趋势方程为

$$\lg T(t) = 1.354 + 0.144t \qquad （原点：2015 年）$$

求反对数可得

$$\hat{b} = 10^{0.14\,358} = 1.391\,8, \quad \hat{a} = 10^{1.3544} = 22.615\,2$$

则该公司销售额的指数曲线趋势方程为

$$\hat{T}(t) = 22.615\,2 \times 1.391\,8^{\,t} \qquad (\text{原点：2015 年})$$

8.4 季节等因素的测定

8.4.1 季节变动的测定

季节变动是客观事物随着天气的变化和四季的更替而表现出的一种规律性的变动。例如，在现实生活中，许多工农业产品的生产和销售，旅游景点游客人数的变动，交通运输业、建筑业的生产活动等都有明显的季节变动规律。这种变动是诸多因素共同影响的结果，如气候条件、生产条件、节假日或人们的风俗习惯等。我们分析和测定季节变动的目的主要在于：① 认识和掌握事物以往的季节变动规律，作为当前经济活动或规划未来发展的参考依据；② 测定出季节变动值，并将其从时间数列中剔除，以便于其他变动因素的分析。

由于季节变动是一种各年变化形态大体相同，且每年重现的周期性变动，因而不论是哪个年份，同一个月或同一个季度的表现特征总是相同的。所以我们可以利用一个表示季节特征的指标来反映其季节变动特征。该指标在乘法模型中称为季节指数（也称为季节比率或季节变动系数），在加法模型中称为季节变差。对时间数列季节变动的直接测定一般均根据乘法模型进行。其方法主要有同期直接平均法和长期趋势剔除法两种。

1. 同期直接平均法

同期直接平均法是测定季节变动最简单的方法，使用这种方法的基本条件是：① 至少有连续三年以上各季或各月的数据资料；② 时间数列中不存在明显的长期趋势和循环波动。因为同期直接平均法，不能剔除时间数列中长期趋势和循环波动的影响，当数列中存在这种影响时，季节指数就会偏高或偏低，从而无法正确反映出季节变动的规律。例如，当数列存在较强的上升趋势时，年末季节指数会远高于年初季节指数；当数列存在较强的下降趋势时，年末季节指数会远低于年初季节指数。所以只有在数列的长期趋势和循环变动不明显，可以忽略不计时，使用同期直接平均法测定季节变动才比较准确。

用同期直接平均法计算季节指数的步骤为：

（1）整理各年同季或同月数据，计算各年同期数值 $\overline{y}_t$。

（2）各季或各月平均数求和平均，得全部数据的总平均数 $\overline{\overline{y}}_t$。

（3）各期平均数除以总平均数，得季节指数 $S(t)$。即

$$季节指数 = \frac{各年同期(同季或同月)平均数}{总平均数} \times 100\%$$

即

$$S(t) = \frac{\bar{y}_t}{\bar{\bar{y}}_t} \times 100\%$$

具体计算方法见表8-10。

表8-10　某种产品销量　　　　　　　　　（单位：万元）

年　份	第一季度	第二季度	第三季度	第四季度	合　计
2019	47	100	159	49	355
2020	48	103	158	50	359
2021	46	100	171	54	371
合计	141	303	488	153	1 085
平均	47	101	162.7	51	90.4
季节指数（%）	52	111.7	180	56.4	400.1

从表8-10中数据可以看出，该产品销量不存在明显的长期趋势，所以可以用同期直接平均法测定季节变动。现以第一季度季节指数计算过程为例。

（1）求一季度平均数$\bar{y}_t$：

$$\bar{y}_t = \frac{1}{3}(47 + 48 + 46) = \frac{141}{3} = 47$$

其余各季以此类推。

（2）求三年各季总平均数$\bar{\bar{y}}_t$：

$$\bar{\bar{y}}_t = \frac{1}{12}(141 + 303 + 488 + 153) = \frac{1\ 085}{12} = 90.4$$

（3）求一季度季节指数：

$$S(t) = \frac{\bar{y}_t}{\bar{\bar{y}}_t} \times 100\% = \frac{47}{90.4} \times 100\% = 52\%$$

其余各季以此类推。

从各季度季节指数可以看出，第一、第四季度是该产品销售的低谷，季节指数分别为52%和56.4%；第三季度是该产品销售的高峰期，其次为第二季度。

2. 长期趋势剔除法

对明显存在长期趋势的时间数列，要测定其季节变动，必须首先剔除其长期趋势，然后再进行季节变动分析，这种方法称为长期趋势剔除法。长期趋势的测定，可采用移动平均法和最小二乘法。在前者基础上测定季节变动可称为移动平均比率法；而在后者基础上测定季节变动可称为趋势比率法。

用长期趋势剔除法测定季节变动，也需要至少三年以上季度或月份数据资料。设给定的时间数列为 y_1, y_2, $\cdots$, y_n，其乘法模型为 $Y(t) = T(t) \cdot S(t) \cdot C(t) \cdot I(t)$，则用移动平均法测定季节变动的步骤为：

（1）求各期移动平均数 $\bar{y}_t$，得趋势循环值 TC。4 个季度或 12 个月移动平均，可以消除时间序列中的季节变动和随机变动，从而得到相应各期的趋势循环值，即移动平均数 $\bar{y}_t \approx T(t) \cdot C(t)$。

（2）各期实际观测值除以其移动平均数，得各期季节随机值。即

$$S(t) \cdot I(t) \approx \frac{y_t}{\bar{y}_t} \approx \frac{T(t) \cdot S(t) \cdot C(t) \cdot I(t)}{T(t) \cdot C(t)}$$

（3）各年同期季节随机值求和平均，使随机变动大致正负相抵，得各期季节指数 $S(t)$。即

$$S(t) \approx \frac{\text{同期季节随机值之和}}{\text{年份数}}$$

（4）分摊计算误差。由于计算过程中小数的四舍五入，可能产生一定的计算误差，使得各期季节指数之和不等于 400% 或 1 200%，这时需将累计误差分摊到各季或各月中去。其方法是：

1）计算调整系数，且

$$\text{调整系数} = \frac{400\%（\text{或} 1200\%）}{\text{各季}（\text{或各月}）\text{季节指数之和}}$$

2）计算修正季节指数，且

$$\text{修正季节指数} = \text{各期季节指数} \times \text{调整系数}$$

现以表 8-11 中资料加以说明。

表 8-11 某商品销售量移动平均计算表

年　份	季　度	销售量 y_t	移动平均数 $\bar{y}_t \approx T(t) \cdot C(t)$	季节随机值 $S(t) \cdot I(t) \approx y_t/\bar{y}_t (\%)$
2018	1	12	—	—
	2	21	—	—
	3	9	15.5	58.06
	4	18	17.5	102.86
2019	1	16	19.5	82.05
	2	33	20.5	160.98
	3	13	21.0	61.90
	4	22	22.0	100.00
2020	1	16	21.5	74.42
	2	33	23.5	140.43
	3	17	25.0	68.00
	4	30	27.0	111.11

（续）

年　份	季　度	销售量 y_t	移动平均数 $\bar{y}_t \approx T(t) \cdot C(t)$	季节随机值 $S(t) \cdot I(t) \approx y_t / \bar{y}_t (\%)$
2021	1	24	28.5	84.21
	2	41	29.0	141.38
	3	21	—	—
	4	30	—	—

然后将季节随机值按同季排列，以同期直接平均法求季节指数，列于表8-12。

表8-12　某商品销售量季节指数计算表　　（单位：%）

年　份	第一季度	第二季度	第三季度	第四季度	合　计
2018	—	—	58.06	102.86	—
2019	82.05	160.98	61.90	100.00	
2020	74.42	140.43	68.00	111.11	
2021	84.21	141.38	—	—	
合计	240.68	442.79	187.96	313.97	—
平均	80.23	147.60	62.65	104.66	395.14
季节指数	81.22	149.42	63.42	105.95	400.01

由于各季平均数之和为395.14%而不等于400%，表明有误差，需要调整。调整系数 $= \dfrac{400\%}{395.14\%} = 1.0123$，各季平均数乘以调整系数，即可得各季修正季节指数。

用长期趋势剔除法测定季节变动，除以上述移动平均比率法之外，还可采用趋势比率法，其基本思想、计算步骤与移动平均比率法大体相同，故不再赘述。

8.4.2　循环变动的测定

循环变动是指周期大于一年的涨落起伏相间的变动。对循环变动的测定，主要是将其从时间数列中分离出来，求得循环变动值。由于掌握的资料不同，分离的方法也有所不同。如果是年度资料，则季节变动和不规则变动都已基本相互抵消而不再存在。因此，只要从时间数列中消除长期趋势就可得循环变动值；如果是季度或月份资料，就必须将长期趋势、季节变动和不规则变动一一剔除，方能求得循环变动值。其具体方法有直接测定法和剩余测定法两种。

1. 直接测定法

直接测定法根据乘法模型计算，适用于长期趋势为等比增长的时间数列。其计算步骤如下：

（1）各期实际数与上年同期数相除，得年距环比发展速度。如此计算可以剔除时间数列中的长期趋势和季节变动的影响，从而使所得的年距环比发展速度数列中仅含有循环变动和不规则变动：$C(t) \cdot I(t)$。

（2）对年距环比发展速度数列进行移动平均，使不规则变动大致正负相抵，得出循环指数 $C(t)$。

可见，直接测定法简便易算，应用非常广泛。

2. 剩余测定法

所谓剩余测定法就是先用某种方法测定出时间数列中长期趋势和季节变动并将它们剔除，然后再用移动平均法剔除不规则变动，剩余的就是循环变动。

现以表 8-13 中资料为例说明剩余测定法的步骤和程序。

（1）如例 8-8 构建直线趋势模型 $\hat{T}(t) = 12.84 + 1.10t$（原点：2017 年第 4 季度），将各期 t 值代入趋势方程，得各期趋势值见表 8-13 中 $\hat{T}(t)$ 栏。

（2）计算季节指数，将表 8-12 中所求的季节指数列入表 8-13 中 $S(t)$ 栏。

（3）消除长期趋势和季节变动。用表 8-13 中实际销售量 $Y(t)$ 栏除以长期趋势 $T(t)$ 栏和季节指数 $S(t)$ 栏，得循环随机数列，见表 8-13 中 CI 栏。

（4）将 CI 栏中循环随机值数列作 4 期移动平均，消除不规则变动，得各期循环变动值数列见表 8-13 中 $C(t)$ 栏。

表 8-13　某商品销售量循环变动的测定

年份	季度	销售量 $Y(t)$	长期趋势 $T(t)$	季节指数 $S(t)$（%）	循环随机值 $Y/(TS)=CI$	循环指数 $C(t)$（%）	随机变动 $I(t)$（%）
2018	1	12	13.9	81.2	106.0	—	—
	2	21	15.0	149.4	93.5	—	—
	3	9	16.1	63.4	88.0	96.7	91.0
	4	18	17.2	106.0	98.5	99.4	99.1
2019	1	16	18.3	81.2	107.4	102.4	104.9
	2	33	19.4	149.4	113.6	102.6	110.7
	3	12	20.5	63.4	92.1	99.7	92.4
	4	22	21.6	106.0	95.1	94.5	101.5
2020	1	16	22.7	81.2	86.7	93.8	92.4
	2	33	23.8	149.4	92.7	97.3	95.2
	3	17	24.9	63.4	107.5	101.7	105.8
	4	30	26.0	106.0	108.7	105.0	103.5
2021	1	24	27.1	81.2	108.9	106.2	102.5
	2	41	28.2	149.4	97.2	105.0	92.6
	3	21	29.3	63.4	112.9	—	—
	4	30	30.4	106.0	93.0	—	—

8.4.3 不规则变动的测定

不规则变动即随机变动，是由于某些偶然的、意外的因素或不明原因所引起的无规律的变动。对于一个时间数列，若以上述方法将其长期趋势、季节变动和循环变动分别测定并加以剔除，则所余即为不规则变动。即

$$I(t) = \frac{T(t) \cdot S(t) \cdot C(t) \cdot I(t)}{T(t) \cdot S(t) \cdot C(t)}$$

表 8-13 中最后一栏 $I(t)$ 即为不规则变动值数列。

8.5 应用案例及软件操作程序示例

8.5.1 绘制时序图，分析时间序列变动规律

我们以表 8-14 的销售量数据为例，说明利用 SPSS 软件绘制时序图的过程。

表 8-14 某公司产品的销售量数据

年份	季度	销售额	年份	季度	销售额
2018	1	72	2020	1	97
	2	87		2	105
	3	87		3	109
	4	150		4	176
2019	1	82	2021	1	105
	2	98		2	121
	3	94		3	119
	4	162		4	180

1. 创建时间

将表 8-14 的数据录入 SPSS 数据窗口，依次点击【菜单数据】→【定义日期】，打开如图 8-2 所示的对话框，点击对话框左边的【日期类型】，本例为年份、季度数据，在对话框左边输入起始的年份和季度，点击【确定】，即在 SPSS 数据窗口生成如图 8-3 所示的数据日期。

2. 绘制时序图，分析时间序列变动规律

打开数据，依次单击【分析】→【预测】→【序列图】（如图 8-4 所示），打开如图 8-5 所示的对话框，将变量销量选入右边的【变量】对话框中，点击【确定】，即可生成如图 8-6 的时序图。

图 8-2　创建日期的对话框

销量	YEAR	QUARTER	DATE
72.00	2014	1	Q1 2014
87.00	2014	2	Q2 2014
87.00	2014	3	Q3 2014
150.00	2014	4	Q4 2014
82.00	2015	1	Q1 2015
98.00	2015	2	Q2 2015
94.00	2015	3	Q3 2015
162.00	2015	4	Q4 2015
97.00	2016	1	Q1 2016
105.00	2016	2	Q2 2016
109.00	2016	3	Q3 2016
176.00	2016	4	Q4 2016
105.00	2017	1	Q1 2017
121.00	2017	2	Q2 2017
119.00	2017	3	Q3 2017
180.00	2017	4	Q4 2017

图 8-3　生成的数据日期

图 8-4　分析对话框

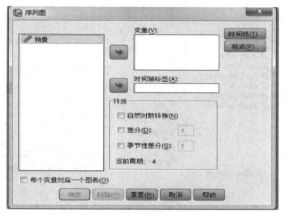

图 8-5　序列图对话框

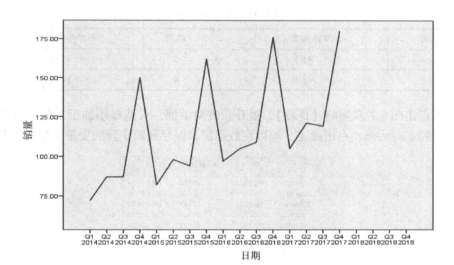

图 8-6　某公司销售时序图

从图 8-6 中可以看出该销售数据既有季节变动又有持续上涨的趋势。

8.5.2　测定各因素

根据表 8-14 创建时间变量后，依次点击菜单【分析】→【预测】→【季节性分解】，打开如图 8-7 所示的对话框，将变量销量选入右边的因变量框中，选择乘法模型，点击下面的【确定】，在输出窗口得表 8-15 的季节因子。

165

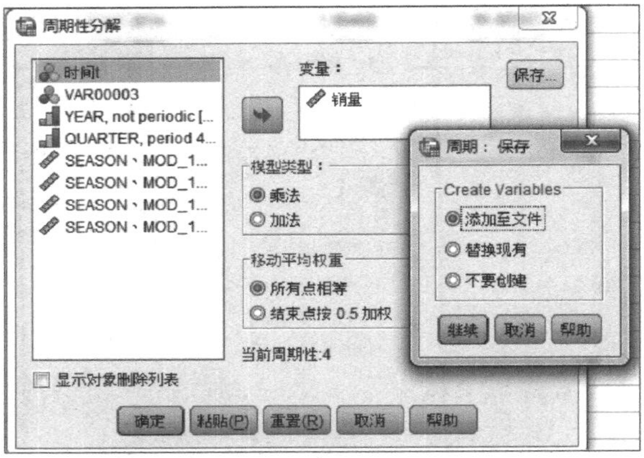

图 8-7 周期性分解对话框

表 8-15 季节性因素

期间	季节性因素（％）	期间	季节性因素（％）
1	80.8	3	87.2
2	90.9	4	141.2

若点击图 8-7 右端的【保存】，展开新的对话框，可选择添加至文件，点击继续，回到主对话框，点击确定，即可在数据窗口保存到四个新的变量，见图 8-8。

ERR_1	SAS_1	SAF_1	STC_1
.96180	89.13926	.80772	92.67986
1.00902	95.75555	.90856	94.89935
1.00468	99.80323	.87172	99.33832
1.03366	106.23257	1.41200	102.77353
.97160	101.51971	.80772	104.48734
1.00779	107.86257	.90856	107.02863
.98001	107.83338	.87172	110.03308
1.00890	114.73118	1.41200	113.71897
1.02569	120.09039	.80772	117.08242
.96633	115.56704	.90856	119.59344
1.01785	125.04083	.87172	122.84824
.99034	124.64622	1.41200	125.86157
1.00237	129.99475	.80772	129.68717
1.01175	133.17726	.90856	131.63017
1.03114	136.51247	.87172	132.38960
.96015	127.47909	1.41200	132.76932

图 8-8 数据变量

其中：第一个变量 ERR_1 代表时间序列中的随机误差，即不规则变动项；第二个变量 SAS_1 代表剔除季节变动后的时间序列；第三个变量 SAF_1 是季节因子，即季节指数，原时间序列值除以季节指数即可得第二个变量；第四个变量 STC_1 是趋势循环值，是原时间序列值除以季节指数和不规则变动后的值。

8.5.3 应用案例：TPC 公司销售量预测

例 8-10 2019 年 1 月，凯特创业开办了一家小型的灭虫公司 TPC，其服务对象主要是所在城市的城郊居民。公司开业 15 个月后，即 2020 年 3 月月底，凯特决定向银行申请一笔商业贷款用以购买一辆灭虫车。但银行不愿贷款，并对该公司开业 15 个月以来，销售量没有明显增加表示担忧。银行要求凯特对以后三个月的销量进行预测（4 月、5 月、6 月）。

凯特收集了过去 15 个月的销量数据见表 8-16。

表 8-16　TPC 公司过去 15 个月的销售数据

年份	月份	销量	t（$\sum t \neq 0$）
2019	1 月	46	1
	2 月	56	2
	3 月	72	3
	4 月	67	4
	5 月	77	5
	6 月	66	6
	7 月	69	7
	8 月	79	8
	9 月	88	9
	10 月	91	10
	11 月	94	11
	12 月	104	12
2020	1 月	100	13
	2 月	113	14
	3 月	120	15

根据表 8-16 数据绘制趋势图，如图 8-9 所示。由图可知过去的销量呈上升趋势，估计线性模型 $Q_t = a + bt$，应用软件处理结果见表 8-17。

表 8-17　$\sum t \neq 0$ 时的估计结果

	Coefficients	标准误差	t Stat	P-value	下限 95.0%	上限 95.0%
Intercept	46.57	3.30	14.13	0.00	39.45	53.69
t	4.53	0.36	12.49	0.00	3.75	5.31

即

$$Q_t = 46.57 + 4.53t$$

2020年4月、5月、6月的销售量的估计值为

2020年4月：$Q_{16} = 46.57 + 4.53 \times 16 = 119.05$

2020年5月：$Q_{17} = 46.57 + 4.53 \times 17 = 123.58$

2020年6月：$Q_{18} = 46.57 + 4.53 \times 18 = 128.11$

考虑到公司的销售呈增长趋势，银行决定贷款给 TPC 公司。

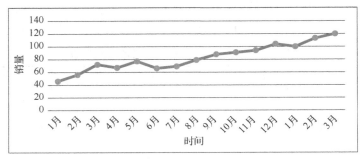

图 8-9　TPC 公司过去 15 个月的销量趋势线

本章小结

1. 时间数列，也称为时间序列或动态数列，是将社会经济指标的数值按照时间顺序加以排列而形成的数列。

2. 增长量是指报告期水平与基期水平之差，说明所考察的事物在一定时期内增长或减少的绝对数量。增长量可以是正数也可以是负数，正数表明增长，负数表明减少。由于采用基期水平的不同，增长量又可分为逐期增长量和累计增长量。

3. 逐期增长量是报告期水平与其前一期水平之差，说明报告期水平比前一时期水平增长或减少的绝对量。累计增长量是报告期水平与某一固定基期水平之差，说明报告期水平比固定基期水平增长或减少的绝对量。

4. 发展速度是时间数列中报告期水平与基期水平之比，是表明事物发展变化快慢程度的动态相对指标。由于基期水平可以是前一期水平，也可以是某一固定时期水平，所以发展速度有环比发展速度和定基发展速度两种。

5. 环比发展速度是报告期水平与其前一期水平之比，定基发展速度是报告期水平与某一固定基期水平之比。各期环比发展速度的连乘积等于定基发展速度。

6. 平均发展速度是时间数列中各期环比发展速度的平均数，表明事物在一

定时期内逐期平均发展变化的程度。平均发展速度的计算方法有几何平均法和方程法两种。

7. 影响时间数列的因素大致分为四种，即长期趋势 T、季节变动 S、循环变动 C 和不规则变动 I。

8. 长期趋势是客观事物在一段较长时期内持续增长或减少的有规律的变动。其测定方法有移动平均法和数学模型法两种。

9. 季节变动是客观事物随着天气的变化和四季的更替而表现出的一种规律性的变动。其测定方法有同期直接平均法和长期趋势剔除法两种。

10. 循环变动是指周期大于一年的涨落起伏相间的变动。对循环变动的测定，主要是将其从时间数列中分离出来，求得循环变动值。

11. 不规则变动即随机变动，是由于某些偶然的、意外的因素或不明原因所引起的无规律的变动。

 思考与练习

1. 什么是时间数列？其基本要素及作用是什么？
2. 环比发展速度和定基发展速度有何关系？
3. 平均发展速度的计算有哪两种方法？各有什么特点？如何正确使用？
4. 什么是长期趋势？如何测定？
5. 常用趋势模型有哪几种？如何正确选择使用？
6. 什么是季节变动？如何测定？
7. 时间数列的构成因素有哪些？
8. 某企业 9 月份职工人数资料见表 8-18。

表 8-18　某企业 9 月份职工人数

日　　期	1 日	9 日	16 日	25 日	30 日
职工人数（人）	220	250	260	274	268

试求该企业 9 月份的平均职工人数。

9. 某企业商品销售及月初库存资料见表 8-19。

表 8-19　某企业商品销售额及月初库存

时　　间	4 月	5 月	6 月	7 月
商品销售额（万元）	160	210	240	
月初库存额（万元）	55	65	55	60

试求第二季度平均每月商品流转次数和该季度总的商品流转次数。

10. 某企业职工平均工资资料见表 8-20。

表 8-20 某企业职工平均工资数据

年　份	2016	2017	2018	2019	2020	2021
职工平均工资（元）	2 500	2 700	2 950	3 100	3 300	3 500

试求：（1）各年逐期增长量、累计增长量及年平均增长量；

（2）各年环比发展速度、定基发展速度及相应的增长速度；

（3）用几何平均法求年平均发展速度及平均增长速度。

11. 某地工业产值资料见表 8-21。

表 8-21 某地 2012—2021 年工业产值数据

年　份	2012	2013	2014	2015	2016
工业产值/亿元	474. 3	549. 5	652. 1	772. 3	913. 1
年　份	2017	2018	2019	2020	2021
工业产值/亿元	1 105. 4	1 302. 6	1 352. 4	1 607. 2	1 884. 7

试用最小二乘法拟合趋势直线，并预计 2022 年的产值。

12. 某地 2016—2021 年的粮食产量资料见表 8-22。

表 8-22 某地 2016—2021 年粮食产量

年　份	2016	2017	2018	2019	2020	2021
粮食产量（万吨）	320	332	340	356	380	400

试用最小二乘法拟合直线趋势方程，并据以预测 2022、2023、2024 年的粮食产量。

13. 某商场空调销售量见表 8-23。

表 8-23 某商场空调销售量　　　　　　　　　（单位：台）

季　度	2017	2018	2019	2020
1	230	250	260	290
2	590	610	650	700
3	620	650	680	710
4	190	200	220	230

试测定该商场空调销售的季节变动。

14. 表 8-24 是一家餐馆过去 18 个月的营业额数据。

表8-24 某餐馆过去18个月营业额数据

序 号	营业额/万元	序 号	营业额/万元
1	29.5	10	47.3
2	28.2	11	48.2
3	32.1	12	48.1
4	35.5	13	45.3
5	28.3	14	54.4
6	34.9	15	60.3
7	38.1	16	58.6
8	43.1	17	64.5
9	42.5	18	66.2

要求：（1）用三期移动平均法预测第19个月的营业额。

（2）建立趋势方程预测各月的营业额。

第9章

统 计 指 数

 导入案例

空气质量指数与PM2.5 "爆表"

空气质量指数（Air Quality Index，简称AQI）定义为定量描述空气质量状况的无量纲指数，针对单项污染物还规定了空气质量分指数（Individual Air Quality Index，简称IAQI）。利用空气质量指数可以直观地评价大气环境质量状况并指导空气污染的控制和管理。AQI共分六级，从一级优，二级良，三级轻度污染，直至五级重度污染，六级严重污染。当PM2.5日均值浓度达到150μg/m³时，AQI即达到200；当PM2.5日均值浓度达到250μg/m³时，AQI即达300；当PM2.5日均值浓度达到500μg/m³时，对应的AQI指数达到500。

AQI分级计算参考的标准是新的环境空气质量标准（GB 3095—2012），参与评价的污染物为SO_2、NO_2、PM10、PM2.5、O_3、CO等六项。由于AQI评价的6种污染物浓度限值各有不同，在评价时各污染物都会根据不同的目标浓度限值折算成空气质量分指数IAQI。而在6项污染物中，PM2.5折算成IAQI为500的浓度限值，也刚好是500μg/m³。也就是说，一旦PM2.5的日均值浓度超过500μg/m³，AQI随即达到500，无论浓度再怎么高，AQI也还是500。因此，严重雾霾期间，PM2.5日均值浓度超过500μg/m³的地方，就"爆表"了。

 学习目标

- 掌握加权综合指数的编制方法
- 掌握加权平均指数的编制方法
- 学会利用指数体系对实际问题进行分析
- 了解实际中常用的几种价格指数

9.1 统计指数的概念和种类

9.1.1 统计指数的概念

统计指数，简称指数，有广义和狭义之分。从广义上讲，统计指数是指一切说明社会经济现象数量变动或差异程度的相对数。例如，动态相对数、比较相对数、计划完成程度等都可称为指数。从狭义上讲，统计指数则是用于说明不同度量的复杂社会经济现象综合变动或差异程度的相对数。例如，商品销售量指数，是说明一定范围内全部商品销售数量综合变动的相对数，而商品销售价格指数，则是说明一定范围内全部商品销售价格综合变动的相对数。

在统计总体中，若所考察的数量在各个个体上的计量单位相同，且其数值可以直接相加，则称为同度量数量。例如，同一种产品的产量、销售量，不同产品的产值、销售额等数量都是同度量数量。若所考察的数量在各个个体上的计量单位不同，其数值不能直接相加，则称为不同度量数量。例如，不同产品的产量、销售量、价格、单位产品成本等都是不同度量数量。

对于同度量数量，直接通过不同时间或空间上各个个体数量的总值或平均值对比得到反映其综合变动或差异程度的统计指数。对于不同度量数量，因其不能直接相加得到总量，所以就不能通过直接相加、直接对比的方式得到其综合指数。例如，由于各种工业产品的实物计量单位不同，不能将各种产品的产量直接加总得到总产量，因而就无法用两个时期的总产量对比得到总指数来说明全部工业品产量的综合变动。所以，要测定不同度量数量的综合变动，就需要一种特殊的方法，即狭义指数的编制理论和方法，其核心就是要解决如何对不同度量的数量进行综合的问题。

9.1.2 统计指数的种类

从不同的角度观察，统计指数可做如下分类：

（1）按照范围的不同，统计指数可分为个体指数和总指数。个体指数是反映个别事物数量变动和差异程度的相对数。例如，某一种商品的销售量指数，某一种工业品的成本指数等。总指数则是反映总体范围内多种事物数量上综合变动或差异程度的相对数。例如，反映市场上零售商品价格综合变动程度的零售物价总指数；反映多种工业品成本综合变动的成本总指数等。

在总指数的编制和分析过程中，往往要与分组法结合，即对总指数反映的总体现象进行分组，并按组计算指数。这样，介于个体指数和总指数之间，又产生了组指数，也叫作类指数。例如，在零售物价总指数中，又有食品、饮料烟酒、服装鞋帽、家电、日用品等分类价格指数。类指数也是多种事物变动的综合反映，其编制方法与总指数的编制方法基本相同，只是计算范围、层次不同而已。

总指数、类指数与个体指数之间有着密切的关系。类指数是个体指数的综合反映，总指数又是类指数及个体指数的综合反映。所以，个体指数是基础，其变动必然引起类指数和总指数的变动。

个体指数属于广义指数，而总指数（包括类指数）则具有二重性，既包括不同度量数量综合对比的狭义指数，又包括同度量数量综合对比的广义指数。例如，物价总指数、不同商品销售量指数属于狭义总指数，而商品销售额指数、工业产值指数、生产总费用指数则属于广义总指数。

（2）按照指标性质的不同，统计指数可分为数量指标指数和质量指标指数。数量指标指数，简称数量指数，是反映数量指标变动或差异程度的相对数，即反映事物的总体规模和水平变动或差异程度的相对数。例如，产品产量指数、职工人数指数、商品销售额指数等都是数量指标指数。质量指标指数，简称质量指数，是反映质量指标变动或差异程度的相对数，即反映事物总体内涵数量变动和差异程度的相对数。例如，商品价格指数、产品成本指数、平均工资指数等都是质量指标指数。

（3）按照对比内容的不同，统计指数可分为时间指数和空间指数。时间指数是指某一事物指标数值在两个不同时间对比形成的相对数，用以说明事物发展变化的程度，也叫作动态指数。例如，说明价格在不同时间变化程度的商品价格指数、股票价格指数等。空间指数是在同一时间条件下某事物指标数值在不同地域、不同单位之间进行对比形成的相对数，用以说明事物在不同空间上的差异程度，也叫作静态指数。例如，比较两地收入差异、物价差异的指数就是空间指数。

时间指数是统计指数的基本形式，空间指数则是统计指数的推广应用。因此，本章讨论的主要是时间指数的理论、方法及应用。

（4）按照对比基期的不同，统计指数可分为定基指数和环比指数。定基指数是指在指数数列中以某一固定时期水平为对比基期所形成的指数。环比指数是指以报告期前一期水平为对比基期所形成的指数。例如，2020 年水平值与 2015 年水平值相比计算的物价指数或商品销售量指数是定基指数；而 2020 年水平值与 2019 年水平值相对比计算的物价指数或商品销售量指数则是环比指数。

（5）按照总指数编制方法的不同，统计指数可分为综合指数和平均指数。综合指数是两个总量指标对比而形成的相对数。它是总指数编制的基本形式，其特点是先综合后对比。平均指数是个体指数的平均数，其特点是先对比后平均，即先对比计算个体指数，然后对其加权平均求出类指数和总指数。平均指数也是总指数编制的基本方法，在一定的条件下，平均指数是综合指数的变形。

9.2 综合指数

9.2.1 综合指数编制原理

综合指数是总指数的基本形式，其编制方法是总指数编制的基本方法。综合指数也有广义和狭义之分。广义的综合指数，因其考察对象是同度量数量，所以可以将各个个体的数量直接加总得到总量指标，然后以两个总量指标相对比计算出总指数。例如，两个不同时期工业产值对比计算的工业产值指数；两个不同时期商品销售额对比计算的商品销售额指数等。其表达式为

$$\overline{K}_{pq} = \frac{\sum p_1 q_1}{\sum p_0 q_0} \tag{9-1}$$

式中，p_0，p_1 分别代表基期、报告期的价格指标；q_0，q_1 分别代表基期、报告期的产量或销售量指标；$\sum p_0 q_0$，$\sum p_1 q_1$ 分别代表基期、报告期的总产值或总销售额；$\overline{K}_{pq}$ 则表示工业产值总指数或商品销售额总指数。

狭义的综合指数，因其考察的对象是不同度量数量，所以首先要把不同度量的各个个体的数量，通过有关的同度量因素，将其转换为可以相加的总量指标，然后以总量指标相对比求出总指数。具体来讲，狭义综合指数的编制，须注意以下两个方面：

（1）使用同度量的因素，将不能直接相加的指标转换成可以相加的指标，从而得到总量指标。例如，各种工业产品的产量、价格是不同度量的数量，不能直接加总，若要考察其综合变动，就必须将其转化为总价值指标，即

$$\sum（各种工业品产量 \times 价格）= 总产值$$

用符号表示为

$$\sum（q \times p）= \sum pq$$

然后以总价值指标对比来编制产量总指数或价格总指数。一般地，将所要考察的指标称为指数化指标，将能够转换不同度量指标数量为同度量指标数量的中介因素，称为同度量因素。例如，若要考察各种工业品产量的综合变动，编制产量总指数时，则产量指标称为指数化指标；而将不可相加的产量指标转化成产值指标的价格指标称为同度量因素。但若要考察各种工业品价格的综合变动，编制价格总指数时，则价格指标称为指数化指标；而将不能相加的价格指标转化成产值指标的产量指标称为同度量因素。

175

（2）为了单纯反映总量指标中某一因素指标的变动，在指数编制时，须让同度量因素固定不变。例如，$\overline{K}_q$，$\overline{K}_p$ 分别代表产量总指数和价格总指数，且

$$\overline{K}_q = \frac{\sum pq_1}{\sum pq_0}, \qquad \overline{K}_p = \frac{\sum p_1 q}{\sum p_0 q}$$

即用两个总价值指标对比来说明工业品产量的综合变动时，同度量因素价格固定不变。同样道理，若要用两个总产值指标对比来说明工业品价格的综合变动，同度量因素产量固定不变。

9.2.2 综合指数的编制形式

由于同度量因素的固定形式具有多种不同的选择，从而形成各种不同的综合指数。常用的狭义综合指数主要有以下几种。

1. 拉氏综合指数

拉氏综合指数是以基期物量和物价作为同度量因素编制出的物价总指数和物量总指数。因为它是由德国学者拉斯佩雷斯（E. Laspeyres）于1864年首次提出而得名。拉氏综合指数的计算公式为

$$\overline{K}_p = \frac{\sum p_1 q_0}{\sum p_0 q_0} \tag{9-2}$$

$$\overline{K}_q = \frac{\sum p_0 q_1}{\sum p_0 q_0} \tag{9-3}$$

式中，$\overline{K}_p$ 代表质量指标指数，如物价总指数、单位成本指数等；$\overline{K}_q$ 代表数量指标指数，如产量总指数、销售量总指数等。p_0，p_1 分别表示基期、报告期的价格或其他质量指标；q_0，q_1 分别表示基期、报告期的产量或其他数量指标。

2. 派氏综合指数

派氏综合指数是以报告期物量和物价作为同度量因素编制出的物价总指数和物量总指数。因为它是由另一位德国学者派许（H. Paasche）于1874年首次提出而得名。派氏物价总指数和物量总指数的计算公式为

$$\overline{K}_p = \frac{\sum p_1 q_1}{\sum p_0 q_1} \tag{9-4}$$

$$\overline{K}_q = \frac{\sum p_1 q_1}{\sum p_1 q_0} \tag{9-5}$$

3. 杨格综合指数

杨格综合指数是以某一特定时期的物量和物价作为同度量因素编制出的物

价总指数和物量总指数。因它是由杨格（A. Young）于 1818 年提出而得名。杨格综合指数的计算公式为

$$\overline{K}_p = \frac{\sum p_1 q_a}{\sum p_0 q_a} \tag{9-6}$$

$$\overline{K}_q = \frac{\sum p_a q_1}{\sum p_a q_0} \tag{9-7}$$

式中，p_a，q_a 代表某一特定时期的物价和物量。

4. 马埃综合指数

马埃综合指数是以基期与报告期物量或物价的平均数为同度量因素编制出的物价和物量总指数。它是由英国学者马歇尔（A. Marshall）于 1887 年提出，又为另一英国学者埃奇沃斯（F. Y. Edgeworth）所推广，因而被称为马埃综合指数。马埃综合指数的计算公式为

$$\overline{K}_p = \frac{\sum p_1(q_0 + q_1)}{\sum p_0(q_0 + q_1)} = \frac{\sum p_1 q_0 + \sum p_1 q_1}{\sum p_0 q_0 + \sum p_0 q_1} \tag{9-8}$$

$$\overline{K}_q = \frac{\sum q_1(p_0 + p_1)}{\sum q_0(p_0 + p_1)} = \frac{\sum p_0 q_1 + \sum p_1 q_1}{\sum p_0 q_0 + \sum p_1 q_0} \tag{9-9}$$

该公式计算出的总指数介于拉氏综合指数和派氏综合指数之间。可以证明，马埃综合指数是拉氏综合指数和派氏综合指数的加权算术平均数。

5. 费歇尔理想综合指数

费歇尔理想综合指数是拉氏综合指数和派氏综合指数的几何平均数。它是由美国学者费歇尔于 1911 年提出的。费歇尔总结了各种指数公式的特点，提出了对指数优劣进行测验的三种方法：时间互换测验、因子互换测验和循环测验，并对各种指数公式进行检验，因为只有他的公式基本通过了检验，故称其为理想指数。费歇尔理想综合指数的计算公式为

$$\overline{K}_p = \sqrt{\frac{\sum p_1 q_0}{\sum p_0 q_0} \times \frac{\sum p_1 q_1}{\sum p_0 q_1}} \tag{9-10}$$

$$\overline{K}_q = \sqrt{\frac{\sum p_0 q_1}{\sum p_0 q_0} \times \frac{\sum p_1 q_1}{\sum p_1 q_0}} \tag{9-11}$$

该公式计算出的总指数也必定介于拉氏综合指数和派氏综合指数之间。

上述综合指数各有其特点和应用条件，实践中，要根据具体情况选择使用。

例 9-1 某工业企业产品产量、价格及产值资料见表 9-1，试求三种产品的产值总指数、产量总指数和价格总指数。

177

表9-1 某企业产品产量、价格及产值资料

产品名称	计量单位	产量		单价（元）		产值（元）			
		基期	报告期	基期	报告期	基期	报告期	假定	假定
		q_0	q_1	p_0	p_1	$p_0 q_0$	$p_1 q_1$	$p_0 q_1$	$p_1 q_0$
甲	件	100 000	120 000	2.00	1.90	200 000	228 000	240 000	190 000
乙	斤	40 000	44 000	0.60	0.60	24 000	26 400	26 400	24 000
丙	m	8 000	8 500	2.20	1.98	17 600	16 830	18 700	15 840
合计	—	—	—	—	—	241 600	271 230	285 100	229 840

资料表明，三种产品价值量可以相加，反映三种产品价值量的变动，只要计算广义综合指数即可。

$$产值总指数\ \overline{K}_{pq} = \frac{\sum p_1 q_1}{\sum p_0 q_0} = \frac{271\ 230}{241\ 600} = 1.122\ 6 = 112.26\%$$

$$\sum p_1 q_1 - \sum p_0 q_0 = (271\ 230 - 241\ 600)\ 元 = 29\ 630\ 元$$

说明该企业三种产品价值量报告期比基期增长了12.26%，增加价值的绝对额为29 630元。

但是三种产品的产量和价格是不能直接相加的，因此，要反映三种产品的产量和价格的变动，就需要编制狭义的综合指数，即产量总指数和价格总指数。根据各种狭义综合指数的计算公式，利用表9-1中的各个总价值量资料，可得各种产量总指数如下：

$$拉氏产量总指数\ \overline{K}_q = \frac{\sum p_0 q_1}{\sum p_0 q_0} = \frac{285\ 100}{241\ 600} = 1.18 = 118\%$$

$$\sum p_0 q_1 - \sum p_0 q_0 = (285\ 100 - 241\ 600)\ 元 = 43\ 500\ 元$$

$$派氏产量总指数\ \overline{K}_q = \frac{\sum p_1 q_1}{\sum p_1 q_0} = \frac{271\ 230}{229\ 840} = 1.180\ 1 = 118.01\%$$

$$\sum p_1 q_1 - \sum p_1 q_0 = (271\ 230 - 229\ 840)\ 元 = 41\ 390\ 元$$

$$马埃产量总指数\ \overline{K}_q = \frac{\sum q_1(p_0 + p_1)}{\sum q_0(p_0 + p_1)} = \frac{\sum p_0 q_1 + \sum p_1 q_1}{\sum p_0 q_0 + \sum p_1 q_0}$$

$$= \frac{285\ 100 + 271\ 230}{241\ 600 + 229\ 840} = 1.180\ 1 = 118.01\%$$

$$费歇尔产量总指数\ \overline{K}_q = \sqrt{\frac{\sum p_0 q_1}{\sum p_0 q_0} \times \frac{\sum p_1 q_1}{\sum p_1 q_0}} = \sqrt{118\% \times 118.01\%} = 118\%$$

同理，利用表9-1中各个总价值量资料，可计算出各种物价总指数如下：

拉氏物价总指数 $\overline{K}_p = \dfrac{\sum p_1 q_0}{\sum p_0 q_0} = \dfrac{229\ 840}{241\ 600} = 0.951\ 3 = 95.13\%$

$\sum p_1 q_0 - \sum p_0 q_0 = (229\ 840 - 241\ 600)\ \text{元} = -11\ 760\ \text{元}$

派氏物价总指数 $\overline{K}_p = \dfrac{\sum p_1 q_1}{\sum p_0 q_1} = \dfrac{271\ 230}{285\ 100} = 0.951\ 4 = 95.14\%$

$\sum p_1 q_1 - \sum p_0 q_1 = (271\ 230 - 28\ 5100)\ \text{元} = -13\ 870\ \text{元}$

马埃物价总指数 $\overline{K}_p = \dfrac{\sum p_1 (q_0 + q_1)}{\sum p_0 (q_0 + q_1)} = \dfrac{\sum p_1 q_0 + \sum p_1 q_1}{\sum p_0 q_0 + \sum p_0 q_1}$

$= \dfrac{229\ 840 + 271\ 230}{241\ 600 + 285\ 100} = 0.951\ 3 = 95.13\%$

费歇尔物价总指数 $\overline{K}_p = \sqrt{\dfrac{\sum p_1 q_0}{\sum p_0 q_0} \times \dfrac{\sum p_1 q_1}{\sum p_0 q_1}} = \sqrt{95.13\% \times 95.14\%} = 95.13\%$

从以上计算结果来看，尽管采用了不同的综合指数公式，其结果却很接近。但一般情况来说，公式不同，计算结果往往也不同，甚至相差很大。这是因为同度量因素不仅具有同度量的作用，而且还具有权数的作用。权数不同，总指数的值往往就不同。

9.3　平均指数

平均指数是编制总指数的又一种重要形式，它的特点是先对比、后平均。即先计算所研究事物的各个个体指数，然后将各个个体指数加权平均求得类指数和总指数。平均指数的权数一般依据综合指数的形式给出，所以平均指数可看作综合指数的变形。由于计算平均数的方法有加权算术平均法和加权调和平均法，因而平均指数也就有加权算术平均指数和加权调和平均指数两种形式。

9.3.1　加权算术平均指数

加权算术平均指数是对各个个体指数加权算术平均而得到的总指数。它通常只采用基期金额作权数，一般用于计算物量指数，当然也可用于计算物价指数。加权算术平均指数的计算公式为

$$\overline{K}_q = \dfrac{\sum k_q p_0 q_0}{\sum p_0 q_0} \tag{9-12}$$

$$\overline{K}_p = \frac{\sum k_p p_0 q_0}{\sum p_0 q_0} \tag{9-13}$$

$$\overline{K}_q = \frac{\sum k_q p_0 q_0}{\sum p_0 q_0} = \frac{\sum \frac{q_1}{q_0} p_0 q_0}{\sum p_0 q_0} = \frac{\sum p_0 q_1}{\sum p_0 q_0} \tag{9-14}$$

$$\overline{K}_p = \frac{\sum k_p p_0 q_0}{\sum p_0 q_0} = \frac{\sum \frac{p_1}{p_0} p_0 q_0}{\sum p_0 q_0} = \frac{\sum p_1 q_0}{\sum p_0 q_0} \tag{9-15}$$

例 9-2 根据表 9-2 给出的数据资料，分别计算价格和销量的加权算术平均指数。

表 9-2 某企业产品产值及个体指数

产品名称	计量单位	产品产值（万元）		产量个体指数 q_1/q_0（%）	价格个体指数 p_1/p_0（%）
		基期 $p_0 q_0$	报告期 $p_1 q_1$		
甲	kg	300	375	150	83
乙	袋	320	276	115	75
丙	件	1 000	1 100	110	100
合计	—	1 620	1 751	—	—

解：

$$\overline{K}_q = \frac{\sum k_q p_0 q_0}{\sum p_0 q_0} = \frac{1.50 \times 300 + 1.15 \times 320 + 1.10 \times 1\,000}{300 + 320 + 1\,000} = 1.184 = 118.4\%$$

$$\sum k_q p_0 q_0 - \sum p_0 q_0 = (1\,918 - 1\,620) \text{万元} = 298 \text{万元}$$

$$\overline{K}_p = \frac{\sum k_p p_0 q_0}{\sum p_0 q_0} = \frac{0.83 \times 300 + 0.75 \times 320 + 1.00 \times 1\,000}{300 + 320 + 1\,000} = 0.919\,1 = 91.91\%$$

$$\sum k_p p_0 q_0 - \sum p_0 q_0 = (1\,489 - 1\,620) \text{万元} = -131 \text{万元}$$

计算结果表明，三种产品的产量报告期为基期的 118.4%，即产量增加了 18.4%，由于产量增长使总产值增加了 298 万元；三种产品的价格报告期是基期的 91.91%，即价格降低了 8.09%，由于价格降低使总产值减少了 131 万元。

此外，对于加权算术平均指数中的特定权数 $p_0 q_0$ 可以进行调整，以比例的形式固定下来作为权数，通常用 w 表示。其计算公式为

$$\overline{K} = \frac{\sum kw}{\sum w} \tag{9-16}$$

该式称为固定加权算术平均指数。这里的权数 w 与基期产值 $p_0 q_0$ 的口径范围不

完全一致。权数 w 是按照大类、中类、小类等分层确定的，各层次权数之和为 100% 。由于固定加权算术平均指数编制起来简便容易，所以在实践中得到广泛的应用。我国编制的零售物价指数、居民生活费用价格指数，就是采用这种方法编制的。

9.3.2 加权调和平均指数

加权调和平均指数是对各个个体指数进行加权调和平均而得到的总指数。它通常只采用报告期金额作权数，一般用于计算物价指数，当然也可用于编制物量指数。加权调和平均指数是派氏综合指数的变形，计算公式为

$$\overline{K}_p = \frac{\sum p_1 q_1}{\sum \frac{1}{k_p} p_1 q_1} \tag{9-17}$$

$$\overline{K}_q = \frac{\sum p_1 q_1}{\sum \frac{1}{k_q} p_1 q_1} \tag{9-18}$$

因为有

$$\overline{K}_p = \frac{\sum p_1 q_1}{\sum \frac{1}{k_p} p_1 q_1} = \frac{\sum p_1 q_1}{\sum \frac{p_0}{p_1} p_1 q_1} = \frac{\sum p_1 q_1}{\sum p_0 q_1}$$

$$\overline{K}_q = \frac{\sum p_1 q_1}{\sum \frac{1}{k_q} p_1 q_1} = \frac{\sum p_1 q_1}{\sum \frac{q_0}{q_1} p_1 q_1} = \frac{\sum p_1 q_1}{\sum p_1 q_0}$$

所以说，加权调和平均指数是派氏综合指数的变形。

例9-3 根据表9-2中的资料，分别计算物价和物量的加权调和平均指数。

解：

$$\overline{K}_p = \frac{\sum p_1 q_1}{\sum \frac{1}{k_p} p_1 q_1} = \frac{375 + 276 + 1\,100}{\frac{375}{0.83} + \frac{276}{0.75} + \frac{1\,100}{1.00}} = \frac{1\,751}{1\,919.8} = 0.912\,1 = 91.21\%$$

$$\sum p_1 q_1 - \sum \frac{1}{k} p_1 q_1 = (1\,751 - 1\,919.8) \text{万元} = -168.8 \text{万元}$$

$$\overline{K}_q = \frac{\sum p_1 q_1}{\sum \frac{1}{k_q} p_1 q_1} = \frac{375 + 276 + 1\,100}{\frac{375}{1.5} + \frac{276}{1.15} + \frac{1\,100}{1.10}} = \frac{1\,751}{1\,490} = 1.1752 = 117.52\%$$

$$\sum p_1 q_1 - \sum \frac{1}{k_q} p_1 q_1 = (1\,751 - 1\,490) \text{万元} = 261 \text{万元}$$

计算结果与前面加权算术平均指数公式计算结果略有不同。加权调和平均

181

指数是以报告期实际金额作权数,因而其数据的获取比较容易。我国农副产品收购价格指数就是采用该指数公式编制的。

综上所述,总指数作为反映多种事物数量综合变动或差异程度的相对指标,可以用综合指数方法计算,也可以用平均指数方法计算。综合指数是总指数的基本形式,平均指数则是综合指数的变形。实际上,所有的平均指数都可化为某种同度量因素的综合指数,反过来说,所有的综合指数也可化为某种权数的平均指数。因此,综合性与平均性是总指数的两个基本特性。

9.4 指数因素分析

9.4.1 指数体系的意义

指数体系是指由若干个在经济意义上相互联系,在数量上保持对等关系的统计指数所构成的有机整体。例如:

从静态指标看,

$$产品产值 = 产品产量 \times 产品价格$$
$$商品销售额 = 商品销售量 \times 商品价格$$

静态指标之间这种数量上的联系,表现在动态指标即相应的指数之间仍然成立。即

$$产品产值指数 = 产品产量指数 \times 产品价格指数$$
$$商品销售额指数 = 商品销售量指数 \times 商品价格指数$$

以上是两因素指数体系的例子,此外还有三因素以及三因素以上的多因素指数体系。上式中,等式左侧是反映总体总量变动程度的指标,右侧是影响总量变动的数量指标因素和质量指标因素。

指数体系数量上的对等关系,不仅表现在相对数上,还体现在绝对值上。即总量指标实际增减量 = 数量指标变动影响的增减量 + 质量指标变动影响的增减量

由此可见,指数体系包括两个基本内容:① 各因素指数的乘积等于总变动指数;② 各因素影响的差额之和等于实际发生的总差额。指数因素分析法就是运用指数体系来测定各因素变动对总变动影响的程度和影响的绝对额。

指数因素分析法按其方法特点来划分,主要有综合指数因素分析法和平均指标指数因素分析法及二者的结合运用。现在我们分别加以介绍。

9.4.2 综合指数因素分析

1. 总量指标变动的两因素分析

总量指标两因素分析,是将总量指标分解成两个因素的乘积,然后利用指

数体系分别测定这两个因素的变动对总量指标变动的影响。例如：

$$产值指数 = 产量指数 \times 价格指数$$
$$销售额指数 = 销售量指数 \times 价格指数$$
$$成本指数 = 产量指数 \times 单位产品成本指数$$

用符号表示为

$$\overline{K}_{pq} = \overline{K}_q \times \overline{K}_p \tag{9-19}$$

式中，$\overline{K}_{pq}$ 表示总量指标指数；$\overline{K}_q$ 表示数量指标指数；$\overline{K}_p$ 表示质量指标指数。

为了保证等式（9-19）成立，一般在分析数量指标变动对总量指标的影响时，同度量因素选择基期的质量指标；在分析测定质量指标变动对总量指标的影响时，同度量因素选择报告期的数量指标。即有如下计算公式：

$$\frac{\sum p_1 q_1}{\sum p_0 q_0} = \frac{\sum p_0 q_1}{\sum p_0 q_0} \times \frac{\sum p_1 q_1}{\sum p_0 q_1} \tag{9-20}$$

$$\sum p_1 q_1 - \sum p_0 q_0 = \left(\sum p_0 q_1 - \sum p_0 q_0 \right) + \left(\sum p_1 q_1 - \sum p_0 q_1 \right) \tag{9-21}$$

式（9-20）表示的相对数体系反映了总量指标变动的内在原因，而式（9-21）表示的绝对数体系则反映了变化的结果。通过上述指数体系，可以分别测定数量指标（如产量、销售量）或质量指标（如价格、单位成本）对总量指标（如产值、销售额、总成本）变动的影响程度和影响绝对额。

例9-4 根据表9-3所给出的资料，对总量指标产值进行两因素分析。

表9-3 某企业三种产品产值动态分析表

产品名称	计量单位	产量		价格（元）		产值（万元）		
		基期 q_0	报告期 q_1	基期 p_0	报告期 p_1	基期 $p_0 q_0$	报告期 $p_1 q_1$	假定 $p_0 q_1$
甲	台	2 000	2 500	500	600	100	150	125
乙	t	5 000	5 500	1 000	1 100	500	605	550
丙	件	1 500	1 800	200	210	30	37.8	36
合计	—	—	—	—	—	630	792.8	711

解：三种产品的产值总指数为

$$\overline{K}_{pq} = \frac{\sum p_1 q_1}{\sum p_0 q_0} = \frac{792.8}{630} = 1.258\,4 = 125.84\%$$

总产值增减绝对值为

$$\sum p_1 q_1 - \sum p_0 q_0 = (792.8 - 630) 万元 = 162.8 万元$$

即三种产品总产值报告期比基期增长25.84%，增加产值162.8万元。其原因是：

183

（1）产量变动对产值的影响

影响程度为

$$\overline{K}_q = \frac{\sum p_0 q_1}{\sum p_0 q_0} = \frac{711}{630} = 1.128\ 6 = 112.86\%$$

影响绝对额为

$$\sum p_0 q_1 - \sum p_0 q_0 = (711 - 630) \text{万元} = 81 \text{万元}$$

（2）价格变动对产值的影响

影响程度为

$$\overline{K}_p = \frac{\sum p_1 q_1}{\sum p_0 q_1} = \frac{792.8}{711} = 1.115 = 111.5\%$$

影响绝对额为

$$\overline{K}_p = \sum p_1 q_1 - \sum p_0 q_1 = (792.8 - 711) \text{万元} = 81.8 \text{万元}$$

将以上计算结果联系起来看，有

相对数体系：　　　　112.86% × 111.5% = 125.84%

绝对数体系：　　　　81 万元 + 81.8 万元 = 162.8 万元

以上计算分析结果表明，该企业三种产品的产值增加 162.8 万元，比基期增长 25.84%。其中产量因素和价格因素几乎各占一半。

2. 总量指标变动的多因素分析

一个总量指标如果可以分解成三个或三个以上因素指标的乘积，那么就可以运用综合指数的基本原理直接构造出多因素分析的指数体系。例如：

原材料费用额 = 产品产量 × 单位产品原材料消耗量 × 原材料单价

利润额 = 商品销售量 × 商品价格 × 销售利润率

用符号表示为

$$qmp = q \times m \times p$$

这种静态关系式变成动态关系式仍然成立。即

原材料费用额指数 = 产量指数 × 单耗指数 × 单价指数

利润额指数 = 销售量指数 × 单价指数 × 利润率指数

三因素指数体系可用符号表示为

$$\overline{K}_{qmp} = \overline{K}_q \ \overline{K}_m \ \overline{K}_p$$

要使多因素分析指数体系成立，必须注意以下问题：

（1）要将构成总量指标的各分解因素指标按照数量指标在前、质量指标在后的顺序加以排列。

（2）在分析第一个因素变动时，要将其后的各个因素固定在基期；在分析

第二个因素变动时，要将其前面的因素固定在报告期，其后的因素固定在基期；在分析第三个因素变动时，同样要将其前面的因素固定在报告期，而将其后面的因素固定在基期。其余以此类推，直到分析最后一个因素的变动为止。这种构造指数体系进行因素分析的方法，称为连锁替代法。

现在我们以连锁替代法构造总量指标三因素分析指数体系的计算公式。

相对数体系：

$$\frac{\sum q_1 m_1 p_1}{\sum q_0 m_0 p_0} = \frac{\sum q_1 m_0 p_0}{\sum q_0 m_0 p_0} \times \frac{\sum q_1 m_1 p_0}{\sum q_1 m_0 p_0} \times \frac{\sum q_1 m_1 p_1}{\sum q_1 m_1 p_0} \qquad (9\text{-}22)$$

绝对数体系：

$$\sum q_1 m_1 p_1 - \sum q_0 m_0 p_0 = \left(\sum q_1 m_0 p_0 - \sum q_0 m_0 p_0 \right) +$$
$$\left(\sum q_1 m_1 p_0 - \sum q_1 m_0 p_0 \right) + \left(\sum q_1 m_1 p_1 - \sum q_1 m_1 p_0 \right) \qquad (9\text{-}23)$$

上述指数体系关系式的左侧分别说明总量指标变动的程度、绝对额；右侧第一项分别表示第一因素 q 变动的影响程度、影响绝对额；右侧第二项分别说明第二因素 m 变动的影响程度、影响绝对额；右侧第三项分别说明第三因素 p 变动的影响程度、影响绝对额。

例 9-5 根据表 9-4 中的资料，对总量指标原材料费用总额进行三因素分析。

表 9-4 费用总额三因素分析计算表

产品种类	计量单位	原材料种类	计量单位	产品产量		单位产品原材料消耗量		单位原材料价格（元）	
				基期 q_0	报告期 q_1	基期 m_0	报告期 m_1	基期 p_0	报告期 p_1
甲	kg	A	kg	100	200	2.0	1.8	10	12
乙	件	B	m	500	600	4.0	5.0	30	31

解：由表 9-4 资料计算可得原材料费用总额资料，见表 9-5。

表 9-5

产 品	原材料费用总额（元）			
	$q_0 m_0 p_0$	$q_1 m_0 p_0$	$q_1 m_1 p_0$	$q_1 m_1 p_1$
甲	2 000	4 000	3 600	4 320
乙	60 000	72 000	90 000	93 000
合 计	62 000	76 000	93 600	97 320

原材料费用总额指数 $\overline{K}_{qmp} = \dfrac{\sum q_1 m_1 p_1}{\sum q_0 m_0 p_0} = \dfrac{97\ 320}{62\ 000} = 1.569\ 7 = 156.97\%$

$$原材料费用实际差额 = \sum q_1 m_1 p_1 - \sum q_0 m_0 p_0$$
$$= (97\ 320 - 62\ 000)元 = 35\ 320\ 元$$

即原材料费用总额报告期比基期增加 35 320 元，增长 56.97%，其原因如下：

（1）产量变动对费用总额的影响

产量变动的影响程度为

$$\overline{K}_q = \frac{\sum q_1 m_0 p_0}{\sum q_0 m_0 p_0} = \frac{76\ 000}{62\ 000} = 1.225\ 8 = 122.58\%$$

产量变动影响的绝对额为

$$\sum q_1 m_0 p_0 - \sum q_0 m_0 p_0 = (76\ 000 - 62\ 000)元 = 14\ 000\ 元$$

（2）单位产品原材料消耗量变动对费用总额的影响

单位产品原材料消耗量变动的影响程度为

$$\overline{K}_m = \frac{\sum q_1 m_1 p_0}{\sum q_1 m_0 p_0} = \frac{93\ 600}{76\ 000} = 1.231\ 6 = 123.16\%$$

单位产品原材料消耗量变动影响的绝对额为

$$\sum q_1 m_1 p_0 - \sum q_1 m_0 p_0 = (93\ 600 - 76\ 000)元 = 17\ 600\ 元$$

（3）单位原材料价格变动对费用总额的影响

单位原材料价格变动的影响程度为

$$\overline{K}_p = \frac{\sum q_1 m_1 p_1}{\sum q_1 m_1 p_0} = \frac{97\ 320}{93\ 600} = 1.039\ 7 = 103.97\%$$

单位原材料价格变动影响的绝对额为

$$\sum q_1 m_1 p_1 - \sum q_1 m_1 p_0 = (97\ 320 - 93\ 600)元 = 3\ 720\ 元$$

计算结果表明，甲、乙两种产品的原材料费用总额报告期比基期上升了 56.97%，增加费用 35 320 元。其原因是产量、单耗、单价分别增长 22.58%，23.16%，3.97% 所致。其中产量因素影响总费用增加 14 000 元；单耗量影响总费用增加 17 600 元；单价影响总费用增加 3 720 元。

9.4.3 平均指标指数因素分析

平均指标指数是指两个不同时期（或不同空间）同一内容的平均指标对比形成的相对数，用来反映某种现象平均水平变动的方向和变动程度。它的一般公式为

$$\overline{K}_{\bar{x}} = \frac{\overline{x}_1}{\overline{x}_0} \tag{9-24}$$

186

式中，$\bar{x}_1$表示报告期平均指标；$\bar{x}_0$表示基期同一平均指标。社会经济生活中常见的平均指标指数有：平均工资指数、平均劳动生产率指数、平均单位成本指数、平均单位面积产量指数等。

平均指标指数的一般计算公式，若按算术平均法展开，则有

$$\bar{K}_{\bar{x}} = \frac{\bar{x}_1}{\bar{x}_0} = \frac{\sum x_1 f_1}{\sum f_1} \bigg/ \frac{\sum x_0 f_0}{\sum f_0} \tag{9-25}$$

式中，x表示各组水平值；f表示各组权数。由算术平均公式可以看出，总体平均指标可以分解成两个因素的乘积之和，即

$$\bar{x} = \frac{\sum xf}{\sum f} = \sum x \cdot \frac{f}{\sum f} \tag{9-26}$$

可见，各组水平值x变动和各组次数频率$f / \sum f$的变动会影响平均指标的变动。即

$$\left. \begin{array}{c} x_0 \longrightarrow x_1 \\[2mm] \dfrac{f_0}{\sum f_0} \longrightarrow \dfrac{f_1}{\sum f_1} \end{array} \right\} \Rightarrow (\bar{x}_0 \longrightarrow \bar{x}_1)$$

所以，我们可以运用指数理论和方法构造平均指标指数体系，并利用该指数体系对平均指标的变动进行两因素分析。

平均指标指数体系的构造原理与总量指标基本相同。即当反映一个因素的变动时，须将另一因素加以固定，数量指标固定在报告期，质量指标固定在基期。现在我们将各组水平值x看作质量指标因素，将各组次数频率$f / \sum f$看作数量指标因素，从而构造出平均指标两因素分析的指数体系：

$$\frac{\sum x_1 f_1}{\sum f_1} \bigg/ \frac{\sum x_0 f_0}{\sum f_0} = \left(\frac{\sum x_1 f_1}{\sum f_1} \bigg/ \frac{\sum x_0 f_1}{\sum f_1} \right) \times \left(\frac{\sum x_0 f_1}{\sum f_1} \bigg/ \frac{\sum x_0 f_0}{\sum f_0} \right) \tag{9-27}$$

我们将等式（9-27）左边的平均指标指数定义为可变构成指数，右边第一项定义为固定构成指数，右边第二项定义为结构影响指数，即

$$\text{可变构成指数} = \frac{\sum x_1 f_1}{\sum f_1} \bigg/ \frac{\sum x_0 f_0}{\sum f_0} \tag{9-28}$$

$$\text{固定构成指数} = \frac{\sum x_1 f_1}{\sum f_1} \bigg/ \frac{\sum x_0 f_1}{\sum f_1} \tag{9-29}$$

$$\text{结构影响指数} = \frac{\sum x_0 f_1}{\sum f_1} \bigg/ \frac{\sum x_0 f_0}{\sum f_0} \tag{9-30}$$

该指数体系中，可变构成指数反映总体平均水平的变动，其中既包含着各组水平值的变动，又包含着各组结构的变动。固定构成指数反映消除结构变动后各组水平值变动对总体平均水平的影响。结构影响指数则是在各组水平固定不变的情况下，只反映总体结构变动对总体平均水平的影响。

同总量指标指数体系因素分析一样，平均指标指数体系不仅表现在相对数关系上，其绝对数关系式同样成立。即

$$\frac{\sum x_1 f_1}{\sum f_1} - \frac{\sum x_0 f_0}{\sum f_0} = \left(\frac{\sum x_1 f_1}{\sum f_1} - \frac{\sum x_0 f_1}{\sum f_1} \right) + \left(\frac{\sum x_0 f_1}{\sum f_1} - \frac{\sum x_0 f_0}{\sum f_0} \right) \quad (9\text{-}31)$$

例 9-6 根据表 9-6 中资料，利用指数因素分析法对平均劳动生产率的变动进行分析。

表 9-6 平均劳动生产率指数分析计算表

企业名称	工人数（人）		劳动生产率/（元/人）		总产值（万元）		
	基期 f_0	报告期 f_1	基期 x_0	报告期 x_1	基期 $x_0 f_0$	报告期 $x_1 f_1$	假定 $x_0 f_1$
甲	610	754	24 590.16	25 994.69	1 500	1 960	1 854
乙	420	405	28 571.43	33 333.33	1 200	1 350	1 157
丙	1 200	1 540	20 000.00	23 701.29	2 400	3 650	3 080
丁	320	330	26 562.50	26 969.70	850	890	877
合计	2 550	3 029	23 333.33	25 916.14	5 950	7 850	6 968

解：总平均劳动生产率的可变构成指数为

$$\frac{\sum x_1 f_1}{\sum f_1} \bigg/ \frac{\sum x_0 f_0}{\sum f_0} = \frac{78\ 500\ 000}{3\ 029} \bigg/ \frac{59\ 500\ 000}{2\ 550} = \frac{25\ 916.14}{23\ 333.33} = 1.110\ 7 = 111.07\%$$

总平均劳动生产率的增量为

$$\frac{\sum x_1 f_1}{\sum f_1} - \frac{\sum x_0 f_0}{\sum f_0} = (25\ 916.14 - 23\ 333.33)\ 元/人 = 2\ 582.81\ 元/人$$

这表明总平均劳动生产率报告期比基期增长 11.07%，人均产值增加了 2 582.81 元。原因如下：

（1）各企业平均劳动生产率变动的影响

$$固定构成指数 = \frac{\sum x_1 f_1}{\sum f_1} \bigg/ \frac{\sum x_0 f_1}{\sum f_1} = \frac{78\ 500\ 000}{3\ 029} \bigg/ \frac{69\ 680\ 000}{3\ 029}$$

$$= \frac{25\ 916.14}{23\ 004.29} = 1.126\ 6 = 112.66\%$$

$$影响绝对额 = \frac{\sum x_1 f_1}{\sum f_1} - \frac{\sum x_0 f_1}{\sum f_1}$$

$$= (25\,916.14 - 23\,004.29)\,元/人 = 2\,911.85\,元/人$$

（2）各企业工人人数结构变动的影响

$$结构影响指数 = \frac{\sum x_0 f_1}{\sum f_1} \Big/ \frac{\sum x_0 f_0}{\sum f_0} = \frac{69\,680\,000}{3\,029} \Big/ \frac{59\,500\,000}{2\,550}$$

$$= \frac{23\,004.29}{23\,333.33} = 0.985\,9 = 98.59\%$$

$$影响绝对额 = \frac{\sum x_0 f_1}{\sum f_1} - \frac{\sum x_0 f_0}{\sum f_0}$$

$$= (23\,004.29 - 23\,333.33)\,元/人 = -329.04\,元/人$$

结果表明，总平均劳动生产率报告期比基期增长了 11.07%，这是由各企业平均劳动生产率水平提高带来的。而另一因素，人员结构变动则使总平均劳动生产率下降了 1.41%。

9.5　几种常用的价格指数

9.5.1　消费价格指数

居民消费价格指数（Consumer Price Index，CPI）是度量居民生活消费品和服务价格水平随着时间变动的相对数，综合反映居民购买的生活消费品和服务价格水平的变动情况。

全国居民消费价格指数（CPI）涵盖全国城乡居民生活消费的食品、烟酒及用品、衣着、家庭设备用品及维修服务、医疗保健及个人用品、交通和通讯、娱乐教育文化用品及服务、居住八大类，262 个基本分类的商品与服务价格。数据来源于全国 31 个省（区、市）500 个市县、6.3 万家价格调查点，包括食杂店、百货店、超市、便利店、专业市场、专卖店、购物中心以及农贸市场与服务消费单位等。

日常生活中，我国城乡居民消费的商品和服务项目种类繁多，小到针头线脑，大到彩电汽车，有数百万种之多，由于人力和财力的限制，不可能也没有必要采用普查方式调查全部商品和服务项目的价格，世界各国都采用抽样调查方法进行调查。具体做法就是抽选一组一定时期内居民经常消费的、对居民生活影响相对较大的、有代表性的商品和服务项目，通过调查其价格来计算价格

189

指数。

目前我国编制的消费者价格指数（CPI）采用如下方法进行计算：

1. 月环比指数的计算

（1）计算代表规格品的平均价格

$$P_k = \sum \frac{P_i}{n} \tag{9-32}$$

式中，P_k 为第 k 个规格品的平均价格；P_i 为调查期第 k 个规格品的第 i 次调查的价格；n 为调查期第 k 个规格品的调查次数。

（2）计算出代表规格品的平均价格后，再计算代表规格品本月平均价格与上月平均价格对比的相对数。

$$G_{tk} = \frac{P_{tk}}{P_{(t-1)k}} \tag{9-33}$$

式中，$G_{tk}(k=1, 2, \cdots, n)$ 代表 t 期第 k 种代表规格品的环比价格指数，表示有 n 种代表规格品。

（3）据各代表规格品价格变动相对数，采用几何平均法计算基本分类的月环比指数，计算公式为

$$K_t = \sqrt[n]{G_{t1} \times G_{t2} \times \cdots \times G_{tn}} \times 100\% \tag{9-34}$$

式中，K_t 表示基本分类指数；G_{t1}，G_{t2}，$\cdots$，G_{tn} 分别为第 1 个到第 n 个规格品报告期（t）价格与前一期（$t-1$）价格对比的相对数。

2. 定基指数的计算

$$I_{基} = K_1 \times K_2 \times \cdots \times K_t \tag{9-35}$$

式中，K_1，K_2，$\cdots$，K_t 分别表示基期到报告期间各期的月环比指数。

3. 类别及总定基指数逐级加权平均计算

$$L_t = \left(\sum w_{t-1} \frac{P_t}{P_{t-1}} \right) \times L_{t-1} \tag{9-36}$$

式中，L 为定基指数；w 为权数；P 为价格。

9.5.2 工业生产指数

工业生产指数就是用加权算术平均数编制的工业产品实物量指数，是西方国家普遍用来计算和反映工业发展速度的指标，也是景气分析的首选指标。它衡量制造业、矿业与公共事业的实质产出，衡量的基础是数量，而非金额。该指数反映的是某一时期工业经济的景气状况和发展趋势。如同其他相对指标一样，在使用工业生产指数时，必须注意资料的可比性，必须同绝对指标结合起来使用，方能比较客观、全面地说明问题。

工业生产指数是以代表产品的生产量为基础，用报告期除以基期取得产品

产量的个体指数，以工业增加值计算权数来加权计算总指数。因此，在工业生产指数的计算中，产品增加值的计算是权数计算的关键。

计算工业生产指数的总体方案主要包括代表产品的确定，权数的计算与指数的计算几个方面，相应分为三个步骤：

（1）确定本级代表产品目录，这是计算工业生产指数的一个重要环节。代表产品的选取是否科学合理，直接影响到生产指数计算结果的准确性。我国月度选择了500多种代表产品，其选取的基本原则主要包括：从各个行业分品种和规格来选择代表产品，并注重价值量比较大，处于上升趋势和经济寿命期长，且在一定的时期内处于相对稳定的产品。

（2）搜集权数基期年的有关基础资料，计算并确定权数。计算权数的基础资料主要包括代表产品的价格、单位产品增加值、分行业总产值和增加值、代表产品基期年产量等。

（3）报据代表产品的个体指数，并用各自的权数加权平均计算出分类指数（行业指数）和总指数。

我国采用"权数固定在基期"的计算公式。具体为

$$I_q = \frac{\sum i_q p_0 q_0}{\sum p_0 q_0} \tag{9-37}$$

式中，i_q 为工业产品的个体产量指数；$p_0 q_0$ 为相应产品的基期增加值。在实践中，为了简化编制工作，常常将权重加以固定，运用固定权重的加权算术平均数编制工业生产指数。计算公式为

$$I_q = \frac{\sum i_q w_0}{\sum w_0} \tag{9-38}$$

9.5.3 股票价格指数

股票价格指数反映股票市场中各种股票价格变动的总体水平，是分析、预测股票价格走向进而决定投资行为的主要依据。下面介绍几种著名的股票价格指数。

1. 道·琼斯股票指数

道·琼斯股票指数是世界上历史最为悠久的股票指数，它的全称为股票价格平均数。它是在1884年由道·琼斯公司的创始人查理斯·道开始编制的。最初的道·琼斯股票价格平均指数是根据11种具有代表性的铁路公司的股票，采用算术平均法进行计算编制而成的。自1897年起，道·琼斯股票价格平均指数开始分成工业与运输业两大类，其中工业股票价格平均指数包括12种股票，运输业平均指数则包括20种股票，并且开始在道·琼斯公司出版的《华尔街日

报》上公布。在 1929 年，道·琼斯股票价格平均指数又增加了公用事业类股票，使其所包含的股票达到 65 种，并一直延续至今。

目前，道·琼斯股票价格平均指数共分四组，第一组是工业股票价格平均指数。它由 30 种有代表性的大工商业公司的股票组成，且随经济发展而变化，大致上反映了各个时期美国整个工商业股票的价格水平，这也就是人们通常所引用的道·琼斯工业股票价格平均数。第二组是运输业股票价格平均指数。它包括 20 种有代表性的运输业公司的股票，即 8 家铁路运输公司、8 家航空公司和 4 家公路货运公司。第三组是公用事业股票价格平均指数，是由代表着美国公用事业的 15 家煤气公司和电力公司的股票所组成。第四组是平均价格综合指数。它是综合前三组股票价格平均指数所选用的共 65 种股票而得出的综合指数，这组综合指数虽然为优等股票提供了直接的股票市场状况参数，但现在通常引用的是第一组——工业股票价格平均指数。

2. 标准·普尔股票价格指数

除了道·琼斯股票价格指数外，标准·普尔股票价格指数在美国也很有影响，它是由美国最大的证券研究机构——标准·普尔公司编制的股票价格指数。该公司于 1923 年开始编制发表股票价格指数，最初采选了 230 种股票，编制两种股票价格指数。到 1957 年，这一股票价格指数的范围扩大到 500 种股票，分成 95 种组合。其中最重要的四种组合是工业股票组、铁路股票组、公用事业股票组和 500 种股票混合组。从 1976 年 7 月 1 日开始，改为 40 种工业股票，20 种运输业股票，40 种公用事业类股票和 40 种金融业股票。几十年来，虽然有股票更迭，但始终保持为 500 种。标准·普尔公司股票价格指数以 1941 年至 1943 年抽样股票的平均市价为基期，以上市股票数为权数，按基期进行加权计算，其基点数为 10。以目前的股票市场价格乘以股票市场上发行的股票数量为分子，用基期的股票市场价格乘以基期股票数为分母，相除之数再乘以 10 就是股票价格指数。

3. 香港恒生指数

香港恒生指数是香港股票市场上历史最悠久、影响最大的股票价格指数，由香港恒生银行于 1969 年 11 月 24 日开始发表。恒生股票价格指数包括从香港 500 多家上市公司中挑选出来的 33 家有代表性且经济实力雄厚的大公司股票作为成分股，分为四大类：4 种金融业股票、6 种公用事业股票、9 种房地产业股票和 14 种其他工商业（包括航空和酒店）股票。这些股票涉及香港的各个行业，并占香港股票市值的 63.8%，具有较强的代表性。

恒生股票价格指数的编制是以 1964 年 7 月 31 日为基期，因为这一天香港股市运行正常，成交值均匀，可反映整个香港股市的基本情况，基点确定为 100 点。其计算方法是将 33 种股票按每天的收盘价乘以各自的发行股数为计算日的市值，再与基期的市值相比较，乘以 100 就得出当天的股票价格指数。由于恒生股票价格指数所选择的基期适当，因此，不论股票市场狂升或猛跌，还是处于正常交易水平，恒生股票价格指数基本上能反映整个股市的活动情况。

4. 中国大陆的股票价格指数

（1）上证综合指数　上证综合指数是由上海证券交易所编制的股票指数，于 1990 年 12 月 19 日正式开始发布。该股票指数的样本为所有在上海证券交易所挂牌上市的股票，包括 A 股和 B 股，反映了上海证券交易所上市股票价格的变动情况，其中新上市的股票在挂牌的第 2 天纳入股票指数的计算范围。

（2）深圳综合指数　深圳综合指数是由深圳证券交易所编制的股票指数，1991 年 4 月 4 日发布，以 1991 年 4 月 3 日为基期。该股票指数的计算方法基本与上证指数相同，其样本为所有在深圳证券交易所挂牌上市的股票，权数为股票的总股本。由于以所有挂牌的上市公司为样本，其代表性非常广泛，且它与深圳股市的行情同步发布，它是股民和证券从业人员研判深圳股市股票价格变化趋势必不可少的参考依据。1995 年深圳市场标尺指数——深圳成份指数发布，从上市的所有股票中抽取具有市场代表性的 40 家上市公司的股票作为计算对象，并以流通股为权数计算得出的加权股价指数。2015 年深圳成分指数成功扩容改造，样本股由 40 只扩容至 500 只。现在深圳证券交易所并存着两个股票指数：一个是老指数——深圳综合指数，一个是现在的深圳成分股指数，但从近年运行势态来看，两个指数间的区别并不是特别明显。

本章小结

1. 统计指数，简称指数，有广义和狭义两种之分。从广义上讲，统计指数是指一切说明社会经济现象数量变动或差异程度的相对数。从狭义上讲，统计指数则是一种用于说明不同度量的复杂社会经济现象综合变动或差异程度的相对数。

2. 综合指数的特点是先综合、后对比，狭义综合指数的编制，需要注意两点：① 使用同度量的因素，将不能直接相加的指标转换成可以相加的指标，从而得到总量指标；② 为了单纯反映总量指标中某一因素指标的变动，在指数编制时，须让同度量因素固定不变。

3. 平均指数是编制总指数的又一种重要形式，它的特点是先对比、后平均。即先计算所研究事物的各个个体指数，然后将各个个体指数加权平均求得类指数和总指数。加权算术平均指数通常采用基期金额作权数，加权调和平均指数通常采用报告期金额作为权数。

4. 指数体系是指由若干个在经济意义上相互联系，在数量上保持对等关系的统计指数所构成的有机整体。静态指标之间数量上的联系，表现在动态指标即相应的指数之间仍然成立。

5. 总量指标两因素分析，是将总量指标分解成两个因素的乘积，然后利用指数体系分别测定这两个因素的变动对总量指标变动的影响。一般在分析数量指标变动对总量指标的影响时，同度量因素选择基期的质量指标；在分析测定质量指标变动对总量指标的影响时，同度量因素选择报告期的数量指标。

6. 平均指标指数是指两个不同时期（或不同空间）同一内容的平均指标对比形成的相对数，用来反映某种现象平均水平变动的方向和变动程度。

思考与练习

1. 编制总指数有哪两种方法？请说明二者的区别与联系。

2. 什么是综合指数？有哪几种基本形式？

3. 什么是平均指标指数？其变动受哪两个因素的影响？

4. 什么是指数体系？有何作用？有哪几套指数体系？

5. 某企业两种产品的产量和价格资料见表 9-7。

表 9-7

产品	产量/kg		价格（元）	
	q_0	q_1	p_0	p_1
甲	50	80	2.4	3.0
乙	100	120	1.6	2.2

试计算这两种产品的产值总指数、产量总指数、价格总指数，并从绝对数、相对数两个方面对产值总变动作两因素分析。

6. 某商场三种商品的销售情况见表 9-8。

表 9-8

商 品	计量单位	价格（元）		销 售 量	
		基 期	报 告 期	基 期	报 告 期
甲	套	150	180	4 000	5 000
乙	件	140	160	500	550
丙	双	5.5	5.0	800	1 000

试计算三种商品总的价格指数、销售量指数及销售额指数，说明价格及销售量的变动给销售额带来的影响。

7. 某公司三种商品的销售资料见表 9-9。

表 9-9

商品	销售额（万元）		2021 年销售量比 2017 年的增长率（%）
	2017 年	2021 年	
甲	1 500	1 800	8
乙	2 000	2 400	5
丙	4 000	4 500	15

试计算三种商品的销售额总指数、销售量总指数及销售价格总指数，并说明销售量及价格的总变动给销售额带来的影响。

8. 某商店销售三种产品，基期和报告期的销售额和价格资料见表 9-10。

表 9-10

商 品	计量单位	基期销售额（元）	报告期销售额（元）	价格上涨率（%）
甲	kg	1 000	875	−30
乙	套	750	720	−20
丙	件	500	575	0

求：（1）销售额变动总指数及物量和物价总指数；

（2）说明物量和物价变动对销售额的影响。

9. 某地粮食作物的生产情况见表 9-11。

表 9-11

粮 食	播种面积/hm²		平均产量/（kg/hm²）	
	基 期	报 告 期	基 期	报 告 期
甲	500	400	5 000	5 500
乙	700	900	3 000	3 100

试分析该地区这两种粮食作物总的平均产量变动的原因。

10. 某公司所属甲、乙两企业生产某种产品，其基期和报告期的单位产品成本和产量资料见表 9-12。

表 9-12

	基 期		报 告 期	
	单位成本/（元/件）	产量（件）	单位成本/（元/件）	产量（件）
甲	50	520	45	600
乙	55	200	52	500

试计算该公司的平均单位成本指数，并从相对数和绝对数两方面分析平均单位成本受单位成本和产量结构的影响。

附　　录

附录 A　SPSS 模型简介

SPSS 是软件英文名称的首字母缩写，全称为：Statistical Package for the Social Sciences，即"社会科学统计软件包"。它是目前世界上流行的三大统计分析软件之一（SAS、SPSS 及 SYSTAT）。在我国，SPSS 以其强大的统计分析功能、方便的用户操作界面、灵活的表格式报告及其精美的图形展现，受到了社会各界统计分析人员的喜爱。

1. SPSS 的启动与退出

（1）在 Windows［开始］菜单中单击"SPSS19. 0 for Windows"即可启动 SPSS 软件，进入 SPSS for Windows 对话框。

（2）SPSS 软件的退出方法与其他 Windows 应用程序相同，有两种常用的退出方法：

按【File】→【Exit】的顺序使用菜单命令退出程序。

直接单击 SPSS 窗口右上角的"关闭"按钮，在回答系统提出的是否存盘的问题之后即可安全退出程序。

2. SPSS 主要窗口

SPSS 软件运行过程中会出现多个界面，各个界面用处不同。其中，最主要的界面有三个：数据编辑窗口、结果输出窗口和语句窗口。这里只介绍前两个。

（1）数据编辑窗口。启动 SPSS Statistics 后，系统会自动打开数据编辑窗口（Data Editor）。如图 A-1 所示。在数据编辑窗口中可以进行数据的录入、编辑以及变量属性的定义和编辑，是 SPSS 的基本界面。主要由以下几部分构成：标题栏、菜单栏、工具栏、编辑栏、变量名栏、观测序号、窗口切换标签、状态栏。

（2）SPSS 的结果输出（Output）窗口（SPSS Viewer），一般随执行统计分析命令而打开，用于显示统计分析结果、统计报告、统计图表等内容，允许用户对输出结果进行常规的编辑整理，窗口内容可以直接保存，保存文件的扩展名为"＊. spv"。

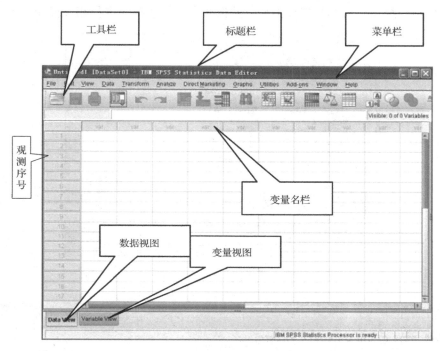

图 A-1　数据编辑窗口

3. SPSS 数据文件的建立

SPSS 数据文件的建立可以利用【File（文件）】菜单中的命令来实现。具体来说，SPSS 提供了四种创建数据文件的方法：① 新建数据文件；② 直接打开已有数据文件；③ 使用数据库查询；④ 从文本向导导入数据文件。

（1）新建数据文件　打开 SPSS 软件后，选择菜单栏中的【File（文件）】→【New（新建）】→【Data（数据）】命令，可以创建一个新的 SPSS 空数据文件。接着，用户可以进行直接录入数据等后续工作。

值得注意的是，SPSS19.0 可以同时打开多个数据文件，用户可以在多个文件中进行转换操作，这比起低版本的 SPSS 来说，更方便用户使用。

（2）直接打开已有数据文件　打开 SPSS 软件后，选择菜单栏中的【File（文件）】→【Open（打开）】→【Data（数据）】命令，弹出【Open Data（打开数据）】对话框（图 A-2）。选中需要打开的数据类型和文件名，双击打开该文件。

（3）使用数据库查询　打开软件后，选择菜单栏中的【File（文件）】→【Open Database（打开数据库）】→【New Query（新建查询）】命令，弹出【Database Wizard（数据库向导）】对话框（图 A-3）。通过这个数据库向导窗口，用户可以选择需要打开的文件类型，并按照窗口上的提示进行相关操作。

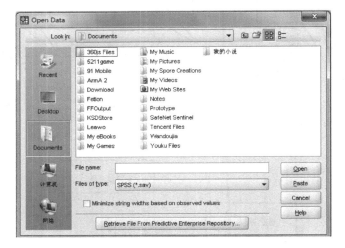

图　A-2

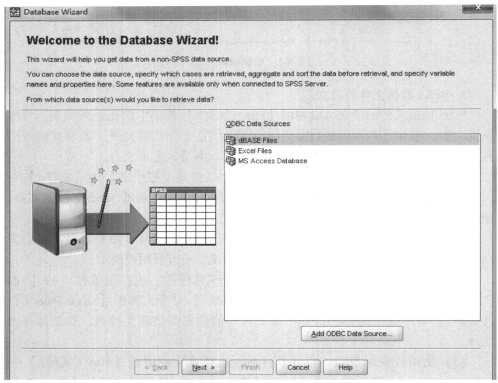

图　A-3

（4）从文本向导导入数据文件　SPSS 提供了专门读取文本文件的功能。打开软件后，选择菜单栏中的【File（文件）】→【Read Text Data（打开文本 数据）】命令，弹出【Open Data（打开数据）】对话框（图 A-4）。这里用户需要选择需要打开的文件名称，并且单击【Open（打开）】按钮进入文本文件向导窗口。

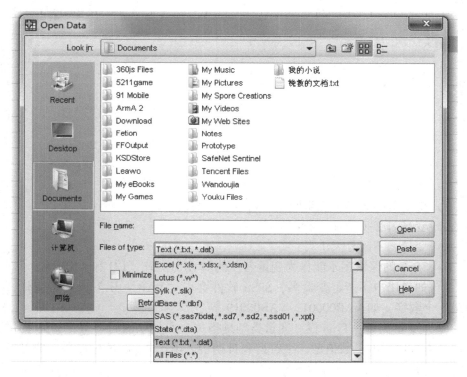

图　A-4

4. SPSS 数据变量的定义

SPSS 数据文件中的一列数据称为一个变量，每个变量都应有一个变量名。SPSS 数据文件中的一行数据称为一条个案或观测量（Case）。

变量的属性包括变量名称、变量类型、变量名标签、变量值标签等内容。用户可以在创建了数据文件后，单击数据浏览窗口左下方的【Variable View（变量视图）】选项卡，进入数据结构定义窗口（图 A-5）。用户可以在该窗口中设定或修改变量的各种属性。

（1）变量名：Name 栏　变量名（Name）是变量存取的唯一标志。在定义 SPSS 数据属性时应首先给出每列变量的变量名。变量命名应遵循下列基本规则：

1）SPSS 变量长度不能超过 64 个字符（32 个汉字）；

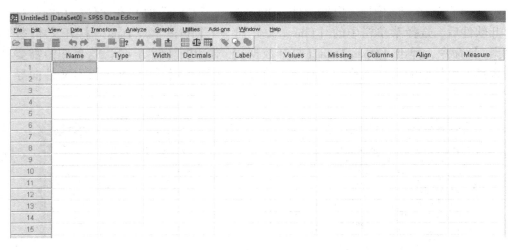

图 A-5

2）首字母必须是字母或汉字；

3）变量名的结尾不能是圆点、句号或下划线；

4）变量名必须是唯一的；

5）变量名不区分大小写；

6）SPSS 的保留字不能作为变量名，例如 ALL、NE、EQ 和 AND 等；

7）如果用户不指定变量名，SPSS 软件会以"VAR"开头来命名变量，后面跟 5 个数字，如 VAR00001、VAR00019 等。

（2）变量类型：Type 栏　变量类型是指每个变量取值的类型。SPSS 提供了三种基本数据类型：数值型、字符型和日期型。单击 Type 下方的 ⬚，即可打开如图 A-6 所示的窗口，进行变量类型的选择。

（3）变量格式宽度：Width 栏　变量格式宽度（Width）是指在数据窗口中变量列所占的单元格的列宽度，一般用户采用系统默认选项即可。值得注意的是，如果变量宽度大于变量格式宽度，此时数据窗口中显示变量名的字符数不够，变量名将被截去尾部作不完全显示。被截去的部分用"＊"号代替。

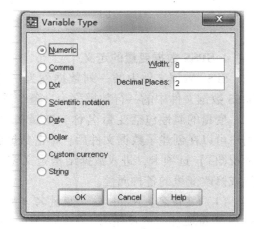

图 A-6

（4）变量小数位数：Decimals

栏　【Decimals】文本框可以设置变量的小数位数，系统默认为两位。

（5）变量名标签：Label 栏　变量名标签（Label）是对变量名含义的进一步解释说明，它可以增强变量名的可视性和统计分析结果的可读性。用户有时在处理大规模数据时，变量数目繁多，此时对每个变量的含义加以标注，有利于用户弄清每个变量代表的实际含义。变量名标签可用中文，总长度可达 120 个字符。同时该属性可以省略，但建议最好给出变量名的标签。尤其是变量名称用字母符号表示时，变量名标签可以帮助我们理解变量的含义。

（6）变量值标签：Values 栏　变量值标签（Values）是对变量的可能的取值的含义进行进一步说明。变量值标签特别对于数据文件中用数值型变量表示非数值型变量时尤其有用。

定义和修改变量值标签，可以双击要修改值的单元格，在弹出的对话框的【Values（值）】文本框中输入变量值，在【Label（标签）】文本框中输入变量值标签，然后单击【Add（添加）】按钮将对应关系选入下边的白框中。同时，可以单击【Change（改变）】和【Remove（移动）】按钮对已有的标签值进行修改和剔除。最后单击【OK（确定）】按钮返回主界面（图 A-7）。

图　A-7

例如，为了统计分析方便，常常用 1 表示男性，0 表示女性，即可按如图 A-7所示的方式进行变量值标签。

（7）变量缺失值：Missing 栏　在统计分析中，收集到的数据可能会出现这两种情况：① 数据中出现明显的错误和不合理的情形；② 有些数据项的数据漏填了。

双击【Missing（缺失）】栏，在弹出的对话框（图 A-8）中可以选择三种缺失值定义方式。

（8）变量列宽：Columns 栏　【Columns（列）】栏主要用于定义列宽，单击其向上和向下的箭头按钮选定列宽度。系统默认宽度等于 8。

（9）变量对齐方式：Align 栏　【Align（对齐）】栏主要用于定义变量对齐方式，用户可以选择 Left（左对齐）、Right（右对齐）和 Center（居中对齐）。系统默认变量右对齐。

（10）变量测度水平：Measure 栏　【Measure（测度）】栏主要用于定义变量的测度水平，用户可以选择 Scale（定距型数据）、Ordinal（定序型数据）和 Nominal（定类型数据）。如图 A-9 所示。

图　A-8　　　　　　　　　　　　　　　图　A-9

5. SPSS 数据的计算和变换

在数据分析中，经常要根据一些已知的数据变量计算新的变量。例如，在构建模型时常常需要将某些变量转换为对数变量。

具体操作步骤如下：

（1）打开 SPSS 软件，选择菜单栏中的【File（文件）】→【Transform（转换）】→【Compute（计算）】命令，弹出【Compute（计算）】对话框，如图 A-10所示。

（2）在【Target Variable（目标变量）】文本框中用户需要定义目标函数名，它可以是一个新变量名，也可以是已经定义的变量名，单击下方的【Type&Label】按钮，弹出类型和标签对话框，如图 A-11 所示。

（3）使用计算器板或键盘将计算表达式输入到【Numeric Expression（数值表达式）】文本中。如果用户需要调用函数，可以从右侧的【Function（函数）】列表中选择，系统提供了数学函数、逻辑函数、日期函数等。

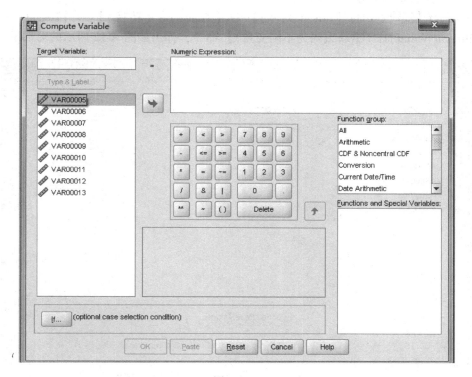

图　A-10

图　A-11

6. 变量重新赋值或编码

选择菜单栏中的【File（文件）】→【Transform（转换）】→【Recode into Different Variables（重新编码为不同变量）】命令，弹出如图 A-12 所示的对话框。

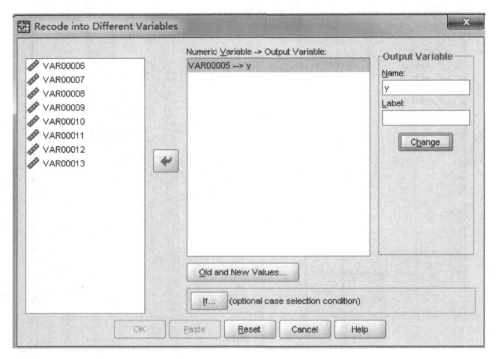

图 A-12

在候选变量列表框中选择要重新赋值的变量，将其移入【Input Variable→Output Variable（输入变量→输出变量）】列表框中，同时在【Output Variable（输出变量）】选项组中填写输出变量的名称【Name（名称）】及标签【Label（标签）】，单击【Change】按钮进行赋值转换。

【Old and New Values…】按钮被激活后，单击此按钮，弹出如图 A-13 所示的对话框。例如，根据统计分析需要将受教育年限进行如下划分并赋予新值，受教育年限低于 6 年的取值为 1，6～9 年的取值为 2，9～12 年的取值为 3，12 年以上取值为 4，即可首先在对话框图 A-13 中【Old Value】的 Range，LOWEST through value 中输入 6，而在【New Value】的 Value 中输入 1，然后单击【Add（添加）】按钮将对应关系选入下边的白框中。将各新旧变量依次设置送入右边的白对话框后，单击【Continue】按钮，此时操作结束。

7. 常用的统计分析功能

（1）描述统计分析 SPSS 的许多模块均可完成描述性分析，但专门为该目

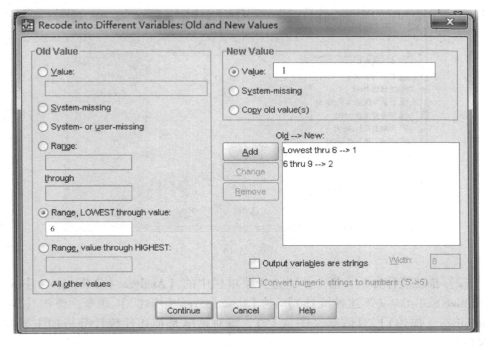

图 A-13

的而设计的几个模块则集中在【Descriptive Statistics 】菜单中。最常用的是列在最前面的三个过程。

- Frequencies：产生频数表。
- Descriptives：进行基本的统计描述分析。
- Crosstabs：列联表分析。

1）频数分析。选择菜单栏中的【Analyze（分析）】→【Des criptive Statistics（描述性统计）】→【Frequencies（频率）】命令，弹出【Frequencies（频率）】对话框（图 A-14），在【Frequencies（频率）】对话框的左侧的候选变量列表框中，选取一个或多个待分析变量，将它们移入右侧的【Variable（s）（变量）】列表框中。勾选【Display frequency tables（显示频率表格）】复选框，输出频数分析表。

在对话框中还可以单击【Statistics...（统计量）】和【Chars...（图表）】等按钮。这些选项提供了丰富的统计输出结果。单击【Statistics...】按钮，在弹出的对话框中可以设置输出各类如均值、中位数、最大值、最小值等基本统计量结果。单击【Charts...】按钮，在弹出的对话框中设置输出饼图、柱状图和直方图等图形结果。

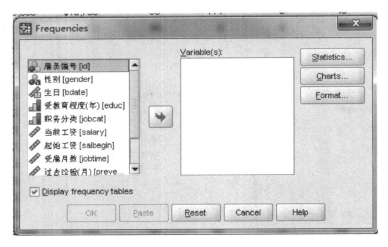

图　A-14

2）描述统计分析。第一步，选择菜单栏中的【Analyze（分析）】→【De-scriptive Statistics（描述性统计）】→【Descriptives（描述）】命令，弹出【De-scriptives（描述）】对话框（图 A-15），该对话框是描述性统计分析的主操作窗口。

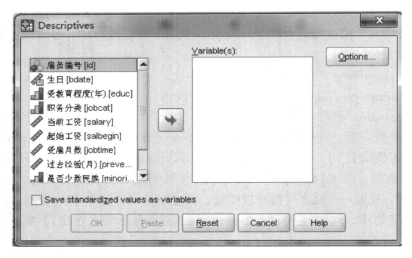

图　A-15

第二步，在左侧的候选变量列表框中选取一个或多个待分析变量，将它们移入右侧的【Variable（s）（变量）】列表框中。

第三步，单击【Options...】按钮，弹出【Options（选择）】对话框，在该对话框选择需要输出的描述性统计量。这些统计量包含：均数（Mean）、总和（Sum）、标准差（Std. deviation）、方差（Variance）、全距（Range）、最小值（Minimum）、最大值（Maximum）、标准误差（S. E. mean）、偏度系数（Skewness）和峰度系数（Kurtosis）。

3）列联表分析。交叉列联表可以分析变量之间的相互影响和关系。

第一步，单击菜单栏中的【Analyze（分析）】→【Descriptive Statistics（描述性统计）】→【Crosstabs（列联表）】命令，进入列联表分析的主操作窗口（图 A-16）。

第二步，在【Crosstabs（列联表）】对话框左侧的候选变量列表框中，选取一个或多个待分析变量，将它们移入右侧的【Row（s）（行）】列表框中，作为列联表的行变量。同理，选择若干候选变量移入右侧的【Column（s）（列）】列表框中，作为列联表的列变量。如果要进行三维或多维列联表分析，可以根据需要选择控制变量进入【Layer（层）】列表框中。

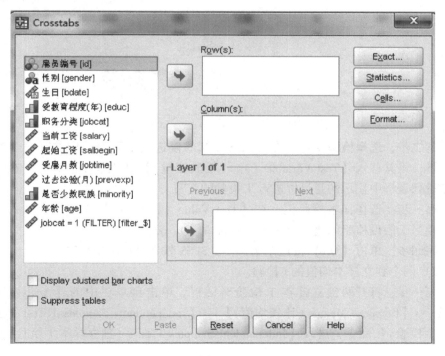

图　A-16

第三步，单击【Statistics…】按钮，在弹出的对话框中可以根据数据类型选择不同的独立性检验方法和相关度量。在对话框中选择输出统计量，完成后单击【Continue】按钮，返回主对话框。

（2）SPSS 的均值比较过程

1）单样本 t 检验。单样本 t 检验的目的是利用来自某总体的样本数据，推断该总体的均值是否与指定的检验值之间存在明显的差异。

第一步，打开 T 检验（在计算机中 t 检验用 T 检验代替）对话框，单击菜单栏中的【Analyze（分析）】→【Compare Means（比较均值）】→【One-Sample T Test（单样本 T 检验）】命令，进入【One-Sample T Test（单样本 T 检验）】对话框（图 A-17）。

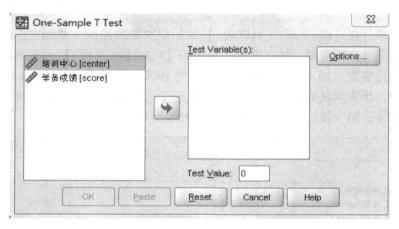

图 A-17

第二步，选择检验变量，在对话框左侧的候选变量列表框中选择一个或几个变量，将其移入【Test Variable（s）（检验变量）】列表框中。其中，左侧候选变量列表框中显示的是可以进行 T 检验的变量。

第三步，选择样本检验值。在【Test Value（检验值）】文本框中输入检验值，相当于假设检验问题中提出的零假设 H_0：$\mu = \mu_0$。

第四步，单击【OK】按钮结束操作，SPSS 软件自动输出结果。

2）两个独立样本均值的 t 检验。

第一步，打开两独立样本 T 检验对话框。单击菜单栏中的【Analyze（分析）】→【Compare Means（比较均值）】→【Independent- Samples T Test（独立样本 T 检验）】命令，进入【Independent-Samples T Test（独立样本 T 检验）】对话框（图 A-18）。

第二步，选择检验变量，在左侧的候选变量列表框中选择检验变量，将其移入【Test Variable（s）（检验变量）】列表框中，这里需要选入待检验的变量。

第三步，选择分组变量，在左侧的候选变量列表框中选择分组变量，将其移入【Grouping Variable（分组变量）】文本框中，目的是区分检验变量的不同组别。

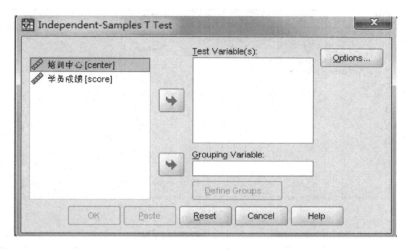

图　A-18

图　A-18

第四步，定义组别名称，单击【Define Groups…】按钮，弹出【Define Groups（定义组）】对话框（图 A-19），此时需要定义进行 T 检验的比较组别名称。

在该对话框中各选项的含义如下。

Use specified values：分别输入两个对应不同总体的变量值。

Cut point：用于定义分割点值。在该文本框中输入一个数字，大于等于该数值的对应一个总体，小于该值的对应另一个总体。

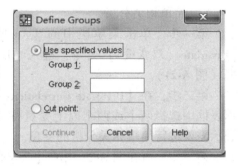

图　A-19

在该对话框中设置完成后，单击【Continue】按钮，返回【Independent-Samples T Test（独立样本 T 检验）】对话框。

第五步，单击【OK】按钮，结束操作，SPSS 软件自动输出相关结果。

3）两个配对样本均值的 t 检验。当分析的总体之间有相关关系时，如进行均值比较，就涉及两配对样本的 t 检验。

第一步，打开两配对样本 T 检验对话框。单击菜单栏中的【Analyze（分析）】→【Compare Means（比较均值）】→【Paired-Samples T Test（配对样本 T 检验）】命令，进入【Paired-Samples T Test（配对样本 T 检验）】对话框（图A-20）。

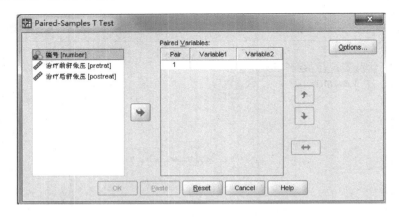

图　A-20

第二步，选择配对变量，在【Paired – Samples T Test（配对样本 T 检验）】对话框左侧的候选变量列表框中选择一对或几对变量，将其移入【Paired Variables（成对变量）】列表框中，这表示系统将对移入的成对变量进行配对检验。

第三步，单击【OK】按钮，结束操作，SPSS 软件自动输出结果。

（3）相关与回归分析

1）简单相关分析。

第一步，单击菜单栏中的【Analyze（分析）】→【Correlate（相关）】→【Bivariate（双变量）】命令，进入【Bivariate Correlations（双变量相关）】对话框（图 A-21）。

第二步，在【Bivariate Correlations（双变量相关）】对话框左侧的候选变量列表框中选择两个或两个以上变量将其添加至【Variables（变量）】列表框中，表示需要进行简单相关分析的变量。

第三步，可在图 A-21 中的【Correlation Coefficients（相关系数）】选项组中选择计算简单相关系数的类型。对于非等间距测度的连续变量，因为分布不明可以使用等级相关，也可以使用 Pearson 相关；对于完全等级的离散变量必须使用等级相关。当资料不服从双变量正态分布或总体分布型未知，或原始数据是用等级表示时，宜用 Spearman 或 Kendall 相关。

第四步，在图 A-21 中的【Test of Significance（显著性检验）】选项组中选择输出的假设检验类型，对应有两个单选项。

2）偏相关分析。

第一步，单击菜单栏中的【Analyze（分析）】→【Correlate（相关）】→【Partial（偏相关）】命令，进入【Partial Correlations（偏相关）】主对话框（图 A-22）。

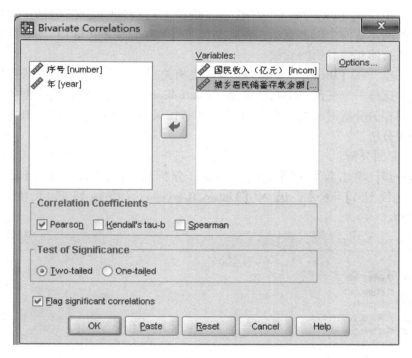

图　A-21

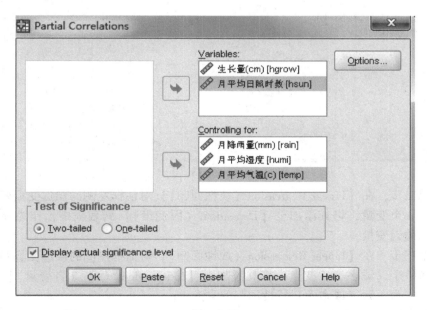

图　A-22

第二步，在【Bivariate Correlations（偏相关）】对话框左侧的候选变量列表框中选择两个或两个以上变量，将其添加至【Variables（变量）】列表框中，表示需要进行偏相关分析的变量。

第三步，在【Bivariate Correlations（偏相关）】对话框左侧的候选变量列表框中至少选择一个变量，将其添加至【Controlling for（控制）】列表框中，表示在进行偏相关分析时需要控制的变量。注意如果不选入控制变量，则进行的是简单相关分析。

3）回归分析。

第一步，单击菜单栏中的【Analyze（分析）】→【Regression（回归）】→【Linear（线性）】命令，进入【Linear Regression（线性回归）】主对话框（图 A-23）。

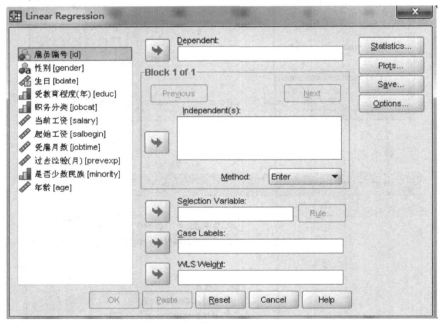

图　A-23

第二步，在【Linear Regression（线性回归）】对话框左侧的候选变量列表框中选择一个变量，将其添加至【Dependent（因变量）】列表框中，作为一元线性回归的因变量。

第三步，在【Linear Regression（线性回归）】对话框左侧的候选变量列表框中选择一个（或多个）变量，将其添加至【Independent（s）（自变量）】列表框中，作为一元（或多元）线性回归的自变量。

第四步，单击右端【Statistics…（统计量）】按钮，选择输出需要的描述统计量。

第五步，单击【Plots...（绘制）】，选择需要绘制的回归分析诊断或预测图。

第六步，单击【Save...（保存）】，可将预测值、残差或其他诊断结果值作为新变量保存于当前工作文件或新文件。

第七步，单击【OK】，输出回归分析结果。

（4）单因素方差分析 方差分析是检验多个总体均值是否相等的检验问题。

第一步，单击菜单栏中的【Analyze（分析）】→【Compare Means（比较均值）】→【One-Way ANOVA（单因素方差分析）】命令，进入【One-Way ANOVA（单因素方差分析）】主对话框（图A-24）。

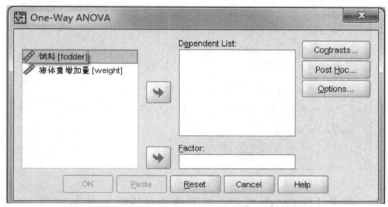

图 A-24

第二步，在【One-Way ANOVA（单因素方差分析）】对话框的候选变量列表框中选择一个或几个变量，将其添加至【Dependent List（因变量列表）】列表框中，该变量就是要进行方差分析的观测变量（因变量）。

第三步，在【One-Way ANOVA（单因素方差分析）】对话框的候选变量列表框中选择一个变量，将其添加至【Factor（因子）】列表框中，该变量就是要进行方差分析的因素变量。

第四步，单击【Contrasts...】按钮，弹出如图A-25所示的【Contrasts（对比）】对话框。在该对话框中选择Polynomial可以进行趋势检验。Coefficients系数的设定和选择可以按事先的推测进行组间平均数的对照比较。

第五步，单击【Post Hoc】按钮，弹出如图A-26所示的【Post Hoc Multiple

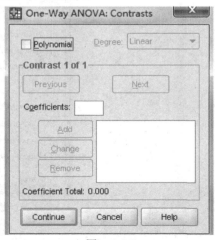

图 A-25

Comparisons（两两比较）】对话框，该对话框用于设置均值的多重比较检验。各组方差相等时，在 Equal Variances Assumed 栏中选择均值比较的方法，共 14 种方法。可同时选择多种方法，以比较各种方法的结果。各组方差不相等时，在 Equal Variances Not Assumed 栏中选择均值比较的方法，共有 4 种选择。

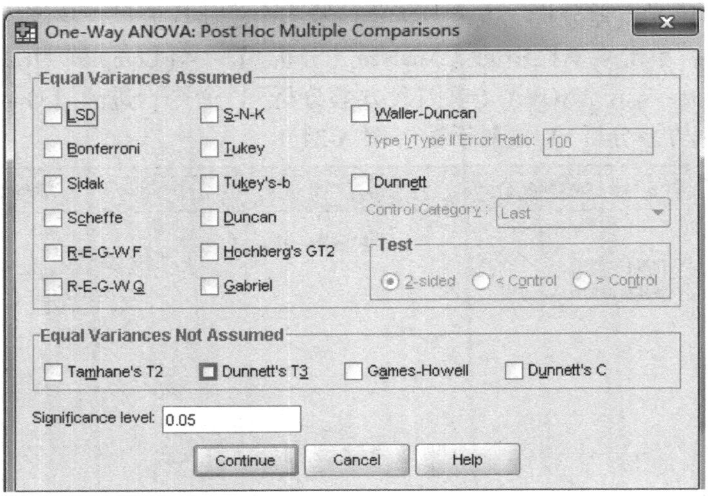

图 A-26

第六步，单击【Options】按钮，展开选项对话框如图 A-27 所示，在该对话框中可以选择需要输出的描述统计量（Descriptive），并进行方差齐性检验（Homogeneity of variance test）。

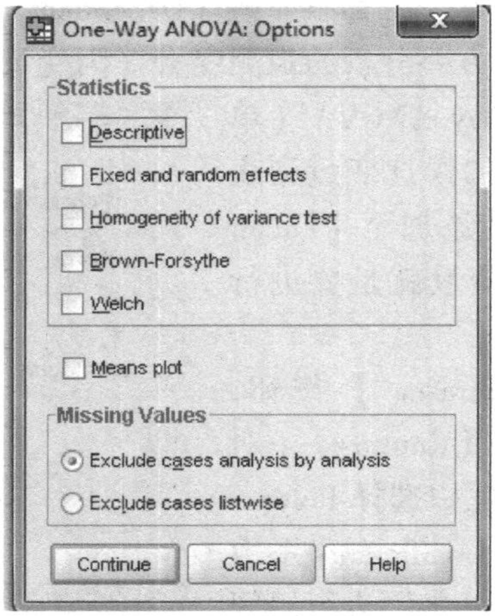

图 A-27

附录 B　常用统计数表

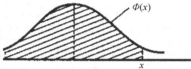

表 B-1　标准正态分布概率表

$$\Phi(x) = \int_{-\infty}^{x} \frac{1}{\sqrt{2\pi}} e^{-t^2/2} dt$$

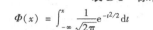

x	0.00	0.01	0.02	0.03	0.04	0.05	0.06	0.07	0.08	0.09
0.0	0.5000	0.5040	0.5080	0.5120	0.5160	0.5199	0.5239	0.5279	0.5319	0.5359
0.1	0.5398	0.5438	0.5478	0.5517	0.5557	0.5596	0.5636	0.5675	0.5714	0.5753
0.2	0.5793	0.5832	0.5871	0.5910	0.5948	0.5987	0.6026	0.6064	0.6103	0.6141
0.3	0.6179	0.6217	0.6255	0.6293	0.6331	0.6368	0.6406	0.6443	0.6480	0.6517
0.4	0.6554	0.6591	0.6628	0.6664	0.6700	0.6736	0.6772	0.6808	0.6844	0.6879
0.5	0.6915	0.6950	0.6985	0.7019	0.7054	0.7088	0.7123	0.7157	0.7190	0.7224
0.6	0.7257	0.7291	0.7324	0.7357	0.7389	0.7422	0.7454	0.7486	0.7517	0.7549
0.7	0.7580	0.7611	0.7642	0.7673	0.7704	0.7734	0.7764	0.7794	0.7823	0.7852
0.8	0.7881	0.7910	0.7939	0.7967	0.7995	0.8023	0.8051	0.8078	0.8106	0.8133
0.9	0.8159	0.8186	0.8212	0.8238	0.8264	0.8289	0.8315	0.8340	0.8365	0.8389
1.0	0.8413	0.8438	0.8461	0.8485	0.8508	0.8531	0.8554	0.8577	0.8599	0.8621
1.1	0.8643	0.8665	0.8686	0.8708	0.8729	0.8749	0.8770	0.8790	0.8810	0.8830
1.2	0.8849	0.8869	0.8888	0.8907	0.8925	0.8944	0.8962	0.8980	0.8997	0.9015
1.3	0.9032	0.9049	0.9066	0.9082	0.9099	0.9115	0.9131	0.9147	0.9162	0.9177
1.4	0.9192	0.9207	0.9222	0.9236	0.9251	0.9265	0.9278	0.9292	0.9306	0.9319
1.5	0.9332	0.9345	0.9357	0.9370	0.9382	0.9394	0.9406	0.9418	0.9429	0.9441
1.6	0.9452	0.9463	0.9474	0.9484	0.9495	0.9505	0.9515	0.9525	0.9535	0.9545
1.7	0.9554	0.9564	0.9573	0.9582	0.9591	0.9599	0.9608	0.9616	0.9625	0.9633
1.8	0.9641	0.9649	0.9656	0.9664	0.9671	0.9678	0.9686	0.9693	0.9699	0.9706
1.9	0.9713	0.9719	0.9726	0.9732	0.9738	0.9744	0.9750	0.9756	0.9761	0.9767
2.0	0.9772	0.9778	0.9783	0.9788	0.9793	0.9798	0.9803	0.9808	0.9812	0.9817
2.1	0.9821	0.9826	0.9830	0.9834	0.9838	0.9842	0.9846	0.9850	0.9854	0.9857
2.2	0.9861	0.9864	0.9868	0.9871	0.9875	0.9878	0.9881	0.9884	0.9887	0.9890
2.3	0.9893	0.9896	0.9898	0.9901	0.9904	0.9906	0.9909	0.9911	0.9913	0.9916
2.4	0.9918	0.9920	0.9922	0.9925	0.9927	0.9929	0.9931	0.9932	0.9934	0.9936
2.5	0.9938	0.9940	0.9941	0.9943	0.9945	0.9946	0.9948	0.9949	0.9951	0.9952
2.6	0.9953	0.9955	0.9956	0.9957	0.9959	0.9960	0.9961	0.9962	0.9963	0.9964
2.7	0.9965	0.9966	0.9967	0.9968	0.9969	0.9970	0.9971	0.9972	0.9973	0.9974
2.8	0.9974	0.9975	0.9976	0.9977	0.9977	0.9978	0.9979	0.9979	0.9980	0.9981
2.9	0.9981	0.9982	0.9982	0.9983	0.9984	0.9984	0.9985	0.9985	0.9986	0.9986
3.0	0.9987	0.9987	0.9987	0.9988	0.9988	0.9989	0.9989	0.9989	0.9990	0.9990
3.1	0.9990	0.9991	0.9991	0.9991	0.9992	0.9992	0.9992	0.9992	0.9993	0.9993
3.2	0.9993	0.9993	0.9994	0.9994	0.9994	0.9994	0.9994	0.9995	0.9995	0.9995
3.3	0.9995	0.9995	0.9995	0.9996	0.9996	0.9996	0.9996	0.9996	0.9996	0.9997
3.4	0.9997	0.9997	0.9997	0.9997	0.9997	0.9997	0.9997	0.9997	0.9997	0.9998

表 B-2　标准正态分布分位数表

$$z_p = \int_{-\infty}^{x} \frac{1}{\sqrt{2\pi}} e^{-\frac{t^2}{2}} dt = p$$

p	0.000	0.001	0.002	0.003	0.004	0.005	0.006	0.007	0.008	0.009
0.50	0.0000	0.0025	0.0050	0.0075	0.0100	0.0125	0.0150	0.0175	0.0201	0.0226
0.51	0.0251	0.0276	0.0301	0.0326	0.0351	0.0376	0.0401	0.0426	0.0451	0.0476
0.52	0.0502	0.0527	0.0552	0.0577	0.0602	0.0627	0.0652	0.0677	0.0702	0.0728
0.53	0.0753	0.0778	0.0803	0.0828	0.0853	0.0878	0.0904	0.0929	0.0954	0.0979
0.54	0.1004	0.1030	0.1055	0.1080	0.1105	0.1130	0.1156	0.1181	0.1206	0.1231
0.55	0.1257	0.1282	0.1307	0.1332	0.1358	0.1383	0.1408	0.1434	0.1459	0.1484
0.56	0.1510	0.1535	0.1560	0.1586	0.1611	0.1637	0.1662	0.1687	0.1713	0.1738
0.57	0.1764	0.1789	0.1815	0.1840	0.1866	0.1891	0.1917	0.1942	0.1968	0.1993
0.58	0.2019	0.2045	0.2070	0.2096	0.2121	0.2147	0.2173	0.2198	0.2224	0.2250
0.59	0.2275	0.2301	0.2327	0.2353	0.2378	0.2404	0.2430	0.2456	0.2482	0.2508
0.60	0.2533	0.2559	0.2585	0.2611	0.2637	0.2663	0.2689	0.2715	0.2741	0.2767
0.61	0.2793	0.2819	0.2845	0.2871	0.2898	0.2924	0.2950	0.2976	0.3002	0.3029
0.62	0.3055	0.3081	0.3107	0.3134	0.3160	0.3186	0.3213	0.3239	0.3266	0.3292
0.63	0.3319	0.3345	0.3372	0.3398	0.3425	0.3451	0.3478	0.3505	0.3531	0.3558
0.64	0.3585	0.3611	0.3638	0.3665	0.3692	0.3719	0.3745	0.3772	0.3799	0.3826
0.65	0.3853	0.3880	0.3907	0.3934	0.3961	0.3989	0.4016	0.4043	0.4070	0.4097
0.66	0.4125	0.4152	0.4179	0.4207	0.4234	0.4261	0.4289	0.4316	0.4344	0.4372
0.67	0.4399	0.4427	0.4454	0.4482	0.4510	0.4538	0.4565	0.4593	0.4621	0.4649
0.68	0.4677	0.4705	0.4733	0.4761	0.4789	0.4817	0.4845	0.4874	0.4902	0.4930
0.69	0.4959	0.4987	0.5015	0.5044	0.5072	0.5101	0.5129	0.5158	0.5187	0.5215
0.70	0.5244	0.5273	0.5302	0.5330	0.5359	0.5388	0.5417	0.5446	0.5476	0.5505
0.71	0.5534	0.5563	0.5592	0.5622	0.5651	0.5681	0.5710	0.5740	0.5769	0.5799
0.72	0.5828	0.5858	0.5888	0.5918	0.5948	0.5978	0.6008	0.6038	0.6068	0.6098
0.73	0.6128	0.6158	0.6189	0.6219	0.6250	0.6280	0.6311	0.6341	0.6372	0.6403
0.74	0.6433	0.6464	0.6495	0.6526	0.6557	0.6588	0.6620	0.6651	0.6682	0.6713
0.75	0.6745	0.6776	0.6808	0.6840	0.6871	0.6903	0.6935	0.6967	0.6999	0.7031
0.76	0.7063	0.7095	0.7128	0.7160	0.7192	0.7225	0.7257	0.7290	0.7323	0.7356
0.77	0.7388	0.7421	0.7454	0.7488	0.7521	0.7554	0.7588	0.7621	0.7655	0.7688
0.78	0.7722	0.7756	0.7790	0.7824	0.7858	0.7892	0.7926	0.7961	0.7995	0.8030
0.79	0.8064	0.8099	0.8134	0.8169	0.8204	0.8239	0.8274	0.8310	0.8345	0.8381
0.80	0.8416	0.8452	0.8488	0.8524	0.8560	0.8596	0.8633	0.8669	0.8705	0.8742
0.81	0.8779	0.8816	0.8853	0.8890	0.8927	0.8965	0.9002	0.9040	0.9078	0.9116
0.82	0.9154	0.9192	0.9230	0.9269	0.9307	0.9346	0.9385	0.9424	0.9463	0.9502
0.83	0.9542	0.9581	0.9621	0.9661	0.9701	0.9741	0.9782	0.9822	0.9863	0.9904
0.84	0.9945	0.9986	1.0027	1.0069	1.0110	1.0152	1.0194	1.0237	1.0279	1.0322
0.85	1.0364	1.0407	1.0450	1.0494	1.0537	1.0581	1.0625	1.0669	1.0714	1.0758
0.86	1.0803	1.0848	1.0893	1.0939	1.0985	1.1031	1.1077	1.1123	1.1170	1.1217
0.87	1.1264	1.1311	1.1359	1.1407	1.1455	1.1503	1.1552	1.1601	1.1650	1.1700
0.88	1.1750	1.1800	1.1850	1.1901	1.1952	1.2004	1.2055	1.2107	1.2160	1.2212
0.89	1.2265	1.2319	1.2372	1.2426	1.2481	1.2536	1.2591	1.2646	1.2702	1.2759
0.90	1.2816	1.2873	1.2930	1.2988	1.3047	1.3106	1.3165	1.3225	1.3285	1.3346
0.91	1.3408	1.3469	1.3532	1.3595	1.3658	1.3722	1.3787	1.3852	1.3917	1.3984
0.92	1.4051	1.4118	1.4187	1.4255	1.4325	1.4395	1.4466	1.4538	1.4611	1.4684
0.93	1.4758	1.4833	1.4909	1.4985	1.5063	1.5141	1.5220	1.5301	1.5382	1.5464
0.94	1.5548	1.5632	1.5718	1.5805	1.5893	1.5982	1.6072	1.6164	1.6258	1.6352
0.95	1.6449	1.6546	1.6646	1.6747	1.6849	1.6954	1.7060	1.7169	1.7279	1.7392
0.96	1.7507	1.7624	1.7744	1.7866	1.7991	1.8119	1.8250	1.8384	1.8522	1.8663

表 B-3　t 分布表

$$P\{t(n) > t_\alpha(n)\} = \alpha$$

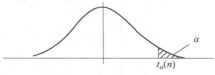

n	α						
	0.20	0.15	0.10	0.05	0.025	0.01	0.005
1	1.376	1.963	3.0777	6.3138	12.7062	31.8207	63.6574
2	1.061	1.386	1.8856	2.9200	4.3027	6.9646	9.9248
3	0.978	1.250	1.6377	2.3534	3.1824	4.5407	5.8409
4	0.941	1.190	1.5332	2.1318	2.7764	3.7469	4.6041
5	0.920	1.156	1.4759	2.0150	2.5706	3.3649	4.0322
6	0.906	1.134	1.4398	1.9432	2.4469	3.1427	3.7074
7	0.896	1.119	1.4149	1.8946	2.3646	2.9980	3.4995
8	0.889	1.108	1.3968	1.8595	2.3060	2.8965	3.3554
9	0.883	1.100	1.3830	1.8331	2.2622	2.8214	3.2498
10	0.879	1.093	1.3722	1.8125	2.2281	2.7638	3.1693
11	0.876	1.088	1.3634	1.7959	2.2010	2.7181	3.1058
12	0.873	1.083	1.3562	1.7823	2.1788	2.6810	3.0545
13	0.870	1.079	1.3502	1.7709	2.1604	2.6503	3.0123
14	0.868	1.076	1.3450	1.7613	2.1448	2.6245	2.9768
15	0.866	1.074	1.3406	1.7531	2.1315	2.6025	2.9467
16	0.865	1.071	1.3368	1.7459	2.1199	2.5835	2.9208
17	0.863	1.069	1.3334	1.7396	2.1098	2.5669	2.8982
18	0.862	1.067	1.3304	1.7341	2.1009	2.5524	2.8784
19	0.861	1.066	1.3277	1.7291	2.0930	2.5395	2.8609
20	0.860	1.064	1.3253	1.7247	2.0860	2.5280	2.8453
21	0.859	1.063	1.3232	1.7207	2.0796	2.5177	2.8314
22	0.858	1.061	1.3212	1.7171	2.0739	2.5083	2.8188
23	0.858	1.060	1.3195	1.7139	2.0687	2.4999	2.8073
24	0.857	1.059	1.3178	1.7109	2.0639	2.4922	2.7969
25	0.856	1.058	1.3163	1.7081	2.0595	2.4851	2.7874
26	0.856	1.058	1.3150	1.7056	2.0555	2.4786	2.7787
27	0.855	1.057	1.3137	1.7033	2.0518	2.4727	2.7707
28	0.855	1.056	1.3125	1.7011	2.0484	2.4671	2.7633
29	0.854	1.055	1.3114	1.6991	2.0452	2.4620	2.7564
30	0.854	1.055	1.3104	1.6973	2.0423	2.4573	2.7500
31	0.8535	1.0541	1.3095	1.6955	2.0395	2.4528	2.7440
32	0.8531	1.0536	1.3086	1.6939	2.0369	2.4487	2.7385
33	0.8527	1.0531	1.3077	1.6924	2.0345	2.4448	2.7333
34	0.8524	1.0526	1.3070	1.6909	2.0322	2.4411	2.7284
35	0.8521	1.0521	1.3062	1.6896	2.0301	2.4377	2.7238
36	0.8518	1.0516	1.3055	1.6883	2.0281	2.4345	2.7195
37	0.8515	1.0512	1.3049	1.6871	2.0262	2.4314	2.7154
38	0.8512	1.0508	1.3042	1.6860	2.0244	2.4286	2.7116
39	0.8510	1.0504	1.3036	1.6849	2.0227	2.4258	2.7079
40	0.8507	1.0501	1.3031	1.6839	2.0211	2.4233	2.7045
41	0.8505	1.0498	1.3025	1.6829	2.0195	2.4208	2.7012
42	0.8503	1.0494	1.3020	1.6820	2.0181	2.4185	2.6981
43	0.8501	1.0491	1.3016	1.6811	2.0167	2.4163	2.6951
44	0.8499	1.0488	1.3011	1.6802	2.0154	2.4141	2.6923
45	0.8497	1.0485	1.3006	1.6794	2.0141	2.4121	2.6896

表 B-4 F 分布表

$$P\{F(n_1,n_2) > F_\alpha(n_1,n_2)\} = \alpha$$

$(\alpha = 0.10)$

n_2 \ n_1	1	2	3	4	5	6	7	8	9	10	12	15	20	24	30	40	60	120	∞
1	39.86	49.50	53.59	55.83	57.24	58.20	58.91	59.44	59.86	60.19	60.71	61.22	61.74	62.00	62.26	62.53	62.79	63.06	63.33
2	8.53	9.00	9.16	9.24	9.29	9.33	9.35	9.37	9.38	9.39	9.41	9.42	9.44	9.45	9.46	9.47	9.47	9.48	9.49
3	5.54	5.46	5.39	5.34	5.31	5.28	5.27	5.25	5.24	5.23	5.22	5.20	5.18	5.18	5.17	5.16	5.15	5.14	5.13
4	4.54	4.32	4.19	4.11	4.05	4.01	3.98	3.95	3.94	3.92	3.90	3.87	3.84	3.83	3.82	3.80	3.79	3.78	3.76
5	4.06	3.78	3.62	3.52	3.45	3.40	3.37	3.34	3.32	3.30	3.27	3.24	3.21	3.19	3.17	3.16	3.14	3.12	3.10
6	3.78	3.46	3.29	3.18	3.11	3.05	3.01	2.98	2.96	2.94	2.90	2.87	2.84	2.82	2.80	2.78	2.76	2.74	2.72
7	3.59	3.26	3.07	2.96	2.88	2.83	2.78	2.75	2.72	2.70	2.67	2.63	2.59	2.58	2.56	2.54	2.51	2.49	2.47
8	3.46	3.11	2.92	2.81	2.73	2.67	2.62	2.59	2.56	2.54	2.50	2.46	2.42	2.40	2.38	2.36	2.34	2.32	2.29
9	3.36	3.01	2.81	2.69	2.61	2.55	2.51	2.47	2.44	2.42	2.38	2.34	2.30	2.28	2.25	2.23	2.21	2.18	2.16
10	3.29	2.92	2.73	2.61	2.52	2.46	2.41	2.38	2.35	2.32	2.28	2.24	2.20	2.18	2.16	2.13	2.11	2.08	2.06
11	3.23	2.86	2.66	2.54	2.45	2.39	2.34	2.30	2.27	2.25	2.21	2.17	2.12	2.10	2.08	2.05	2.03	2.00	1.97
12	3.18	2.81	2.61	2.48	2.39	2.33	2.28	2.24	2.21	2.19	2.15	2.10	2.06	2.04	2.01	1.99	1.96	1.93	1.90
13	3.14	2.76	2.56	2.43	2.35	2.28	2.23	2.20	2.16	2.14	2.10	2.05	2.01	1.98	1.96	1.93	1.90	1.88	1.85
14	3.10	2.73	2.52	2.39	2.31	2.24	2.19	2.15	2.12	2.10	2.05	2.01	1.96	1.94	1.91	1.89	1.86	1.83	1.80
15	3.07	2.70	2.49	2.36	2.27	2.21	2.16	2.12	2.09	2.06	2.02	1.97	1.92	1.90	1.87	1.85	1.82	1.79	1.76
16	3.05	2.67	2.46	2.33	2.24	2.18	2.13	2.09	2.06	2.03	1.99	1.94	1.89	1.87	1.84	1.81	1.78	1.75	1.72
17	3.03	2.64	2.44	2.31	2.22	2.15	2.10	2.06	2.03	2.00	1.96	1.91	1.86	1.84	1.81	1.78	1.75	1.72	1.69
18	3.01	2.62	2.42	2.29	2.20	2.13	2.08	2.04	2.00	1.98	1.93	1.89	1.84	1.81	1.78	1.75	1.72	1.69	1.66
19	2.99	2.61	2.40	2.27	2.18	2.11	2.06	2.02	1.98	1.96	1.91	1.86	1.81	1.79	1.76	1.73	1.70	1.67	1.63
20	2.97	2.59	2.38	2.25	2.16	2.09	2.04	2.00	1.96	1.94	1.89	1.84	1.79	1.77	1.74	1.71	1.68	1.64	1.61
21	2.96	2.57	2.36	2.23	2.14	2.08	2.02	1.98	1.95	1.92	1.87	1.83	1.78	1.75	1.72	1.69	1.66	1.62	1.59
22	2.95	2.56	2.35	2.22	2.13	2.06	2.01	1.97	1.93	1.90	1.86	1.81	1.76	1.73	1.70	1.67	1.64	1.60	1.57
23	2.94	2.55	2.34	2.21	2.11	2.05	1.99	1.95	1.92	1.89	1.84	1.80	1.74	1.72	1.69	1.66	1.62	1.59	1.55
24	2.93	2.54	2.33	2.19	2.10	2.04	1.98	1.94	1.91	1.88	1.83	1.78	1.73	1.70	1.67	1.64	1.61	1.57	1.53
25	2.92	2.53	2.32	2.18	2.09	2.02	1.97	1.93	1.89	1.87	1.82	1.77	1.72	1.69	1.66	1.63	1.59	1.56	1.52
26	2.91	2.52	2.31	2.17	2.08	2.01	1.96	1.92	1.88	1.86	1.81	1.76	1.71	1.68	1.65	1.61	1.58	1.54	1.50
27	2.90	2.51	2.30	2.17	2.07	2.00	1.95	1.91	1.87	1.85	1.80	1.75	1.70	1.67	1.64	1.60	1.57	1.53	1.49
28	2.89	2.50	2.29	2.16	2.06	2.00	1.94	1.90	1.87	1.84	1.79	1.74	1.69	1.66	1.63	1.59	1.56	1.52	1.48
29	2.89	2.50	2.28	2.15	2.06	1.99	1.93	1.89	1.86	1.83	1.78	1.73	1.68	1.65	1.62	1.58	1.55	1.51	1.47
30	2.88	2.49	2.28	2.14	2.05	1.98	1.93	1.88	1.85	1.82	1.77	1.72	1.67	1.64	1.61	1.57	1.54	1.50	1.46
40	2.84	2.44	2.23	2.09	2.00	1.93	1.87	1.83	1.79	1.76	1.71	1.66	1.61	1.57	1.54	1.51	1.47	1.42	1.38
60	2.79	2.39	2.18	2.04	1.95	1.87	1.82	1.77	1.74	1.71	1.66	1.60	1.54	1.51	1.48	1.44	1.40	1.35	1.29
120	2.75	2.35	2.13	1.99	1.90	1.82	1.77	1.72	1.68	1.65	1.60	1.55	1.48	1.45	1.41	1.37	1.32	1.26	1.19
∞	2.71	2.30	2.08	1.94	1.85	1.77	1.72	1.67	1.63	1.60	1.55	1.49	1.42	1.38	1.34	1.30	1.24	1.17	1.00

（续）

（α = 0.05）

n_1

n_2	1	2	3	4	5	6	7	8	9	10	12	15	20	24	30	40	60	120	∞
1	161.4	199.5	215.7	224.6	230.2	234.0	236.8	238.9	240.5	241.9	243.9	245.9	248.0	249.1	250.1	251.1	252.2	253.3	254.3
2	18.51	19.00	19.16	19.25	19.30	19.33	19.35	19.37	19.38	19.40	19.41	19.43	19.45	19.45	19.46	19.47	19.48	19.49	19.50
3	10.13	9.55	9.28	9.12	9.01	8.94	8.89	8.85	8.81	8.79	8.74	8.70	8.66	8.64	8.62	8.59	8.57	8.55	8.53
4	7.71	6.94	6.59	6.39	6.26	6.16	6.09	6.04	6.00	5.96	5.91	5.86	5.80	5.77	5.75	5.72	5.69	5.66	5.63
5	6.61	5.79	5.41	5.19	5.05	4.95	4.88	4.82	4.77	4.74	4.68	4.62	4.56	4.53	4.50	4.46	4.43	4.40	4.36
6	5.99	5.14	4.76	4.53	4.39	4.28	4.21	4.15	4.10	4.06	4.00	3.94	3.87	3.84	3.81	3.77	3.74	3.70	3.67
7	5.59	4.74	4.35	4.12	3.97	3.87	3.79	3.73	3.68	3.64	3.57	3.51	3.44	3.41	3.38	3.34	3.30	3.27	3.23
8	5.32	4.46	4.07	3.84	3.69	3.58	3.50	3.44	3.39	3.35	3.28	3.22	3.15	3.12	3.08	3.04	3.01	2.97	2.93
9	5.12	4.26	3.86	3.63	3.48	3.37	3.29	3.23	3.18	3.14	3.07	3.01	2.94	2.90	2.86	2.83	2.79	2.75	2.71
10	4.96	4.10	3.71	3.48	3.33	3.22	3.14	3.07	3.02	2.98	2.91	2.85	2.77	2.74	2.70	2.66	2.62	2.58	2.54
11	4.84	3.98	3.59	3.36	3.20	3.09	3.01	2.95	2.90	2.85	2.79	2.72	2.65	2.61	2.57	2.53	2.49	2.45	2.40
12	4.75	3.89	3.49	3.26	3.11	3.00	2.91	2.85	2.80	2.75	2.69	2.62	2.54	2.51	2.47	2.43	2.38	2.34	2.30
13	4.67	3.81	3.41	3.18	3.03	2.92	2.83	2.77	2.71	2.67	2.60	2.53	2.46	2.42	2.38	2.34	2.30	2.25	2.21
14	4.60	3.74	3.34	3.11	2.96	2.85	2.76	2.70	2.65	2.60	2.53	2.46	2.39	2.35	2.31	2.27	2.22	2.18	2.13
15	4.54	3.68	3.29	3.06	2.90	2.79	2.71	2.64	2.59	2.54	2.48	2.40	2.33	2.29	2.25	2.20	2.16	2.11	2.07
16	4.49	3.63	3.24	3.01	2.85	2.74	2.66	2.59	2.54	2.49	2.42	2.35	2.28	2.24	2.19	2.15	2.11	2.06	2.01
17	4.45	3.59	3.20	2.96	2.81	2.70	2.61	2.55	2.49	2.45	2.38	2.31	2.23	2.19	2.15	2.10	2.06	2.01	1.96
18	4.41	3.55	3.16	2.93	2.77	2.66	2.58	2.51	2.46	2.41	2.34	2.27	2.19	2.15	2.11	2.06	2.02	1.97	1.92
19	4.38	3.52	3.13	2.90	2.74	2.63	2.54	2.48	2.42	2.38	2.31	2.23	2.16	2.11	2.07	2.03	1.98	1.93	1.88
20	4.35	3.49	3.10	2.87	2.71	2.60	2.51	2.45	2.39	2.35	2.28	2.20	2.12	2.08	2.04	1.99	1.95	1.90	1.84
21	4.32	3.47	3.07	2.84	2.68	2.57	2.49	2.42	2.37	2.32	2.25	2.18	2.10	2.05	2.01	1.96	1.92	1.87	1.81
22	4.30	3.44	3.05	2.82	2.66	2.55	2.46	2.40	2.34	2.30	2.23	2.15	2.07	2.03	1.98	1.94	1.89	1.84	1.78
23	4.28	3.42	3.03	2.80	2.64	2.53	2.44	2.37	2.32	2.27	2.20	2.13	2.05	2.01	1.96	1.91	1.86	1.81	1.76
24	4.26	3.40	3.01	2.78	2.62	2.51	2.42	2.36	2.30	2.25	2.18	2.11	2.03	1.98	1.94	1.89	1.84	1.79	1.73
25	4.24	3.39	2.99	2.76	2.60	2.49	2.40	2.34	2.28	2.24	2.16	2.09	2.01	1.96	1.92	1.87	1.82	1.77	1.71
26	4.23	3.37	2.98	2.74	2.59	2.47	2.39	2.32	2.27	2.22	2.15	2.07	1.99	1.95	1.90	1.85	1.80	1.75	1.69
27	4.21	3.35	2.96	2.73	2.57	2.46	2.37	2.31	2.25	2.20	2.13	2.06	1.97	1.93	1.88	1.84	1.79	1.73	1.67
28	4.20	3.34	2.95	2.71	2.56	2.45	2.36	2.29	2.24	2.19	2.12	2.04	1.96	1.91	1.87	1.82	1.77	1.71	1.65
29	4.18	3.33	2.93	2.70	2.55	2.43	2.35	2.28	2.22	2.18	2.10	2.03	1.94	1.90	1.85	1.81	1.75	1.70	1.64
30	4.17	3.32	2.92	2.69	2.53	2.42	2.33	2.27	2.21	2.16	2.09	2.01	1.93	1.89	1.84	1.79	1.74	1.68	1.62
40	4.08	3.23	2.84	2.61	2.45	2.34	2.25	2.18	2.12	2.08	2.00	1.92	1.84	1.79	1.74	1.69	1.64	1.58	1.51
60	4.00	3.15	2.76	2.53	2.37	2.25	2.17	2.10	2.04	1.99	1.92	1.84	1.75	1.70	1.65	1.59	1.53	1.47	1.39
120	3.92	3.07	2.68	2.45	2.29	2.17	2.09	2.02	1.96	1.91	1.83	1.75	1.66	1.61	1.55	1.50	1.43	1.35	1.25
∞	3.84	3.00	2.60	2.37	2.21	2.10	2.01	1.94	1.88	1.83	1.75	1.67	1.57	1.52	1.46	1.39	1.32	1.22	1.00

（续）

（$\alpha = 0.025$）

n_2 \ n_1	1	2	3	4	5	6	7	8	9	10	12	15	20	24	30	40	60	120	∞
1	647.8	799.5	864.2	899.6	921.8	937.1	948.2	956.7	963.3	968.6	976.7	984.9	993.1	997.2	1 001	1 006	1 010	1 014	1 018
2	38.51	39.00	39.17	39.25	39.30	39.33	39.36	39.37	39.39	39.40	39.41	39.43	39.45	39.46	39.46	39.47	39.48	39.40	39.50
3	17.44	16.04	15.44	15.10	14.88	14.73	14.62	14.54	14.47	14.42	14.34	14.25	14.17	14.12	14.08	14.04	13.99	13.95	13.90
4	12.22	10.65	9.98	9.60	9.36	9.20	9.07	8.98	8.90	8.84	8.75	8.66	8.56	8.51	8.46	8.41	8.36	8.31	8.26
5	10.01	8.43	7.76	7.39	7.15	6.98	6.85	6.76	6.68	6.62	6.52	6.43	6.33	6.28	6.23	6.18	6.12	6.07	6.02
6	8.81	7.26	6.60	6.23	5.99	5.82	5.70	5.60	5.52	5.46	5.37	5.27	5.17	5.12	5.07	5.01	4.96	4.90	4.85
7	8.07	6.54	5.89	5.52	5.29	5.12	4.99	4.90	4.82	4.76	4.67	4.57	4.47	4.42	4.36	4.31	4.25	4.20	4.14
8	7.57	6.06	5.42	5.05	4.82	4.65	4.53	4.43	4.36	4.30	4.20	4.10	4.00	3.95	3.89	3.84	3.78	3.73	3.67
9	7.21	5.71	5.08	4.72	4.48	4.32	4.20	4.10	4.03	3.96	3.87	3.77	3.67	3.61	3.56	3.51	3.45	3.39	3.33
10	6.94	5.46	4.83	4.47	4.24	4.07	3.95	3.85	3.78	3.72	3.62	3.52	3.42	3.37	3.31	3.26	3.20	3.14	3.08
11	6.72	5.26	4.63	4.28	4.04	3.88	3.76	3.66	3.59	3.53	3.43	3.33	3.23	3.17	3.12	3.06	3.00	2.94	2.88
12	6.55	5.10	4.47	4.12	3.89	3.73	3.61	3.51	3.44	3.37	3.28	3.18	3.07	3.02	2.96	2.91	2.85	2.79	2.72
13	6.41	4.97	4.35	4.00	3.77	3.60	3.48	3.39	3.31	3.25	3.15	3.05	2.95	2.89	2.84	2.78	2.72	2.66	2.60
14	6.30	4.86	4.24	3.89	3.66	3.50	3.38	3.29	3.21	3.15	3.05	2.95	2.84	2.79	2.73	2.67	2.61	2.55	2.49
15	6.20	4.77	4.15	3.80	3.58	3.41	3.29	3.20	3.12	3.06	2.96	2.86	2.76	2.70	2.64	2.59	2.52	2.46	2.40
16	6.12	4.69	4.08	3.73	3.50	3.34	3.22	3.12	3.05	2.99	2.89	2.79	2.68	2.63	2.57	2.51	2.45	2.38	2.32
17	6.04	4.62	4.01	3.66	3.44	3.28	3.16	3.06	2.98	2.92	2.82	2.72	2.62	2.56	2.50	2.44	2.38	2.32	2.25
18	5.98	4.56	3.95	3.61	3.38	3.22	3.10	3.01	2.93	2.87	2.77	2.67	2.56	2.50	2.44	2.38	2.32	2.26	2.19
19	5.92	4.51	3.90	3.56	3.33	3.17	3.05	2.96	2.88	2.82	2.72	2.62	2.51	2.45	2.39	2.33	2.27	2.20	2.13
20	5.87	4.46	3.86	3.51	3.29	3.13	3.01	2.91	2.84	2.77	2.68	2.57	2.46	2.41	2.35	2.29	2.22	2.16	2.09
21	5.83	4.42	3.82	3.48	3.25	3.09	2.97	2.87	2.80	2.73	2.64	2.53	2.42	2.37	2.31	2.25	2.18	2.11	2.04
22	5.79	4.38	3.78	3.44	3.22	3.05	2.93	2.84	2.76	2.70	2.60	2.50	2.39	2.33	2.27	2.21	2.14	2.08	2.00
23	5.75	4.35	3.75	3.41	3.18	3.02	2.90	2.81	2.73	2.67	2.57	2.47	2.36	2.30	2.24	2.18	2.11	2.04	1.97
24	5.72	4.32	3.72	3.38	3.15	2.99	2.87	2.78	2.70	2.64	2.54	2.44	2.33	2.27	2.21	2.15	2.08	2.01	1.94
25	5.69	4.29	3.69	3.35	3.13	2.97	2.85	2.75	2.68	2.61	2.51	2.41	2.30	2.24	2.18	2.12	2.05	1.98	1.91
26	5.66	4.27	3.67	3.33	3.10	2.94	2.82	2.73	2.65	2.59	2.49	2.39	2.28	2.22	2.16	2.09	2.03	1.95	1.88
27	5.63	4.24	3.65	3.31	3.08	2.92	2.80	2.71	2.63	2.57	2.47	2.36	2.25	2.19	2.13	2.07	2.00	1.93	1.85
28	5.61	4.22	3.63	3.29	3.06	2.90	2.78	2.69	2.61	2.55	2.45	2.34	2.23	2.17	2.11	2.05	1.98	1.91	1.83
29	5.59	4.20	3.61	3.27	3.04	2.88	2.76	2.67	2.59	2.53	2.43	2.32	2.21	2.15	2.09	2.03	1.96	1.89	1.81
30	5.57	4.18	3.59	3.25	3.03	2.87	2.75	2.65	2.57	2.51	2.41	2.31	2.20	2.14	2.07	2.01	1.94	1.87	1.79
40	5.42	4.05	3.46	3.13	2.90	2.74	2.62	2.53	2.45	2.39	2.29	2.18	2.07	2.01	1.94	1.88	1.80	1.72	1.64
60	5.29	3.93	3.34	3.01	2.79	2.63	2.51	2.41	2.33	2.27	2.17	2.06	1.94	1.88	1.82	1.74	1.67	1.58	1.48
120	5.15	3.80	3.23	2.89	2.67	2.52	2.39	2.30	2.22	2.16	2.05	1.94	1.82	1.76	1.69	1.61	1.53	1.43	1.31
∞	5.02	3.69	3.12	2.79	2.57	2.41	2.29	2.19	2.11	2.05	1.94	1.83	1.71	1.64	1.57	1.48	1.39	1.27	1.00

（续）

（$\alpha = 0.01$）

n_1

n_2	1	2	3	4	5	6	7	8	9	10	12	15	20	24	30	40	60	120	∞
1	4 052	5 000	5 403	5 625	5 764	5 859	5 928	5 982	6 022	6 056	6 106	6 057	6 209	6 235	6 261	6 287	6 313	6 339	6 366
2	98.50	99.00	99.17	99.25	99.30	99.33	99.36	99.37	99.39	99.40	99.42	99.43	99.45	99.46	99.47	99.47	99.48	99.49	99.50
3	34.12	30.82	29.46	28.71	28.24	27.91	27.67	27.49	27.35	27.23	27.05	26.87	26.69	26.60	26.50	26.41	26.32	26.22	26.13
4	21.20	18.00	16.69	15.98	15.52	15.21	14.98	14.80	14.66	14.55	14.37	14.20	14.02	13.93	13.84	13.75	13.65	13.56	13.46
5	16.26	13.27	12.06	11.39	10.97	10.67	10.43	10.29	10.16	10.05	9.89	9.72	9.55	9.47	9.38	9.29	9.20	9.11	9.02
6	13.75	10.92	9.78	9.15	8.75	8.47	8.26	8.10	7.98	7.87	7.72	7.56	7.40	7.31	7.23	7.14	7.06	6.97	6.88
7	12.25	9.55	8.45	7.85	7.46	7.19	6.99	6.84	6.72	6.62	6.47	6.31	6.16	6.07	5.99	5.91	5.82	5.74	5.65
8	11.26	8.65	7.59	7.01	6.63	6.37	6.18	6.03	5.91	5.81	5.67	5.52	5.36	5.28	5.20	5.12	5.03	4.95	4.86
9	10.56	8.02	6.99	6.42	6.06	5.80	5.61	5.47	5.35	5.26	5.11	4.96	4.81	4.73	4.65	4.57	4.48	4.40	4.31
10	10.04	7.56	6.55	5.99	5.64	5.39	5.20	5.06	4.94	4.85	4.71	4.56	4.41	4.33	4.25	4.17	4.08	4.00	3.91
11	9.65	7.21	6.22	5.67	5.32	5.07	4.89	4.74	4.63	4.54	4.40	4.25	4.10	4.02	3.94	3.86	3.78	3.69	3.60
12	9.33	6.93	5.95	5.41	5.06	4.82	4.64	4.50	4.39	4.30	4.16	4.01	3.86	3.78	3.70	3.62	3.54	3.45	3.36
13	9.07	6.70	5.74	5.21	4.86	4.62	4.44	4.30	4.19	4.10	3.96	3.82	3.66	3.59	3.51	3.43	3.34	3.25	3.17
14	8.86	6.51	5.56	5.04	4.69	4.46	4.28	4.14	4.03	3.94	3.80	3.66	3.51	3.43	3.35	3.27	3.18	3.09	3.00
15	8.68	6.36	5.42	4.89	4.56	4.32	4.14	4.00	3.89	3.80	3.67	3.52	3.37	3.29	3.21	3.13	3.05	2.96	2.87
16	8.53	6.23	5.29	4.77	4.44	4.20	4.03	3.89	3.78	3.69	3.55	3.41	3.26	3.18	3.10	3.02	2.93	2.84	2.75
17	8.40	6.11	5.18	4.67	4.34	4.10	3.93	3.79	3.68	3.59	3.46	3.31	3.16	3.08	3.00	2.92	2.83	2.75	2.65
18	8.29	6.01	5.09	4.58	4.25	4.01	3.84	3.71	3.60	3.51	3.37	3.23	3.08	3.00	2.92	2.84	2.75	2.66	2.57
19	8.18	5.93	5.01	4.50	4.17	3.94	3.77	3.63	3.52	3.43	3.30	3.15	3.00	2.92	2.84	2.76	2.67	2.58	2.49
20	8.10	5.85	4.94	4.43	4.10	3.87	3.70	3.56	3.46	3.37	3.23	3.09	2.94	2.86	2.78	2.69	2.61	2.52	2.42
21	8.02	5.78	4.87	4.37	4.04	3.81	3.64	3.51	3.40	3.31	3.17	3.03	2.88	2.80	2.72	2.64	2.55	2.46	2.36
22	7.95	5.72	4.82	4.31	3.99	3.76	3.59	3.45	3.35	3.26	3.12	2.98	2.83	2.75	2.67	2.58	2.50	2.40	2.31
23	7.88	5.66	4.76	4.26	3.94	3.71	3.54	3.41	3.30	3.21	3.07	2.93	2.78	2.70	2.62	2.54	2.45	2.35	2.26
24	7.82	5.61	4.72	4.22	3.90	3.67	3.50	3.36	3.26	3.17	3.03	2.89	2.74	2.66	2.58	2.49	2.40	2.31	2.21
25	7.77	5.57	4.68	4.18	3.85	3.63	3.46	3.32	3.22	3.13	2.99	2.85	2.70	2.62	2.54	2.45	2.36	2.27	2.17
26	7.72	5.53	4.64	4.14	3.82	3.59	3.42	3.29	3.18	3.09	2.96	2.81	2.66	2.58	2.50	2.42	2.33	2.23	2.13
27	7.68	5.49	4.60	4.11	3.78	3.56	3.39	3.26	3.15	3.06	2.93	2.78	2.63	2.55	2.47	2.38	2.29	2.20	2.10
28	7.64	5.45	4.57	4.07	3.75	3.53	3.36	3.23	3.12	3.03	2.90	2.75	2.60	2.52	2.44	2.35	2.26	2.17	2.06
29	7.60	5.42	4.54	4.04	3.73	3.50	3.33	3.20	3.09	3.00	2.87	2.73	2.57	2.49	2.41	2.33	2.23	2.14	2.03
30	7.56	5.39	4.51	4.02	3.70	3.47	3.30	3.17	3.07	2.98	2.84	2.70	2.55	2.47	2.39	2.30	2.21	2.11	2.01
40	7.31	5.18	4.31	3.83	3.51	3.29	3.12	2.99	2.89	2.80	2.66	2.52	2.37	2.29	2.20	2.11	2.02	1.92	1.80
60	7.08	4.98	4.13	3.65	3.34	3.12	2.95	2.82	2.72	2.63	2.50	2.35	2.20	2.12	2.03	1.94	1.84	1.73	1.60
120	6.85	4.79	3.95	3.48	3.17	2.96	2.79	2.66	2.56	2.47	2.34	2.19	2.03	1.95	1.86	1.76	1.66	1.53	1.38
∞	6.63	4.61	3.78	3.32	3.02	2.80	2.64	2.51	2.41	2.32	2.18	2.04	1.88	1.79	1.70	1.59	1.47	1.32	1.00

(续)

$(\alpha = 0.005)$

n_2	\multicolumn{19}{c}{n_1}
	1	2	3	4	5	6	7	8	9	10	12	15	20	24	30	40	60	120	∞
1	16 211	20 000	21 615	22 500	23 056	23 437	23 715	23 925	24 091	24 224	24 426	24 630	24 836	24 940	25 044	25 148	25 253	25 359	25 465
2	198.5	199.0	199.2	199.2	199.3	199.3	199.4	199.4	199.4	199.4	199.4	199.4	199.4	199.5	199.5	199.5	199.5	199.5	199.5
3	55.55	49.80	47.47	46.19	45.39	44.84	44.43	44.13	43.88	43.69	43.39	43.08	42.78	42.62	42.47	42.31	42.15	41.99	41.83
4	31.33	26.28	24.26	23.15	22.46	21.97	21.62	21.35	21.14	20.97	20.70	20.44	20.17	20.03	19.89	19.75	19.61	19.47	19.32
5	22.78	18.31	16.53	15.56	14.94	14.51	14.20	13.96	13.77	13.62	13.38	13.15	12.90	12.78	12.66	12.53	12.40	12.27	12.14
6	18.63	14.54	12.92	12.03	11.46	11.07	10.79	10.57	10.39	10.25	10.03	9.81	9.59	9.47	9.36	9.24	9.12	9.00	8.88
7	16.24	12.40	10.88	10.05	9.52	9.16	8.89	8.68	8.51	8.38	8.18	7.97	7.75	7.65	7.53	7.42	7.31	7.19	7.08
8	14.69	11.04	9.60	8.81	8.30	7.95	7.69	7.50	7.34	7.21	7.01	6.81	6.61	6.50	6.40	6.29	6.18	6.06	5.95
9	13.61	10.11	8.72	7.96	7.47	7.13	6.88	6.69	6.54	6.42	6.23	6.03	5.83	5.73	5.62	5.52	5.41	5.30	5.19
10	12.83	9.43	8.08	7.34	6.87	6.54	6.30	6.12	5.97	5.85	5.66	5.47	5.27	5.17	5.07	4.97	4.86	4.75	4.64
11	12.23	8.91	7.60	6.88	6.42	6.10	5.86	5.68	5.54	5.42	5.24	5.05	4.86	4.76	4.65	4.55	4.44	4.34	4.23
12	11.75	8.51	7.23	6.52	6.07	5.76	5.52	5.35	5.20	5.09	4.91	4.72	4.53	4.43	4.33	4.23	4.12	4.01	3.90
13	11.37	8.19	6.93	6.23	5.79	5.48	5.25	5.08	4.94	4.82	4.64	4.46	4.27	4.17	4.07	3.97	3.87	3.76	3.65
14	11.06	7.92	6.68	6.00	5.56	5.26	5.03	4.86	4.72	4.60	4.43	4.25	4.06	3.96	3.86	3.76	3.66	3.55	3.44
15	10.80	7.70	6.48	5.80	5.37	5.07	4.85	4.67	4.54	4.42	4.25	4.07	3.88	3.79	3.69	3.58	3.48	3.37	3.26
16	10.58	7.51	6.30	5.64	5.21	4.91	4.69	4.52	4.38	4.27	4.10	3.92	3.73	3.64	3.54	3.44	3.33	3.22	3.11
17	10.38	7.35	6.16	5.50	5.07	4.78	4.56	4.39	4.25	4.14	3.97	3.79	3.61	3.51	3.41	3.31	3.21	3.10	2.98
18	10.22	7.21	6.03	5.37	4.96	4.66	4.44	4.28	4.14	4.03	3.86	3.68	3.50	3.40	3.30	3.20	3.10	2.99	2.87
19	10.07	7.09	5.92	5.27	4.85	4.56	4.34	4.18	4.04	3.93	3.76	3.59	3.40	3.31	3.21	3.11	3.00	2.89	2.78
20	9.94	6.99	5.82	5.17	4.76	4.47	4.26	4.09	3.96	3.85	3.68	3.50	3.32	3.22	3.12	3.02	2.92	2.81	2.69
21	9.83	6.89	5.73	5.09	4.68	4.39	4.18	4.01	3.88	3.77	3.60	3.43	3.24	3.15	3.05	2.95	2.84	2.73	2.61
22	9.73	6.81	5.65	5.02	4.61	4.32	4.11	3.94	3.81	3.70	3.54	3.36	3.18	3.08	2.98	2.88	2.77	2.66	2.55
23	9.63	6.73	5.58	4.95	4.54	4.26	4.05	3.88	3.75	3.64	3.47	3.30	3.12	3.02	2.92	2.82	2.71	2.60	2.48
24	9.55	6.66	5.52	4.89	4.49	4.20	3.99	3.83	3.69	3.59	3.42	3.25	3.06	2.97	2.87	2.77	2.66	2.55	2.43
25	9.48	6.60	5.46	4.84	4.43	4.15	3.94	3.78	3.64	3.54	3.37	3.20	3.01	2.92	2.82	2.72	2.61	2.50	2.38
26	9.41	6.54	5.41	4.79	4.38	4.10	3.89	3.73	3.60	3.49	3.33	3.15	2.97	2.87	2.77	2.67	2.56	2.45	2.33
27	9.34	6.49	5.36	4.74	4.34	4.06	3.85	3.69	3.56	3.45	3.28	3.11	2.93	2.83	2.73	2.63	2.52	2.41	2.29
28	9.28	6.44	5.32	4.70	4.30	4.02	3.81	3.65	3.52	3.41	3.25	3.07	2.89	2.79	2.69	2.59	2.48	2.37	2.25
29	9.23	6.40	5.28	4.66	4.26	3.98	3.77	3.61	3.48	3.38	3.21	3.04	2.86	2.76	2.66	2.56	2.45	2.33	2.21
30	9.18	6.35	5.24	4.62	4.23	3.95	3.74	3.58	3.45	3.34	3.18	3.01	2.82	2.73	2.63	2.52	2.42	2.30	2.18
40	8.83	6.07	4.98	4.37	3.99	3.71	3.51	3.35	3.22	3.12	2.95	2.78	2.60	2.50	2.40	2.30	2.18	2.06	1.93
60	8.49	5.79	4.73	4.14	3.76	3.49	3.29	3.13	3.01	2.90	2.74	2.57	2.39	2.29	2.19	2.08	1.96	1.83	1.69
120	8.18	5.54	4.50	3.92	3.55	3.28	3.09	2.93	2.81	2.71	2.54	2.37	2.19	2.09	1.98	1.87	1.75	1.61	1.43
∞	7.88	5.30	4.28	3.72	3.35	3.09	2.90	2.74	2.62	2.52	2.36	2.19	2.00	1.90	1.79	1.67	1.53	1.36	1.00

表 B-5　χ^2 分布表

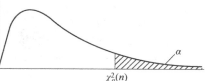

$P\{\chi^2(n) > \chi_\alpha^2(n)\} = \alpha$

n	α									
	0.995	0.99	0.975	0.95	0.90	0.10	0.05	0.025	0.01	0.005
1	0.000	0.000	0.001	0.004	0.016	2.706	3.843	5.025	6.637	7.882
2	0.010	0.020	0.051	0.103	0.211	4.605	5.992	7.378	9.210	10.597
3	0.072	0.115	0.216	0.352	0.584	6.251	7.815	9.348	11.344	12.837
4	0.207	0.297	0.484	0.711	1.064	7.779	9.488	11.143	13.277	14.860
5	0.412	0.554	0.831	1.145	1.610	9.236	11.070	12.832	15.085	16.748
6	0.676	0.872	1.237	1.635	2.204	10.645	12.592	14.440	16.812	18.548
7	0.989	1.239	1.690	2.167	2.833	12.017	14.067	16.012	18.474	20.276
8	1.344	1.646	2.180	2.733	3.490	13.362	15.507	17.534	20.090	21.954
9	1.735	2.088	2.700	3.325	4.168	14.684	16.919	19.022	21.665	23.587
10	2.156	2.558	3.247	3.940	4.865	15.987	18.307	20.483	23.209	25.188
11	2.603	3.053	3.816	4.575	5.578	17.275	19.675	21.920	24.724	26.755
12	3.074	3.571	4.404	5.226	6.304	18.549	21.026	23.337	26.217	28.300
13	3.565	4.107	5.009	5.892	7.041	19.812	22.362	24.735	27.687	29.817
14	4.075	4.660	5.629	6.571	7.790	21.064	23.685	26.119	29.141	31.319
15	4.600	5.229	6.262	7.261	8.547	22.307	24.996	27.488	30.577	32.799
16	5.142	5.812	6.908	7.962	9.312	23.542	26.296	28.845	32.000	34.267
17	5.697	6.407	7.564	8.682	10.085	24.769	27.587	30.190	33.408	35.716
18	6.265	7.015	8.231	9.390	10.865	25.989	28.869	31.526	34.805	37.156
19	6.843	7.632	8.906	10.117	11.651	27.203	30.143	32.852	36.190	38.580
20	7.434	8.260	9.591	10.851	12.443	28.412	31.410	34.170	37.566	39.997
21	8.033	8.897	10.283	11.591	13.240	29.615	32.670	35.478	38.930	41.399
22	8.643	9.542	10.982	12.338	14.042	30.813	33.924	36.781	40.289	42.796
23	9.260	10.195	11.688	13.090	14.848	32.007	35.172	38.075	41.637	44.179
24	9.886	10.856	12.401	13.848	15.659	33.196	36.415	39.364	42.980	45.558
25	10.519	11.523	13.120	14.611	16.473	34.381	37.652	40.646	44.313	46.925
26	11.160	12.198	13.844	15.379	17.292	35.563	38.885	41.923	45.642	48.290
27	11.807	12.878	14.573	16.151	18.114	36.741	40.113	43.194	46.962	49.642
28	12.461	13.565	15.308	16.928	18.939	37.916	41.337	44.461	48.278	50.993
29	13.120	14.256	16.147	17.708	19.768	39.087	42.557	45.772	49.586	52.333
30	13.787	14.954	16.791	18.493	20.599	40.256	43.773	46.979	50.892	53.672
31	14.457	15.655	17.538	19.280	21.433	41.422	44.985	48.231	52.190	55.000
32	15.134	16.362	18.291	20.072	22.271	42.585	46.194	49.480	53.486	56.328
33	15.814	17.073	19.046	20.866	23.110	43.745	47.400	50.724	54.774	57.646
34	16.501	17.789	19.806	21.664	23.952	44.903	48.602	51.966	56.061	58.964
35	17.191	18.508	20.569	22.465	24.796	46.059	49.802	53.203	57.340	60.272
36	17.887	19.233	21.336	23.269	25.643	47.212	50.998	54.437	58.619	61.581
37	18.584	19.960	22.105	24.075	26.492	48.363	52.192	55.667	59.891	62.880
38	19.289	20.691	22.878	24.884	27.343	49.513	53.384	56.896	61.162	64.181
39	19.994	21.425	23.654	25.695	28.196	50.660	54.572	58.119	62.426	65.473
40	20.706	22.164	24.433	26.509	29.050	51.805	55.758	59.342	63.691	66.766

当 $n > 40$ 时，$\chi_\alpha^2(n) \approx \dfrac{1}{2}(z_\alpha + \sqrt{2n-1})^2$。

参 考 文 献

[1] 贾俊平，何晓群，金勇进. 统计学 [M]. 7 版. 北京：中国人民大学出版社，2018.

[2] 袁卫，庞皓，曾五一. 统计学 [M]. 北京：高等教育出版社，2003.

[3] 穆尔. 统计学的世界 [M]. 郑惟厚，译. 8 版. 北京：中信出版社，2017.

[4] 李宝瑜，宋安. 统计学 [M]. 北京：中国商业出版社，2005.

[5] 韦博成. 漫话信息时代的统计学：兼话诺贝尔经济学奖与统计学 [M]. 北京：中国统计出版社，2011.

[6] 曾五一，朱平辉. 统计学在经济管理领域的应用 [M]. 北京：机械工业出版社，2010.

[7] 卢纹岱. SPSS 统计分析 [M]. 5 版. 北京：电子工业出版社，2015.

[8] 萨尔金德. 爱上统计学 [M]. 史玲玲，译. 重庆：重庆大学出版社，2018.

[9] 贝叶. 管理经济学 [M]. 聂巧平，汪小雯，译. 北京：机械工业出版社，2008.